Für jeden Tag
ein Stück vom Glück

Für jeden Tag ein Stück vom Glück

EIN JAHRESBEGLEITER

Ausgewählt,
eingeleitet und herausgegeben
von Ludger Hohn-Morisch

HERDER

FREIBURG · BASEL · WIEN

Umschlaggestaltung: Finken & Bumiller, Stuttgart
Umschlagmotiv: Mauritius
Fotos im Innenteil: Wolfgang Müller, Oberried

Druck und Bindung: Clausen & Bosse, Leck
Gedruckt auf umweltfreundlichem,
chlorfrei gebleichtem Papier
ISBN 3-451-28427-8

INHALT

ZUM GELEIT

Einer der großen Autoren dieses Jahresbegleiters, ANTHONY DE MELLO († 1980), ist auf allen Kontinenten vielen Menschen begegnet, hat teilgenommen an ihrem Leben, an ihrem Glück und oftmals an ihren Pechsträhnen. Sie suchten bei ihm Antworten, wenn es für sie darum ging, sich tiefsten Fragen zu stellen. Und DE MELLO, dieser Wanderer zwischen den Welten östlicher Weisheit und westlicher Dinglichkeit, gab nie schnelle Antworten, schwieg, ging mit den Menschen in die Stille, an einen See, und dann fanden Seelen Zeit und Raum – und schließlich Worte: in knappen, poientierten Sentenzen, köstlichen Parabeln, überraschenden Weisheitsgeschichten – wie das Läuten eines Weckers nach tiefem Schlaf: »Wach auf!« Aufwachen – das ist für ihn die Tür zum Glücklichsein. Mit den offenen Augen der Seele ins Leben schauen, unterscheiden, nichts einfach nehmen, weil es halt so ist, wie es ist. So geschieht Erleuchtung, Glück. – Eine seiner typischen Parabeln sollen Motto dieses Buches sein:

»Eine chinesische Geschichte erzählt von einem alten Bauern, der ein altes Pferd für die Feldarbeit hatte. Eines Tages entfloh das Pferd in die Berge, und als alle Nachbarn des Bauern sein Pech bedauerten, antwortete der Bauer: ›Pech? Glück? Wer weiß?‹

Eine Woche später kehrte das Pferd mit einer Herde Wildpferde aus den Bergen zurück, und diesmal gratulierten die Nachbarn dem Bauern wegen seines Glücks. Seine Antwort hieß: ›Glück? Pech? Wer weiß?‹

Als der Sohn des Bauern versuchte, eines der Wildpferde zu zähmen, fiel er vom Rücken des Pferdes und brach sich ein Bein. Jeder hielt das für ein großes Pech.

Nicht jedoch der Bauer, der nur sagte: ›Pech? Glück? Wer weiß?‹

Ein paar Wochen später marschierte die Armee ins Dorf und zog jeden tauglichen jungen Mann ein, den sie finden konnte. Als sie den Bauernsohn mit seinem gebrochenen Bein sahen, ließen sie ihn zurück. War das nun Glück? Pech? Wer weiß?«

Glück – Ansichtssache? Mag sein. Aber sicher hat es seine Wurzeln im Herzen des Menschen: Ich entscheide mich, glücklich zu sein oder nicht. Ich gebe mir die Maßstäbe vor, niemand sonst. Niemand und nichts kann und soll mich glücklich machen, außer ich selbst. Wie anders sähe manches »Schicksal« aus, würde ich zu dieser Prämisse aufwachen! An jedem Tag kann es geschehen. – Ideen, Impulse, Weichenstellungen mögen die Texte dieses Buches sein, das viele bekannte, beliebte Autorenmenschen zu Wort kommen lässt, u.a. den Dalai Lama, Hermann Hesse, Rainer Maria Rilke, Hazrat Inayat Khan, Phil Bosmans, Rainer Haak, Fjodor M. Dostojewski, Theodor Fontane, Anselm Grün, Heinrich von Kleist, Leo N. Tolstoi.

Für jeden Tag ein Stück vom Glück – wie das geht? Ein Beispiel des Dalai Lama: »Trotz zahlloser Bedrängnisse und Probleme scheint mir dennoch, dass, wenn ich meine Erfahrungen und Erlebnisse mit denen anderer vergleiche, ich eigentlich ein ganz glücklicher Mensch bin ... Es passiert mir manchmal, dass ich schlecht gelaunt bin; aber ich glaube, ehrlich sagen zu können, dass ich niemals die Absicht habe, jemandem Schaden zuzufügen. [...] Ich glaube, die Menschen mögen mich einfach wegen meines guten Herzens.«

Mein gutes Herz – der einzige Weg zum wahren Glück, Brücke, die trägt, Ort des Erwachens!

Ludger Hohn-Morisch

JANUAR

Mit den Augen des Herzens

ACHTSAMKEIT,
MITGEFÜHL, LIEBE

Gib ihnen die Hand

Ich wünsche von ganzem Herzen ein gutes Jahr. Ein gutes Jahr für dich und für alle Menschen. Gib anderen die Hand, auch denen, die schon lange keinen Händedruck mehr von dir bekommen haben. Gib ihnen die Hand mit einem Herzen voller guter und ehrlicher Wünsche, nicht Wünsche wie von einer schönen Maske, die sich das hässliche Gesicht des Heuchlers aufsetzt. Schreib ein Kärtchen, klebe einen Kuss drauf.

Ein neues Jahr beginnt. Mach ein gutes Jahr daraus. Lass deine Güte und Freundlichkeit spürbar werden zu Hause, in der Schule, am Arbeitsplatz. Lege allen Streit bei. Halte die giftige Zunge in Zaum. Mach deinen Mann, deine Frau, deine Kinder glücklich, mit Taten, nicht nur mit Worten glücklich, denn du brauchst ihr Glück, um selbst glücklich zu sein.

Suche niemals das Glück nur für dich allein, nur in deinen eigenen vier Wänden. Hilf eine Welt zu schaffen, in der wir uns nicht nur vertragen, sondern wirklich gern haben, eine Welt, in der Platz ist für ein Lächeln, für eine Blume, für ein Herz, für ein Stückchen Himmel auf Erden.

Phil Bosmans

Zeit, um glücklich zu sein

Das neue Jahr soll das glücklichste deines Lebens sein. Nimm dir Zeit, um glücklich zu sein. Du bist ein wandelndes Wunder in dieser Welt. Du bist einmalig, einzigartig, unverwechselbar. Weißt du das? Warum staunst du nicht, warum freust du dich nicht, überrascht über dich selbst und über all die anderen um dich?

Findest du nichts dabei, dass du lebst? Ist es denn so selbstverständlich, dass du leben darfst, dass du Zeit bekommst, um zu singen und zu tanzen und um glücklich zu sein? Warum denn Zeit damit vergeuden, nach Geld und Besitz zu jagen? Warum immer wieder anfangen zu streiten, warum sich langweilen, warum sich anöden, warum von einem Vergnügen zum anderen fliehen und warum schlafen, wenn die Sonne scheint?

Nimm dir ruhig Zeit, um glücklich zu sein. Zeit ist keine Schnellstraße zwischen Wiege und Grab, sondern Raum, um in der Sonne zu parken. Jahre sind keine Kilometer, die man verschlingen muss, sondern jedes Jahr, auch dieses neue Jahr, ist eine Gabe aus Gottes Hand, umsonst gegeben. Und du solltest dann nicht glücklich sein?

Phil Bosmans

Achtsamkeit

Das geistliche Leben, das der Schöpfungsspiritualität entspricht, besteht vor allem in der Achtsamkeit, im aufmerksamen Umgang mit der Schöpfung, mit den Dingen, mit den Menschen, im aufmerksamen Horchen auf Gott in allen Dingen. Wer achtsam lebt, der lebt in Beziehung mit sich selbst, mit der Schöpfung, mit Gott und mit den Menschen. Die eigentliche Krankheit unserer Zeit ist die Beziehungslosigkeit. Weil die Menschen die Beziehung zu sich und zur Schöpfung verloren haben, schlittern sie von einer Beziehung zur anderen, nur um sich überhaupt spüren zu können. Wenn ich aber die Beziehung zu einem Menschen brauche, um mit mir in Beziehung zu kommen, dann benutze ich einen Menschen, dann beute ich ihn aus und überfordere ihn mit meiner Beziehungslosigkeit. Weil viele nicht mehr in Beziehung zu den Dingen sind, gehen sie brutal mit ihnen um. Sie benutzen sie nur für die eigenen Zwecke, sie beuten sie aus, sie zerstören sie. Diese Beziehungslosigkeit beobachten wir heute bei vielen jungen Menschen. Die Lehrer in den Schulen können ein Lied davon singen, wie die Schüler mit der Einrichtung achtlos umgehen. Das ist nicht Bosheit, sondern Ausdruck ihrer Beziehungslosigkeit. [...]

Achtsame atmet das Leben ein und hat darin alles, wonach er sich sehnt. Er lebt in Beziehung zu den Bäumen, spricht mit ihnen, spürt ihre Ausstrahlung. Er fühlt sich als Teil der Schöpfung, geborgen, getragen, wertvoll, lebendig.

Anselm Grün

Was Liebe ist

Was ist Liebe? Nehmen Sie zum Beispiel eine Rose: Kann die Rose sagen: »Für gute Menschen will ich meinen Duft verströmen, doch vor bösartigen halte ich ihn zurück«? Oder können Sie sich eine Lampe vorstellen, die einem boshaften Menschen, der in ihrem Schein gehen möchte, nicht leuchtet? Sie wäre dann keine Lampe mehr. Und wie hilflos und wahllos spendet ein Baum allen seinen Schatten: gut und böse, jung und alt, hoch und niedrig; Menschen, Tieren, sogar dem, der ihn fällen möchte.

Somit ist das erste Merkmal der Liebe: Sie wählt nicht aus. [...] Betrachten Sie mit Staunen die reine Güte der Rose oder der Lampe, denn hier haben Sie ein Bild dessen, was letztlich Liebe ist.

Was ist zu tun, um solche Liebe zu erlangen? Es gibt nichts, was Sie tun könnten, denn Liebe lässt sich nicht erzwingen. Doch gibt es etwas, wovon Sie lassen könnten. Achten Sie darauf, welch wunderbare Veränderung in Ihnen vor sich geht, sobald Sie die Menschen nicht mehr in gut und böse, in Heilige und Sünder einteilen, sondern sie als nicht wahrnehmend und unwissend zu sehen beginnen. Geben Sie den Irrglauben auf, dass Menschen im Bewusstsein sündigen können. Niemand kann im Licht des Bewusstseins sündigen. Sünde geschieht nicht – wie wir fälschlicherweise meinen – aus Bosheit, sondern aus Unwissenheit. »Vater, vergib ihnen, denn sie wissen nicht, was sie tun.« Dies zu erkennen heißt, die bewundernswerte Fähigkeit einer Rose, einer Lampe, eines Baumes zu erlangen.

Anthony de Mello

Liebes-Lied

Wie soll ich meine Seele halten, dass
sie nicht an deine rührt? Wie soll ich sie
hinheben über dich zu andern Dingen?
Ach gerne möcht' ich sie bei irgendwas
Verlorenem im Dunkel unterbringen
an einer fremden stillen Stelle, die
nicht weiterschwingt, wenn deine Tiefen schwingen.
Doch alles, was uns anrührt, dich und mich,
nimmt uns zusammen wie ein Bogenstrich,
der aus zwei Saiten *eine* Stimme zieht.
Auf welches Instrument sind wir gespannt?
Und welcher Geiger hat uns in der Hand?
O süßes Lied.

Rainer Maria Rilke

Der Johannisbrotbaum

Ein Weiser ging einmal über Land und sah einen Mann, der einen Johannisbrotbaum pflanzte. Er blieb bei ihm stehen, sah ihm zu und fragte: »Wann wird das Bäumchen wohl Früchte tragen?« Der Mann erwiderte: »In siebzig Jahren.«

Da sprach der Weise: »Du Tor! Denkst du, in siebzig Jahren noch zu leben und die Früchte deiner Arbeit zu genießen? Pflanze lieber einen Baum, der eher Früchte trägt, dass du dich ihrer erfreuest in deinem Leben.«

Der Mann aber hatte sein Werk vollendet und sah freudig darauf und antwortete: »Herr, als ich zur Welt kam, da fand ich Johannisbrotbäume und aß von ihnen, ohne dass ich sie gepflanzt hatte, denn das hatten meine Väter getan. Habe ich nun genossen, wo ich nicht gearbeitet habe, so will ich einen Baum pflanzen für meine Kinder und Enkel, dass sie davon genießen. Wir Menschen mögen nur bestehen, wenn einer dem andern die Hand reicht.«

Parabel

Die Rose

Rainer Maria Rilke ging in der Zeit seines Pariser Aufenthaltes regelmäßig über einen Platz, an dem eine Bettlerin saß, die um Geld anhielt. Ohne je aufzublicken, ohne ein Zeichen des Bittens oder Dankens zu äußern, saß die Frau immer am gleichen Ort.

Rilke gab nie etwas, seine französische Begleiterin warf ihr häufig ein Geldstück hin. Eines Tages fragte die Französin verwundert, warum er nichts gebe. Rilke antwortete: »Wir müssten ihrem Herzen schenken, nicht ihrer Hand.«

Wenige Tage später brachte Rilke eine eben aufgeblühte weiße Rose mit, legte sie in die offene, abgezehrte Hand der Bettlerin und wollte weitergehen. Da geschah das Unerwartete: Die Bettlerin blickte auf, sah den Geber, erhob sich mühsam von der Erde, tastete nach der Hand des fremden Mannes, küsste sie und ging mit der Rose davon.

Eine Woche lang war die Alte verschwunden; der Platz, an dem sie vorher gebettelt hatte, blieb leer.

Nach acht Tagen saß sie plötzlich wieder an der gewohnten Stelle. Sie war stumm wie damals, wiederum nur wieder ihre Bedürftigkeit zeigend durch die ausgestreckte Hand.

»Aber wovon hat sie denn in all den Tagen gelebt?«, fragte die Französin. Rilke antwortete: »Von der Rose ...«

Verfasser unbekannt

Wie kann man überhaupt unglücklich sein?

Ist es überhaupt möglich, unglücklich zu sein? Was bedeutet mein Kummer, was hat mein Leid auf sich, wenn ich imstande bin, glücklich zu sein?

Wissen Sie, ich verstehe nicht, wie man an einem Baum vorübergehen kann und nicht beglückt sein, dass man ihn sieht? Wie mit einem Menschen sprechen und nicht glücklich sein, dass man ihn liebt! Oh, ich verstehe es nur nicht auszudrücken [...] aber wie viele Dinge begegnen einem auf Schritt und Tritt, die so schön sind, dass selbst ein Mensch, der sich schon ganz verloren hat, sie als schön empfindet? Sehen Sie ein Kind an, schauen Sie Gottes Morgenrot, betrachten Sie einen Grashalm, wie er wächst, schauen Sie in die Augen, die Sie ansehen und Sie lieben.

Fjodor M. Dostojewski

Selbstsüchtig?

Denken Sie an jemanden, den Sie sehr lieben, jemanden, dem Sie nahe stehen, der Ihnen viel bedeutet, und sagen Sie in Gedanken zu ihm: »Ich würde lieber glücklich sein, als dich zu haben.«

Schauen Sie, was passiert: »Ich würde lieber glücklich sein, als dich zu haben. Wenn ich die Wahl hätte, würde ich mich ohne Frage fürs Glücklichsein entscheiden.« Doch wer fühlte sich dabei nicht selbstsüchtig, als er sich das sagte? Sicherlich viele. [...] Schauen Sie einmal, wer wirklich selbstsüchtig ist: Stellen Sie sich vor, jemand sagt zu Ihnen: »Wie kannst du so selbstsüchtig sein, dass du das Glücklichsein mir vorziehst?«

Würden Sie dann nicht am liebsten antworten: »Entschuldige mal, aber wie kannst du nur so selbstsüchtig sein, dass du verlangst, ich sollte dich über mein Glücklichsein stellen?!«

Eine Frau erzählte mir einmal von ihrem Vetter, einem Jesuitenpater; sie war damals noch ein Kind, als er in der Jesuitenkirche in Milwaukee Einkehrtage hielt. Jeden Vortrag begann er mit den Worten: »Der Prüfstein der Liebe ist das Opfer, das Maß der Liebe ist die Selbstlosigkeit.« Ein großartiger Satz! Ich stellte der Frau die Frage: »Würden Sie wünschen, dass ich Sie liebe, auch wenn ich dann nicht mehr glücklich sein könnte?« »Ja«, erwiderte sie.

Ist das nicht ganz entzückend? *Sie* würde mich lieben und könnte nicht mehr glücklich sein, und *ich* würde sie lieben und könnte auch nicht mehr glücklich sein. So hätten wir zwei unglückliche Menschen, doch – *lang lebe die Liebe!*

Anthony de Mello

Vermehrung der Liebe

Gemeinhin misst man den Fortschritt der Menschheit an ihren technischen und wissenschaftlichen Errungenschaften, wobei man annimmt, die Zivilisation führe zum Glück – das ist falsch. Rousseau und alle, die sich für einen primitiven patriarchalischen Zustand begeistern, haben genauso recht oder unrecht wie die, welche sich für die Zivilisation begeistern. Das Glück derer, welche die Früchte der höchsten, verfeinertsten Zivilisation und Kultur genießen, und derer, die in primitivster Wildheit leben, ist absolut gleich. Das menschliche Glück kann durch Wissenschaft, Zivilisation und Kultur ebenso wenig vermehrt werden, wie sich bewirken lässt, dass eine Wasseroberfläche an der einen Stelle höher ist als an der anderen. Vermehrung des menschlichen Glücks wird nur durch Vermehrung der Liebe möglich, die ihrem Wesen nach alle Menschen gleich macht; wissenschaftliche, technische Errungenschaften dagegen sind altersbedingt, und zivilisierte Menschen übertreffen nichtzivilisierte an Wohlbefinden ebenso wenig wie ein Erwachsener einen nicht Erwachsenen. Glück entsteht nur durch Vermehrung der Liebe.

Leo N. Tolstoi

Ausgesetzt auf den Bergen des Herzens

Ausgesetzt auf den Bergen des Herzens.
Siehe, wie klein dort,
siehe: die letzte Ortschaft der Worte, und höher,
aber wie klein auch, noch ein letztes Gehöft von Gefühl.
Erkennst du's? Ausgesetzt auf den Bergen des Herzens.
Steingrund unter den Händen.
Hier blüht wohl einiges auf;
aus stummem Absturz blüht ein unwissendes Kraut
singend hervor. Aber der Wissende?
Ach, der zu wissen begann und schweigt nun,
ausgesetzt auf den Bergen des Herzens.
Da geht wohl, hellen Bewußtseins, manches umher,
manches gesicherte Bergtier wechselt und weilt.
Und der große geborgene Vogel
kreist um der Gipfel reine Verweigerung. –
Aber ungeborgen, hier auf den Bergen des Herzens ...

Rainer Maria Rilke

Herzensangelegenheiten

Mehr als dir bewusst ist, denkst du mit dem Herzen. Das Herz nimmt Menschen und Dinge wahr. Von ihm hängt das Verhältnis zu deiner Umgebung ab. Woran dein Herz hängt, das wirst du verteidigen mit deinem ganzen Verstand und aller Kraft deines Willens. Dein Herz entscheidet, wofür du leben willst. Dein Herz entscheidet über die Werte, die Politik, die Weltanschauung, für die du kämpfen willst. Es ist dein Herz, das den Verstand dunkel oder hell macht.

Die einzige Norm für das Herz aber ist die Liebe. Ist dein Herz voller Egoismus und Misstrauen, wird dein Verstand nie einen Weg zum Frieden finden. Die Menschen lieben sich nicht, darum einigen sie sich nicht. Was sie erreichen, ist höchstens ein labiles Gleichgewicht auf der Grundlage von gegenseitigem Misstrauen. Man sollte nicht von Frieden reden, wenn das nicht mehr ist als großartige Konferenzen, die ergebnislos auf einem Vulkan gehalten werden, wenn das nicht mehr ist als ein Nebeneinander unter Hochspannung im gleichen Haus, im gleichen Land.

Frieden und Glück sind keine Verstandesprodukte, sondern Sache des Herzens, Herzensangelegenheiten. Jedes Zusammenleben ist in der Wurzel faul, solange das Herz der Menschen nicht gesund ist. Darum ist die erste Aufgabe jedes Menschen, auch deine wichtigste Aufgabe: Kultur des Herzens!

Phil Bosmans

Gut von Menschen reden

Es ist eine Erfahrungstatsache, dass wir mit Loben bei vielen Menschen oft weiterkommen als mit ständiger Kritik. Wer Kinder zu erziehen hat, der weiß, wie viel ein lobendes Wort bewirken kann. Wenn ich im Lob das Gute am andern benenne, wecke ich es zum Leben, ich locke das Gute in ihm hervor. Das Lob vergisst nicht, dass im andern auch negative Seiten sind, die keineswegs gelobt werden können. Aber das Loben spricht bewusst das Gute an. Es hebt das Gute ins Wort und damit zum Leben. Denn auch hier gilt: Was ausgesprochen wird, wird wirksam. Das Aussprechen schafft etwas von dem, was ausgesprochen wird. Zumindest wird es für den Hörer bewusster, und so kann es in ihm etwas bewirken. [...]

Im Wesen des Lobes liegt es, dass der Lobende von sich selbst absieht, dass er es nicht verzweckt. Im Loben sollen wir von unseren Absichten absehen und auf den anderen sehen, ihn in den Mittelpunkt stellen. Das kommt schon in der sprachlichen Form zum Ausdruck. Ich sage zwar zu jemandem: »Ich danke dir«, aber nie, »ich lobe dich«, sondern ich kleide das immer in einen Satz, in dem der andere Subjekt ist: »Du hast das gut gemacht, du siehst schön aus, du hast einen guten Eindruck gemacht« (Claus Westermann).

Im Loben vergesse ich mich, vergesse ich auch die Wirkung des Wortes auf den anderen. Ich lobe, weil ich das so sehe und weil der andere in mir das Lob hervorruft. Im Loben lasse ich dem andern Raum. Er wächst durch das Lob. Er kann sich entfalten. Das Gute in ihm wird durch mein Ansprechen verstärkt.

Anselm Grün

Die zärtliche, kaum vernehmbare Stimme der Liebe

Viele Stimmen versuchen, unsere Aufmerksamkeit auf sich zu lenken. Eine Stimme sagt: »Zeig, dass du ein guter Mensch bist«, eine andere: »Du solltest dich eher schämen!« Wieder eine andere Stimme erklärt: »Niemand kümmert sich wirklich um mich!« Und noch einmal eine andere Stimme hämmert uns ein: »Du musst erfolgreich sein, bekannt werden und Einfluss haben!«

Doch in all diese meist sehr lauten Stimmen mischt sich eine zärtliche, kaum vernehmbare Stimme, die uns sagt: »Du bist ein geliebter Mensch, an dem ich Wohlgefallen habe.« Auf diese Stimme müssen wir vor allem hören. Um diese Stimme zu vernehmen, bedarf es jedoch einer besonderen Anstrengung: Es bedarf der Stille, des Schweigens, des Alleinseins und eines starken Willens zu horchen.

Das alles bedeutet beten. Es ist das Horchen auf eine Stimme, die zu uns sagt: »Du bist ein geliebter Mensch!«

Henri Nouwen

Also wenn er liebt

Das Innerste in uns begehrt Glück, begehrt einen wohltuenden Zusammenklang mit dem, was außer uns ist. Dieser Klang wird gestört, sobald unser Verhältnis zu irgendeinem Ding ein andres ist als Liebe. Es gibt keine Pflicht des Liebens, es gibt nur eine Pflicht des Glücklichseins. Dazu allein sind wir auf der Welt. Und mit aller Pflicht und aller Moral und allen Geboten macht man einander selten glücklich, weil man sich selbst damit nicht glücklich macht. Wenn der Mensch »gut« sein kann, so kann er es nur, wenn er glücklich ist, wenn er Harmonie in sich hat. Also wenn er liebt.

Hermann Hesse

Nehmen und geben

Wie kannst du je glücklich werden, wenn du immer alles von anderen erwartest und alle Schuld auf andere schiebst? Leben ist geben und nehmen. Aber anscheinend wird den Menschen nur beigebracht zu nehmen: Nimm dir, du kannst das verlangen, du musst das ausnützen. Und man kassiert und profitiert, man fordert und nimmt. Jeder, der dir im Wege steht, wird zum Feind. Plötzlich steckt du in lauter Auseinandersetzungen, es gibt Ärger und Krach. Du fühlst dich bedroht. Überall siehst du Menschen, die dir schlecht wollen. Und du vergisst, dass du dir deine Feinde selbst gemacht hast.

Glück ist eigentlich nur ein anderes Wort für Frieden, Zufriedenheit, Freundschaft, Freude. Diese Dinge fallen dir nicht in den Schoß. Du kannst sie nicht einfach von anderen verlangen. Aber du bekommst sie gratis, wenn du selbst freundlich bist, wenn du Vertrauen zu den Menschen hast, wenn du dich liebevoll um Menschen kümmerst, wenn du auch in der größten Not, wie schlimm sie auch sei, an dem Glauben festhältst, dass einmal alles anders und alles gut wird.

Du musst immer wieder anfangen, nicht für dich zu nehmen und für dich Ansprüche zu stellen, sondern zu geben, zu helfen, andere zu trösten und dich selbst dabei zu vergessen. Dann wirst du eines Tages spüren, wie eine warme Sonne in dein armes Menschenherz scheint, und das wird dir gut tun. Und du wirst glücklich sein.

Phil Bosmans

Worte der Liebe

Manchmal schweigen wir, wenn wir sprechen sollten. Ohne Worte ist es schwer, Liebe zu vermitteln. Sagen wir zu unseren Eltern, Kindern, Freunden oder einem lieben Menschen: »Ich mag dich sehr!« oder »Ich mach' mir um dich Sorgen!« oder »Du bist für mich ein großes Geschenk!«, dann haben wir uns dafür entschieden, Leben weiterzugeben.

Es fällt nicht immer leicht, unsere Liebe und Sympathie direkt in Worten zum Ausdruck zu bringen. Tun wir es aber, werden wir feststellen, dass wir einen Segen ausgesprochen haben, der lange in Erinnerung bleiben wird. Wenn ein Sohn zu seinem Vater sagt: »Papa, ich hab' dich gern!« und eine Mutter zu ihrer Tochter: »Ich hab' dich sehr lieb!«, erschließt sich ein neuer Ort, ein Raum des Segens, in dem gut bleiben ist. Es ist wirklich so: Worte können Leben stiften.

Henri Nouwen

Blümchen der Weisheit

Wer einst an den Brüsten des Glücks den goldnen Traum des Lebens träumte, der streckt zwar, wenn ihn das Schicksal mit rauer Stimme weckt, wehmütig die Arme aus nach den göttlichen Gestalten, die nun auf immer entfliehen, und sein Schmerz ist umso größer, je größer das Glück war, dessen er genoss; aber ihm ist doch aus dem Füllhorn des Segens, das von oben herab sich öffnet, auch ein Blümchen zugefallen, das ihn selbst in der Erinnerung noch erfreuen kann, wenn es gleich längst verblüht ist. Ihm sind doch die Ansprüche, die er an dies Leben zu machen hatte, nicht ganz unerfüllt geblieben, nicht mit allen seinen Forderungen ist er von der großen Erbschaft abgewiesen worden, welche der Himmel den Kindern der Erde vermacht hat, nicht murren wird er mit dem Vater der Menschen, der ihn von seiner Liebe nicht ausschloss, nicht mit bitterem Groll seine Geschwister beneiden, die mit ihm nur zu gleichen Teilen gingen, nicht zürnen auf den Genuss seines Glückes, weil er nicht ewig währte, so wie man dem Frühlinge nicht zürnt, weil er kurz ist, und den Tag nicht verwünscht, weil ihn die Nacht ablöset.

Mutiger und sichrer als wenn er nie auf hellen Pfaden gewandelt wäre, wird er nun auch die dunkeln Wege seines Lebens durchwandeln und in der Erinnerung zuweilen mit wehmütiger Freude die bemoosten Ruinen seines ehemaligen Glückes besuchen, um das Herbstblümchen der Weisheit zu pflücken.

Heinrich von Kleist

Vom Geheimnis und Sinn der Liebe (1)

Gestern stand ich am Tempeltor und befragte die Vorbeieilenden über das Geheimnis und den Sinn der Liebe.

Vor meinen Augen wanderte ein alter Mann vorbei. Sein Gesicht war abgezehrt und voll Melancholie. Er seufzte vor sich hin und sagte: »Die Liebe ist eine Schwäche der Natur, die seit Adam und Eva von Generation zu Generation weitergegeben wurde.«

Ein kräftiger Jüngling erwiderte: »Die Liebe verbindet die Gegenwart mit Vergangenheit und Zukunft.«

Dann kam eine Frau. Ihr Gesicht hatte einen tragischen Ausdruck. Mit gedrückter Stimme sagte sie: »Die Liebe ist ein Gift, das uns das Reich der Finsternis einimpft. Das Gift scheint frisch zu sein wie der Tau am hellen Morgen, und die durstige Seele trinkt es gierig und erkrankt für immer.«

Dann erschien ein schönes Mädchen, und es sagte lächelnd: »Die Liebe gleicht dem Wein, der von den Bräuten der Morgendämmerung kredenzt wird. Er macht starke Seelen noch stärker und befähigt sie, zu den Sternen emporzusteigen.«

Nach ihr sprach ein bärtiger, schwarz gekleideter Mann, der finster dreinsah: »Liebe ist die blinde Unwissenheit, mit der die Jugend beginnt und endet.«

Ein anderer erklärte lächelnd: »Die Liebe ist ein göttliches Wissen, das es dem Menschen ermöglicht, ebenso viel wahrzunehmen wie die Götter.«

Khalil Gibran

Vom Geheimnis und Sinn der Liebe (2)

Hierauf sprach ein blinder Mann, der sich den Weg mit einem Stock ertastete: »Die Liebe ist ein Nebel, der uns die Sicht nimmt. Sie verhindert, dass die Seele das Geheimnis der Existenz erkennt, sodass das Herz nur zitternde Schattenbilder des Verlangens inmitten von Hügeln wahrnimmt und nur das Echo von Schreien hört, die aus stimmlosen Tälern kommen.«

Ein Greis, der seine Füße wie zwei Lumpen einherschleppte, sagte mit bebender Stimme: »Liebe gleicht dem Ruhen des Leibes in der Stille des Grabes, gleicht der Gelassenheit der Seele in der Tiefe der Ewigkeit.«

Nach ihm sagte lachend ein fünfjähriges Kind: »Mein Vater und meine Mutter sind die Liebe, – und außer ihnen weiß niemand, was Liebe ist.«

In dieser Art sprachen die Menschen, die vorübergingen, von der Liebe als dem Inbegriff ihrer Hoffnungen oder ihrer Enttäuschungen.

Die Liebe aber blieb das Geheimnis, – das sie schon immer gewesen ist.

Khalil Gibran

Das Gleichnis vom Feuer (1)

Der Buddha gab dem Mönch Vaccha folgendes Gleichnis: Wenn vor deinen Augen ein Feuer brennt, dann weißt du: Da brennt ein Feuer. Wenn dich nun jemand fragt: »Wovon brennt denn das Feuer?« Dann wirst du antworten: »Das Feuer da brennt, weil es als Brennstoff dürres Reisig hat, Gras und Holz.« Wenn nun das Feuer vor deinen Augen ausgeht, dann weißt du: Das Feuer ist ausgegangen. Wenn dich aber nun jemand fragt: »Nach welcher Gegend der Welt ist das Feuer, das da vor deinen Augen ausgegangen ist, von hier aus hingegangen: nach Osten, Westen, Süden oder Norden?« Was antwortest du dann?

Darauf der Mönch Vaccha: Diese Frage wäre falsch gestellt, Erhabener. Dieses Feuer brannte vorher, weil es dürres Reisig und trockenes Gras und Holz als Brennstoff hatte. Nun, da es den Brennstoff verzehrt hat und keinen neuen mehr erhält, somit keine Nahrung mehr findet, ist es ausgegangen. Dies ist nur ein Begriff, etwas anderes ist vom Feuer nicht geblieben.

Gautama Buddha

Das Gleichnis vom Feuer (2)

Der Buddha: Vaccha, genauso verhält es sich mit dem Tathāgata (dem Buddha): Da er Nirwāna verwirklicht hat, ist seine Gestalt, die man vor Augen hat, abgetan, annulliert und erhaben über alle Begreifbarkeit der Auffassungsmöglichkeiten. Er ist undefinierbar, unbestimmbar, unergründbar wie der große Ozean. Es wäre falsch zu sagen: Er ist. Und ebenso falsch wäre es zu sagen: Er ist nicht.

Es gibt einen Bereich, in dem ist weder Erde noch Wasser, weder Feuer noch Luft, weder das Raumunendlichkeitsgebiet noch das Bewusstseinsunendlichkeitsgebiet, weder das Gebiet des Nicht-Etwas noch das der Weder-Wahrnehmung-noch-nicht-Wahrnehmung, weder diese Welt noch jene Welt, weder Sonne noch Mond.

Dies nenne ich: weder Kommen noch Gehen, noch auch Stillstand, weder Tod noch Geburt. Es ist ohne Grundlage, Fortschritt oder Stütze.

Es ist das Ende allen Kummers.

Gautama Buddha

Das Risiko der Liebe

Immer wenn wir uns entscheiden, einen Menschen zu lieben, öffnen wir dem Schmerz Tür und Tor; denn es gehört zur Tragik unseres Lebens, dass wir es nicht vermeiden können, diejenigen, die wir lieben, zu verletzen, während wir selbst an den Verletzungen, die uns diejenigen zugefügt haben, die uns lieben, leiden. Immer wieder geben in der Liebe Freude und Schmerz einander die Hand. Den größten Schmerz bereitet das Verlassen. Geht ein Kind aus dem Hause, nimmt ein Ehegatte für länger oder gar für immer Abschied, zieht ein guter Freund in ein anderes Land oder stirbt ... scheint der Schmerz der Trennung uns schier zu erdrücken.

Wollen wir aber dem Schmerz der Liebe ausweichen, werden wir nie die Freude der Liebe und das Glück des Geliebtseins erfahren. Und Liebe ist stärker als Furcht, Leben stärker als Tod, Hoffnung stärker als Verzweiflung. Vertrauen wir darauf, dass es sich immer lohnt, das Risiko der Liebe einzugehen.

Henri Nouwen

Lieben: die Einheit fühlen (1)

Unter den großen Meistern, denen wir auf dem Weg unseres Daseins begegnen können, ist die Liebe vielleicht der größte. Sie ist der stärkste Gegner unseres hochmütigen Welt-Ichs, ist Loslassen und Hingabe schlechthin, das fruchtbarste Feld für die Erfahrung des Seins. In der Liebe wird das Numinose in einer Tiefe empfunden, die die Ganzheit der Person berührt. Lieben heißt vor allem: die Einheit fühlen.

Das Leben ist voller kleiner Augenblicke, in denen wir eins werden mit diesem und jenem: mit Ding, Pflanze, Tier und Mensch, bisweilen auch mit Gott. Es gibt so viele Gelegenheiten, in denen wir uns einer Berührung mit dem Sein bewusst werden können. Auch wenn etwas, das uns lieb ist, nicht da ist, oder wir von jemandem, mit dem wir verbunden sind, getrennt sind; wenn wir einen unerfüllten Wunsch, zu lieben oder geliebt zu werden, haben oder einsam sind – im Grund immer, wenn eine Sehnsucht uns quält und unsere Liebe daran hindert auszustrahlen, leiden wir unter einem ontologischen Elend, können aber gerade da vom Göttlichen angerührt werden. Ihr volles Maß kann die Liebe nur in der Begegnung zwischen zwei Menschen annehmen. Die wahre Begegnung zwischen zwei Menschen ist selten, aber sie geschieht, wenn beide sich durch den Panzer ihres wesensfernen Ichs hindurch dem Wesen öffnen. Dann kann in der Vereinigung etwas Besonders geschehen: eine Selbstbegegnung des sie verbindenden Wesens. [...]

Karlfried Graf Dürckheim

Lieben: die Einheit fühlen (2)

Die wahre Liebe mit der Möglichkeit zur größten Tiefe finden wir dort, wo zwei Menschen sich auf dem Weg ihrer Suche nach dem Sein finden und einer für den anderen Weggefährte wird. Ihre Begegnung wird der Weg ihrer gegenseitigen Vervollkommnung, wenn man im Herzen des anderen den Gleichklang des eigenen Seins vernimmt oder im Gegenteil, seinen Widerstand gegen jedes Stehenbleiben in seiner ganzen Kraft erkennt. Nirgends so wie in der Vereinigung von Wesen zu Wesen kann man diesen Schauder erleben. Die sexuelle Vereinigung von Mann und Frau kann dabei ein Gipfel dieser Vermählung sein. Dann hat die das kleine Ich überwältigende Ekstase überweltliche Qualität. Die Liebenden können im körperlichen Vollzug ihrer Liebe in jene Wirklichkeit gehoben werden, die jenseits aller Zweiheit ist, das Nicht-Zwei des überweltlichen Seins erfahren.

Ist die Haltung der Liebenden in der sexuellen Vereinigung wesensgemäß, dann lassen beide ihr Ich völlig los. Wenn sie den in der Vereinigung hörbaren Ruf des Seins vernehmen, dann verschlingt die Welle des großen LEBENS ihr kleinmenschliches Ich. Im Ineinanderfließen schwindet das Bewusstsein, und das Ende des Ichs kann dann das überwältigende Auftauchen des beide verbindenden WESENS bedeuten. Der Ekstase kann dann jener Augenblick tiefen Friedens und erfüllter Stille folgen, in dem das überweltliche Sein zum Menschen spricht.

Karlfried Graf Dürckheim

Die drei Wurzeln des Unheilsamen (1)

Es gibt drei Wurzeln des Unheilsamen. Welche drei? Gier ist eine Wurzel des Unheilsamen. Hass ist eine Wurzel des Unheilsamen. Verblendung ist eine Wurzel des Unheilsamen.

Was auch immer an Begierde besteht, das ist eine Wurzel des Unheilsamen. Was auch immer einer aus Begierde tut in Werken, Worten und Gedanken, das auch ist unheilsam. Was ein Giererfüllter, so er von der Gier überwältigt ist und sein Geist davon gefesselt ist, einem anderen zu Unrecht an Leiden zufügt, ob durch Hinrichtung, Inhaftierung, Eigentumsschädigung, Beschuldigung oder Vertreibung, und dies, weil er denkt, dass er die Macht besitze und seine Macht einsetzen wolle, auch das ist unheilsam. – So entstehen in ihm durch die Gier erzeugt, durch die Gier bedingt, aus der Gier entsprungen, all diese vielen unheilsamen Dinge.

Was auch immer an Hass besteht, das ist eine Wurzel des Unheilsamen. Was auch immer ein Hasserfüllter tut in Werken, Worten und Gedanken, das auch ist unheilsam. Was ein Hasserfüllter, so er vom Hass überwältigt ist und sein Geist davon gefesselt ist, einem anderen zu Unrecht an Leiden zufügt, ob durch Hinrichtung, Inhaftierung, Eigentumsschädigung, Beschuldigung oder Vertreibung, und dies, weil er denkt, dass er die Macht besitze und seine Macht einsetzen wolle, auch das ist unheilsam. – So entstehen in ihm durch den Hass erzeugt, durch den Hass bedingt, aus dem Hass entsprungen, all diese vielen unheilsamen Dinge.

Gautama Buddha

Die drei Wurzeln des Unheilsamen (2)

Was auch immer an Verblendung besteht, das ist eine Wurzel des Unheilsamen. Was auch immer ein Verblendeter tut in Werken, Worten und Gedanken, das auch ist unheilsam. Was ein Verblendeter, so er von der Verblendung überwältigt ist und sein Geist davon gefesselt ist, einem anderen zu Unrecht an Leid zufügt, ob durch Hinrichtung, Inhaftierung, Eigentumsschädigung, Beschuldigung oder Vertreibung, und dies, weil er denkt, dass er die Macht besitze und seine Macht einsetzen wolle, auch das ist unheilsam. – So entstehen in ihm durch die Verblendung erzeugt, durch die Verblendung bedingt, aus der Verblendung entsprungen, all diese vielen unheilsamen Dinge.

Von einem solchen Menschen sagt man, dass er ungelegen redet, die Unwahrheit sagt und unbegründete Rede hält, dass er gegen Recht und Ordnung redet. Und warum dies? Dieser Mensch fügt ja den anderen zu Unrecht Leiden zu [...]. Wird er mit der Wahrheit konfrontiert, zeigt er nur Verachtung und gibt nichts zu. [...] Ein solcher Mensch, der von den aus Gier, Hass und Verblendung entsprungenen üblen, unheilsamen Dingen überwältigt und dessen Geist davon gefesselt ist, führt schon hier ein elendes Leben, voller Verdruss, Verzweiflung und Qual, und beim Zerfall des Körpers, nach dem Tod, gerät er auf eine Leidensfährte ...

Es gibt drei Wurzeln des Heilsamen, ihr Mönche. Welche drei? Die Gierlosigkeit ist eine Wurzel des Heilsamen. Die Hasslosigkeit ist eine Wurzel des Heilsamen. Die Unverblendung ist eine Wurzel des Heilsamen.

Gautama Buddha

Die schönsten Stunden stehen meistens nicht in meinem Terminkalender

Wie habe ich mich im vergangenen Jahr auf das Weihnachtsfest im großen Kreis der Familie gefreut! Ich habe es mir vorher bereits in den schönsten Farben ausgemalt. Doch dann wurde das Ganze eine große Enttäuschung. Es gab Streit und Sticheleien und viel Langeweile. Hatte ich zu viel erwartet?

Und auch die teure Urlaubsreise, auf die wir lange gespart und uns so sehr gefreut hatten, war ein einziger Reinfall.

Wenn ich auf mein bisheriges Leben zurückblicke, stelle ich erstaunt fest: Die schönsten Augenblicke entstanden meistens völlig unvorbereitet. Ich denke an die spontane Einladung zu einem einfachen Essen draußen im Garten. Wir saßen dort bis in die Nacht zusammen und waren fröhlich wie lange nicht mehr. Oder der Besuch der alten Kirche, als der Organist gerade für ein Konzert probte. Wir bekamen alle eine Gänsehaut. Oder der Abend, an dem wir beide noch einmal über alles sprachen und feststellten, wie groß unsere Liebe noch immer ist.

Rainer Haak

Liebe und Treue – Schlüssel zum Glück

Mangel an Liebe ist die Armut unserer Zeit. Untreue ist eine gefährliche Mode geworden. Ein Auflösungsprozess kommt in Gang. Die engsten und natürlichsten Lebensbande beginnen zu zerreißen. Viele Ehen und Familien gehen daran zugrunde. Wir wollen kein Urteil fällen über jemand, der geschieden ist. Es kann Umstände geben, wo keine andere Wahl mehr bleibt, wo das Leben zu einer Hölle geworden ist.

Aber wir dürfen aus Ehe und Familie keinen Trümmerhaufen machen. Eine Gesellschaft stirbt, wenn die Familie in die Brüche geht. Und oft ist das Kind für sein ganzes Leben gezeichnet, auch wenn die Eltern versuchen, möglichst gut für es zu sorgen. Ein Kind ist ein lebendiges Band zwischen zwei Menschen. In diesem kleinen Wesen haben Vater und Mutter, unauslöschlich und für alle Zeit, ihr eigenes Leben niedergeschrieben. Zerbricht das Band der Ehe, leidet das Kind Schaden. – Liebe und Treue müssen neu gesehen werden. […] Liebe und Treue stehen im Zentrum einer Kultur des Herzens. Man hat sie nicht einfach, sie müssen pfleglich behandelt, kultiviert werden. Sie sind kostbar. Liebe und Treue sind Früchte eines Baumes, der oft einem Kreuz gleichen kann. Seine Früchte reifen langsam in Sonnenschein und Regen, in Sturm und Wind, aber einmal gereift, wird durch sie alles gemeinsame Leben ein Fest.

Liebe und Treue sind die Schlüssel für das Haus, in dem du sicher und geborgen bist. Hier schlägt ein Herz für dich, hier wirst du aufgenommen mit offenen Armen.

Phil Bosmans

Das Gleichnis vom Teich

Da steht einer am Ufer eines Teiches, eines schlammigen, aufgewühlten und trüben Teiches. Seine Augen vermögen darin die verschiedenartigen Muscheln, den Sand, die Kieselsteine und die vielen Fische, die sich darin tummeln, nicht zu erkennen; und dies wegen des trüben Wassers. So ist es auch mit einem Menschen, dessen Geist verschlackt ist: Er vermag nicht sein eigenes Heil zu erkennen, noch das Heil anderer, noch das ihm und den anderen gemeinsame Heil; und er vermag nicht die außerordentliche Eigenschaft des Erkenntnisblickes zu erlangen, die der Heiligkeit fähig macht; denn sein Geist ist ja verschlackt.

Wenn einer aber am Ufer eines ungetrübten, ruhigen und klaren Teiches steht, dann vermögen seine Augen die verschiedenartigen Muscheln, den Sand, die Kieselsteine und die vielen Fische, die sich darin tummeln, zu erkennen; und dies, weil das Wasser klar ist. So ist es auch mit einem Menschen, dessen Geist entschlackt ist: Er vermag sein eigenes Heil zu erkennen, sowie das Heil anderer und das Heil, das ihm und den anderen gemeinsam ist; und er vermag die außerordentliche Eigenschaft des Erkenntnisblickes zu erlangen, die der Heiligkeit fähig macht; denn sein Geist ist entschlackt.

Gautama Buddha

Ein Wunder

Gab es nicht ein leises Zittern, schlug das Herz nicht schneller, war die Stimme nicht beklommen, als du ihr, als du ihm den Ring an den Finger stecktest: »Trag diesen Ring als Zeichen der Liebe und Treue?«

Eine glückliche Ehe ist ein ganz großes Wunder, ein Geheimnis der Liebe zwischen zwei Menschenkindern. Man kann nur staunen und dankbar sein. Das Zusammenleben ist ein Fest, wenn man sich umarmt und die Nähe eines liebevollen Herzens spürt.

Dann gibt es keine Grenzen mehr, keine Erde und keinen Himmel. Die Uhren ticken nicht mehr. Die ganze Welt steht still. Der Mond scheint hell wie die Sonne. Die Vögel zwitschern im Winter. Blumen blühen in den Augen. In allen Dingen liegt ein Zauber, und man beginnt, gemeinsam zu träumen ... von morgen, vom gemeinsamen Fest des Lebens.

Leg die Liebe nicht auf die Waage. Miss nicht ab, wie weit und wie lange. Abgewogene und abgemessene Liebe ist keine Liebe, sondern Berechnung. Lass die Liebe spontan sein, ohne Hintergedanken, ursprünglich und echt, dann kommt Freude über dich, dir wird warm ums Herz, du bist glücklich, du könntest tanzen und singen.

Spontane Liebe ist etwas Phantastisches. Sie versetzt in den siebten Himmel. Sie ist ein Wunder.

Phil Bosmans

FEBRUAR

Alles hat seine Zeit

WORAN HÄNGE ICH MEIN HERZ?

Der Nagel

Ein Kaufmann hatte auf der Messe gute Geschäfte gemacht, alle Waren verkauft und seine Geldkatze mit Gold und Silber gespickt. Er wollte jetzt heimreisen und vor Einbruch der Nacht zu Haus sein. Er packte also den Mantelsack mit dem Geld auf sein Pferd und ritt fort.

Zu Mittag rastete er in einer Stadt: Als er weiter wollte, führte ihm der Hausknecht das Ross vor, sprach aber: »Herr, am linken Hinterfuß fehlt im Hufeisen ein Nagel.« – »Lass ihn fehlen«, erwiderte der Kaufmann, »die sechs Stunden, die ich noch zu machen habe, wird das Eisen wohl festhalten. Ich habe Eile.«

Nachmittags, als er wieder abgestiegen war und dem Ross Brot geben ließ, kam der Knecht in die Stube und sagte: »Herr, Euerm Pferd fehlt am linken Hinterfuß ein Hufeisen. Soll ich's zum Schmied führen?« – »Lass es fehlen«, erwiderte der Herr, »die paar Stunden, die noch übrig sind, wird das Pferd wohl aushalten. Ich habe Eile.« Er ritt fort, aber nicht lange, so fing das Pferd zu hinken an. Es hinkte nicht lange, so fing es an zu stolpern, und es stolperte nicht lange, so fiel es nieder und brach ein Bein. Der Kaufmann musste das Pferd liegen lassen und zu Fuß nach Haus gehen, wo er erst spät in der Nacht anlangte. »An allem Unglück«, sprach er, »ist der verwünschte Nagel schuld.« Eile mit Weile.

Brüder Grimm

Still werden

Versuche, still zu werden.
Dafür musst du zu dir zurückfinden.
Komm in die Gegenwart.
Frage dich: Wo bin ich gerade jetzt?
Was tue ich?
Was denke ich?
Was spüre ich in meinem Körper?
Wie atme ich?
Stille kann nicht erzwungen
oder unmittelbar angestrebt werden.
Suche einfach innere Wachheit –
dann wird die Stille sich einstellen.
Wenn du dich nun in dieser Stille zu Gott wenden willst,
denke dir,
dass du dich bei jedem Ausatmen auslieferst, hingibst ...
dass jeder Atemzug deine Weise ist, zu Gott ja zu sagen ...
Ja zu dem, was du heute bist,
zu dem Menschen, als den Gott dich geschaffen hat,
zu dem Menschen, der du geworden bist ...
Ja zu deiner ganzen Vergangenheit ...
Ja zu dem, was die Zukunft dir bringen wird.
Lass jedes Mal, wenn du ausatmest, alles fahren
in dem Wissen, dass alles gut wird ...
Lass alle Ängste beiseite
und lass den Frieden herrschen,
denn in seinen Händen, in seinem Willen
liegt unser Friede.

Anthony de Mello

Was war es …?

Das Geheimnis des Glücks ist unter der Hülle geistiger Erkenntnis verborgen. Und geistige Erkenntnis ist nur dies: dass im Menschenherzen ein immerwährendes Sehnen ist, etwas von seinem Ursprung zu erfahren, etwas von seinem ursprünglichen Zustand zu erleben – von dem Zustand des Friedens und der Freude, der gestört worden ist und immer wieder gestört wird und nach dem man das ganze Leben hindurch sich sehnt und sucht, nach dem zu suchen man nicht aufhören kann, bis schließlich der wahre Ursprung gefunden und verwirklicht ist. Was war es, das in der Wildnis Freude und Friede gab? Was war es, das in den Wäldern, in der Einsamkeit zu uns kam? Es war nichts anderes als die Tiefe des eigenen Lebens, die still ist wie die Tiefe des großen Meeres, so still, so ruhig. Es ist die Oberfläche des Meeres, die Wellen wirft und dröhnend brandet; die Tiefe ist ruhig, ist still. So ist auch die Tiefe unseres eigenen Wesens still.

Hazrat Inayat Khan

Die Welt, in der wir leben

Ich stelle mir vor, ich hätte einen ganzen Tag zur Verfügung, den ich allein auf einem Berggipfel verbringen könnte ...

Einsamkeit ist Zusammensein: Hier begegne ich mir selbst und der ganzen Schöpfung und dem Sein. Außerhalb der Einsamkeit bin ich zerstreut und geteilt.

Ich schaue auf die ganze Schöpfung und ziehe sie an mein Herz:

Ich liebe die Vögel und Tiere ... die Bäume ... die Sonne ... die Luft ... die Wolken ... das Gras ... die Berge ... Flüsse ... Seen ... die Erde ... und die Sterne ... und das Weltall ...

Ich liebe das Zimmer, das ich bewohne ... und die Möbel, die ich benutze ... die Küche ... und das Feuer ... und das Essen ...

Ich liebe das erfrischende Wasser, das ich trinken und auf mein Gesicht spritzen werde ...

Ich liebe den Verkehrslärm in der Ferne ... die Straßen ... die Felder ... die Fabriken ... die Wohnhäuser ... die Theater, Läden und Gaststätten ...

Ich liebe die Menschen, denen ich heute begegnen werde, und drücke sie alle an mein Herz ... und ich liebe alle Menschen überall und an allen Enden der Erde ... und vergangene Völker ... und die Völker späterer Jahrhunderte – in der Einsamkeit gewinne ich Einsicht und Tiefe, um das zu vermögen.

Anthony de Mello

Wenn es einmal wäre ...

»Ach, Lieber! Wenn es einmal wäre, dass ein Mensch mit allen Menschen Frieden schlösse und mit sich, wenn einmal sein zerrüttetes Herz mitten im Sauerteige der hassenden und gehassten Welt nur den milden süßen Lebenssaft der Liebe auffasste und bewahrte, wie die Auster mitten im Schlamm nur helles reines Wasser in ihr Gehäuse nimmt; ach, wenn er das vorauswüsste: Dann könnte wohl ein froher Abend wie dieser seine dürstende zerlechzte Brust erquicken und füllen und den ewigen Seufzer befriedigen.« ...

»Vielleicht werden wir es können – wir werden überall glücklich sein, wo ein Mensch lächelt, sollt' er's auch nicht verdienen – wir werden nicht mehr aus Pflicht der höflichen Verleugnung, sondern aus Liebe freundlich mit jedem Bruder sprechen, und für Herzen, die keine innere Entrüstung mehr zu decken haben, wird es keine verwickelte Lagen mehr geben.«

Jean Paul

Dem Glücklichen schlägt keine Stunde

Das Glück, wenn es mir recht ist, liegt in zweierlei: Darin, dass man ganz da steht, wo man hingehört, und zum Zweiten und Besten in einem behaglichen Abwickeln des ganz Alltäglichen, also darin, dass man ausgeschlafen hat und dass einen die neuen Stiefel nicht drücken. Wenn einem die 720 Minuten eines zwölfstündigen Tages ohne besonderen Ärger vergehen, so lässt sich von einem glücklichen Tage sprechen.

Ich denke, dem Glücklichen schlägt keine Stunde, und er soll die glückliche Stunde nicht abkürzen, auch nicht auf die Gefahr hin, dabei einmal unpünktlich zu sein. Aber wenn er es zu müssen glaubt, gut, ich habe nichts dagegen. Er wird sich dann aber aus der Schar der Glücklichen wegstehlen, ohne nach der Uhr gesehen zu haben, oder doch nur ganz still, ganz leise, ganz heimlich und diskret.

Theodor Fontane

Ansprüche und Erwartungen

Wir alle hängen voneinander in verschiedenster Hinsicht ab, oder nicht? Wir hängen vom Metzger ab, vom Bäcker, vom Glühbirnenhersteller. Gegenseitige Abhängigkeit. So ist das! ... Aber voneinander psychologisch abhängig zu sein – voneinander gefühlsmäßig abzuhängen –, was bedeutet das eigentlich? Es bedeutet, von einem anderen Menschen in punkto Glück abzuhängen. [...]

Wo Liebe ist, gibt es keine Ansprüche, keine Erwartungen, keine Abhängigkeit. Ich verlange nicht, dass du mich glücklich machst; mein Glück ist nicht in dir begründet. Wenn du mich verlassen würdest, würde ich mich nicht bedauern; ich genieße deine Gesellschaft über alle Maßen, aber ich klammere mich nicht an. Ich genieße sie, ohne mich festzuklammern. Was ich eigentlich genieße, bist nicht du, es ist etwas, das größer ist als wir beide. Es ist etwas, das ich entdeckt habe, eine Art Sinfonie, eine Art Orchester, das in deiner Gegenwart eine Melodie spielt, doch wenn du gehst, hört das Orchester nicht auf zu spielen. Begegne ich jemand anderem, spielt es eine andere Melodie, die auch wunderbar ist. Und bin ich alleine, spielt es weiter. Es hat ein großes Repertoire und hört nie auf zu spielen ... Kann man sagen, dass Sie einen Menschen lieben, wenn Sie ihn psychologisch oder gefühlsmäßig zu Ihrem Glück brauchen?

Anthony de Mello

Die Stille

Zu einem Einsiedler kamen eines Tages Menschen. Sie fragten ihn: »Welchen Sinn siehst du in deinem Leben der Stille?«

Er war gerade mit dem Schöpfen von Wasser beschäftigt, aus einer tiefen Zisterne. Er überlegte. Er sprach: »Schaut in die Zisterne. Was seht ihr?«

Die Besucher blickten in die tiefe Zisterne: »Wir sehen nichts.« Nach einer Weile forderte der Einsiedler die Leute wieder auf: »Schaut in die Zisterne. Was seht ihr?« Sie blickten hinunter und sagten: »Jetzt sehen wir uns selbst!«

Der Einsiedler sprach: »Als ich vorhin Wasser schöpfte, war das Wasser unruhig, und ihr konntet nichts sehen. Jetzt ist das Wasser ruhig, und man sieht sich selber. Das ist die Erfahrung der Stille.«

Parabel

Die Hasen und die Frösche

Es wird erzählt, dass die Hasen einst Rats pflogen und dabei zu dem Entschluss gelangten, sie wollten ihren Wald verlassen und in ein anderes Land ziehen, dieweil sie in unaufhörlicher Sorge lebten. Hunde und Menschen hielten sie in Furcht, und dieser Zustand schien ihnen nicht mehr erträglich.

Ein alter weiser Hase meinte zwar, es sei töricht, die Heimat, in der sie von Kindesbeinen an gelebt, und die Freundschaft im Stich zu lassen, aber das andere Volk wollte ihm keinen Glauben schenken, und so machten sie sich denn allesamt auf den Weg. Es geschah aber, dass sie an einen Teich gelangten, an dessen schlammigen Ufern sich eine Froschversammlung niedergelassen hatte. Als die Frösche die Hasenschar sahen, erschraken sie dergestalt, dass sie mit einem Plumpser ins Wasser sprangen.

Dieses merkte der alte weise Hase, rief seine Gefährten zusammen und sprach: »Da schaut her! Erst durch die Frösche, die Furcht vor uns haben, müssen wir innewerden, dass wir eine große Torheit begehen, wenn wir unseren heimatlichen Wald verlassen, um anderswo größere Sicherheit zu suchen. Nie im Leben werden wir ein Land finden, wo wir nichts zu fürchten brauchen. Kehren wir also um, wir werden gut daran tun.« Und alsbald machten die Hasen kehrt und wanderten in ihr Land zurück.

Diese Fabel möge die, so ihre Heimat verlassen wollen, lehren, dass sie nirgends eine Gegend finden werden, wo es keine Sorge und keine Mühe gibt.

Französische Fabel

Eine Welt mit menschlichem Gesicht

Eine Welt, ein Land –
wo niemand Not leidet, wo Menschen täglich Liebe und Leid teilen. Wo Menschen wie Töne eines einzigen Liedes sind: jeder Ton mit seinem eigenen Klang, in der unerschöpflichen Melodie des Friedens unter den Menschen.

Eine Welt, ein Land –
wo alles auf das Maß des Menschen zurückgeführt wird, wo Herzlichkeit das Haus erfüllt und Menschen menschliche Wärme finden. Wo Gesunde und Kranke, Kräftige und Gebrechliche, Jüngere und Ältere einander Heimat und Geborgenheit geben.

Eine Welt, ein Land –
wo das menschliche Interesse den Vorrang hat vor politischen, wirtschaftlichen und finanziellen Interessen, wo Raum ist für die Wunder der Natur, für Musik und Tanz, für Kinder und Clowns. Wo Menschen glücklich sein können über ein Glück, das gratis ist.

Eine Welt, ein Land –
mit einem menschlichen Gesicht,
mit dem Gesicht der Liebe.

Phil Bosmans

Bedingungen

Wir können uns gar nicht vorstellen, ohne Bedingungen glücklich zu sein. Das eben ist es. Es wurde uns beigebracht, unser Glück auf Bedingungen zu setzen. Das ist dann so, als sagten wir zu unserem Freund oder zu unserer Freundin, zu Gott oder zu wem auch immer: »Du bist mein Glück. Wenn ich dich nicht bekomme, weigere ich mich, glücklich zu sein.«

Dies zu verstehen, ist sehr wichtig. Es ist das erste, was zu tun ist, wenn wir wach werden wollen, was nichts anderes heißt, als zu sagen: wenn wir lieben wollen, wenn wir Freiheit wollen, wenn wir Freude, Frieden und geistliches Leben wollen. In diesem Sinn ist Spiritualität die nützlichste Sache der Welt. [...]

Wohin man blickt, überall Kummer, Einsamkeit, Angst, Verwirrung, Zwiespalt in den Herzen der Menschen – innerer und äußerer Zwiespalt. Angenommen, jemand würde Ihnen einen Weg zeigen, auf dem Sie all dem entrinnen könnten? [...] Würden Sie dies wollen? Angenommen, jemand würde uns einen Weg zeigen, auf dem wir zu aufrichtiger gegenseitiger Liebe, zu Frieden und Freundlichkeit gelangen könnten. Können Sie sich etwas Nützlicheres als das vorstellen? Doch statt dessen gibt es Leute, die meinen, das große Geschäft, die Politik seien nützlicher. Was hat die Erde davon, wenn ein Mensch auf den Mond geschossen wird, wenn wir auf der Erde nicht leben können?

Anthony de Mello

Wie jeder Mensch begreifen wird

Als der Krieg zwischen den beiden benachbarten Völkern unvermeidlich war, schickten die Feldherrn von beiden Seiten Späher aus, um zu erkunden, wo man am leichtesten in das Nachbarland einfallen könnte. Die Kundschafter kehrten zurück und berichteten auf beiden Seiten dasselbe: Es gebe nur eine Stelle an der Grenze, die sich dafür eigne.

»Dort aber«, sagten sie, »wohnt ein braver kleiner Bauer in einem kleinen Haus mit seiner anmutigen Frau. Sie haben einander lieb, und es heißt, sie seien die glücklichsten Menschen auf der Welt. Sie haben ein Kind. Wenn wir nun über sein Grundstück marschieren, dann zerstören wir das Glück. Also kann es keinen Krieg geben.«

Das sahen die Feldherren ein, und der Krieg unterblieb, wie jeder Mensch begreifen wird.

Chinesisches Märchen

Wenn es nur einmal so ganz stille wäre ...

Wenn es nur einmal so ganz stille wäre ...
wenn das Zufällige und Ungefähre
verstummte und das nachbarliche Lachen
und das Geräusch, das meine Sinne machen,
mich nicht so sehr verhinderte am Wachen:
Dann könnte ich in einem tausendfachen
Gedanken bis an Deinen Rand Dich denken
und Dich besitzen (nur ein Lächeln lang),
um Dich an alles Leben zu verschenken,
wie einen Dank.

Rainer Maria Rilke

Äußere und innere Schau

In seinem tiefsten Innern sucht der Mensch nach Glück, nach Schönheit und Harmonie. Wenn er jedoch auf die Schönheit und die Harmonie, die sich ihm darbieten, nicht eingeht, vergeudet er sein Leben. Welche Verleugnung unseres wahren Selbst, die göttliche Schönheit, die vor uns liegt, zurückzuweisen! Wenn wir uns der göttlichen Schönheit rings um uns verschließen, wird sich auch die Schönheit in unserem Innern nicht entfalten. Denn es verhält sich so, dass die Augen der Seele im Augenblick ihrer Geburt nach außen hin geöffnet sind; das Leben im Innern sehen sie nicht. Das einzige Mittel, für das Leben im Innern in seiner großen Schönheit zu erwachen, besteht darin, zuerst der äußeren Schönheit zugänglich zu werden. Wenn wir nicht auf unsere Welt mit aller ihrer unbegrenzten Schönheit, auf die Natur und ihre Erhabenheit, auf Menschen, denen Gott innewohnt, achten, wozu sind wir dann hierher gekommen und was haben wir hier vollbracht? [...] Wenn nur die innere Schönheit der einzige Lebenszweck wäre, hätte Gott den Menschen nicht erschaffen und auf die Erde gesandt. Ferner ist es die Schau der Schönheit auf der Erde, welche die Vision der im Geiste vorhandenen Schönheit in uns wachruft. Man sagt, sie sei sinnlich und beraube der Erleuchtung.

Das geschähe allerdings, wenn wir ganz in ihr aufgingen, nur in ihr lebten und nicht daran dächten, dass es außer ihr noch etwas anderes gibt. [...] Wer ganz auf diese Schönheit baut, ganz in ihr aufgeht, ganz von ihr befangen der ewigen Schönheit den Rücken zukehrt, ist ohne Zweifel im Irrtum.

Hazrat Inayat Khan

Der heutige Tag

Nur für heute will ich mich mühen; den heutigen Tag will ich leben, ohne gleichzeitig an alle Probleme meines Lebens zu denken. [...]

Nur für heute will ich gewiss sein, dass ich für das Glück geschaffen wurde, und zwar nicht erst für die andere Welt, sondern auch für diese.

Nur für heute will ich mich den Umständen anpassen, ohne zu verlangen, dass die Umstände sich meinen Wünschen unterordnen. [...]

Nur für heute will ich eine gute Tat vollbringen, und ich werde es keinem Menschen erzählen. Es ist mein Geheimnis.

Nur für heute will ich ein Programm aufstellen, und ich will mich vor zwei Übeln hüten: der Hetze und der Unentschlossenheit.

Nur für heute will ich fest daran glauben, auch wenn äußere Umstände Widersprüchliches nahe legen, dass die Güte Gottes sich um mich kümmert, so als gäbe es sonst niemanden mehr auf dieser Erde.

Nur für heute will ich keine Angst haben: Im Gegenteil, ich will mich an allem freuen, was schön ist, und ich will an die Güte der Menschen glauben. Für diesen Tag will ich Gutes tun, und ich will nicht daran denken, dass ich ein ganzes Leben lang mich darum mühen müsste.

Papst Johannes XXIII. zugeschrieben

Das Geheimnis der Musik

Was kann Musik uns lehren? Musik kann uns zur Harmonie erziehen, und darin liegt das Geheimnis oder die Magie der Musik. Wenn man angenehme Musik hört, so stellt sich die Harmonie zum Leben her. Daher braucht der Mensch die Musik, er sehnt sich nach ihr. Viele sagen, dass sie für Musik nichts übrig hätten, aber diese haben noch keine Musik gehört. Wenn sie nämlich wirklich Musik gehört hätten, so wäre ihre Seele berührt worden, und sie hätten gar nicht anders gekonnt, als Musik zu lieben. Wenn nicht, dann heißt das nur, dass sie nicht genug Musik gehört haben und ihr Herz nicht ruhig war, um der Musik zu lauschen und sie zu schätzen. Außerdem entwickelt die Musik die Fähigkeit, alles Gute und Schöne in Kunst und Wissenschaft zu würdigen, denn in Musik und Dichtung erschließt sich einem die Schönheit in jedem Aspekt.

Hazrat Inayat Khan

Keine Zeit zu verlieren

Das Wartezimmer des Arztes war gedrängt voll. Ein älterer Herr stand auf und ging zur Sprechstundenhilfe.

»Entschuldigen Sie«, sagte er höflich, »ich war um zehn Uhr bestellt, und jetzt ist es fast elf. Ich kann nicht mehr länger warten. Würden Sie mir bitte einen Termin an einem anderen Tag geben?«

Eine der Wartenden beugte sich zu einer anderen Frau und sagte: »Er ist doch mindestens achtzig Jahre alt. Was mag er wohl so dringend vorhaben, dass er nicht länger warten kann?«

Der Herr hörte die geflüsterte Bemerkung. Er wandte sich der Dame zu, verbeugte sich und sagte: »Ich bin siebenundachtzig Jahre alt. Und genau deswegen kann ich mir nicht leisten, auch nur eine Minute der kostbaren Zeit, die ich noch habe, zu vergeuden.«

Als der Meister hörte, dass ein Wald in der Nachbarschaft durch Feuer vernichtet worden war, mobilisierte er alle seine Schüler.

»Wir müssen die Zedern wieder anpflanzen«, sagte er.

»Die Zedern«, rief ein Schüler ungläubig aus, »die brauchen doch 2000 Jahre zum Wachsen.«

»In diesem Fall«, sagte der Meister, »gilt es, keine Minute zu verlieren. Wir müssen sofort damit anfangen.«

Anthony de Mello

Wir alle sind auf der Reise

Unter »innerem Leben« versteht man ein Leben, das nach Vollendung strebt, die man die Vollkommenheit der Liebe, Harmonie und Schönheit nennen kann, ein Leben, das, dem religiösen Sprachgebrauch gemäß, Gott zustrebt.

So ist das innere Leben eine Reise, und wer sie antritt, muss sich darauf vorbereiten. Ist man nicht vorbereitet, so läuft man Gefahr, umkehren zu müssen, ehe man sein Ziel erreicht hat. Wer auf Reisen geht und etwas zu vollbringen hat, muss wissen, was er auf dem Wege braucht, damit seine Reise leicht vonstatten geht und er vollenden kann, was er zu tun begonnen hat. Die Reise im inneren Leben ist so lang wie die Entfernung zwischen der Geburt und dem Tod, sie ist die längste Reise, die man im ganzen Leben macht, und man muss alles vorbereitet haben, damit man nicht zur Umkehr gezwungen wird, nachdem man schon eine gewisse Strecke zurückgelegt hat.

Wir alle sind auf der Reise; das Leben selbst ist eine Reise. Niemand ist hier sesshaft; wir alle wandern immer weiter, und daher ist es nicht richtig, wenn man sagt, man gebe sein sesshaftes Leben auf, wenn man eine geistige Reise antritt. Niemand hat hier eine bleibende Statt, wir alle sind nicht sesshaft, wir alle sind auf der Wanderung.

Hazrat Inayat Khan

Guru im Glück

Der Guru saß in Meditation versunken am Ufer des Flusses, als ein Schüler ihm zwei große Perlen als Zeichen der Verehrung und Ergebenheit vor die Füße legte.

Der Guru öffnete die Augen, hob eine der Perlen auf und hielt sie so nachlässig in die Hand, dass sie herausrutschte und die Böschung hinunter in den Fluss rollte.

Der entsetzte Schüler tauchte sofort nach der Perle, aber obwohl er es bis spät in den Abend hinein immer wieder versuchte, hatte er kein Glück.

Schließlich weckte er den Guru aus seiner Meditation, nass und erschöpft wie er war, und sagte: »Ihr habt die Perle fallen sehen. Zeigt mir genau, wo, dann kann ich sie für Euch wieder finden.«

Der Guru hob die zweite Perle auf, warf sie in den Fluss und sagte: »Genau dort.«

Anthony de Mello

Zeiten des Lichts

Jeder Tag besteht aus Zeit, die wir in Leben verwandeln können. Nicht nur Uhren oder Terminkalender zeigen an, wie allgegenwärtig der Ablauf der Stunden ist. Auch der Wandel des Lichts mit all seinen Erscheinungen kündet davon, dass der Rhythmus des Lebens ein Sinnbild von uns selbst ist, so wie wir selbst ein Teil in diesem umfassenden Ganzen sind.

Wir haben nicht nur Zeit, wir sind auch Zeit. Sie als Geschenk anzunehmen oder als Aufgabe zu erkennen kann uns wie das Licht durch Jahre, Monate und Situationen begleiten. Wünsche dir, dass du jeden Tag als ein Leben im Kleinen erlebst, es annimmst und gestaltest. Die Zeiten des Lichts können eine Orientierung sein und uns spüren lassen, was trotz aller Veränderungen unvergänglich bleibt, wo zwischen scheinbaren Gegensätzen wie Morgen und Abend Verbindungen bestehen und wo sich Grenzen innigst berühren, wenn die Nacht in den Tag übergeht.

Thomas Romanus

Einfache Menschen

Ich glaube an die Menschen, die einfachen, normalen, gewöhnlichen Menschen. Menschen, die leben und das Lachen nicht verlernt haben. Menschen, die sich über das Licht freuen, zu allem Guten Ja sagen und auch Schweres, das sich nicht ändern lässt, annehmen können.

Einfache Menschen – wunderbare Menschen ...

Sie kommen nicht ins Fernsehen und stehen nicht in der Zeitung. Sie haben ein sicheres Gespür für den Schwachsinn, den Medien nicht selten von sich geben. Der Schund, der in der Öffentlichkeit verbreitet wird, kümmert sie einen Dreck. Sie sind unendlich verträglich. Aber sie wissen zu widerstehen, wenn die Wurzeln des Lebens angetastet werden.

Einfache Menschen – wunderbare Menschen ...

Menschen, von denen ohne viel Aufhebens ein Strom der Liebe in die Welt ausgeht. Oasen in unserer Wüste. Sterne in unserer Nacht. Die einzigen Lungen, durch die unsere Welt noch atmen kann.

Phil Bosmans

Enttäuschte Hoffnung

Deine Hoffnung ist enttäuscht worden.
Du hattest dir alles so schön vorgestellt.
Jetzt stehst du erst einmal da, so leer,
und weißt nicht mehr weiter.
Deine Hoffnung ist enttäuscht worden.
War es denn deine einzige?
Hattest du nichts anderes zu hoffen?
Hast du immer nur in *eine* Richtung geblickt?
Nur eine einzige menschliche Hoffnung
ist niemals gut.

Deine Hoffnung ist enttäuscht worden,
und für kurze Zeit weißt du nicht weiter.
Doch du wirst erkennen,
dass es auch andere Hoffnungen gibt,
andere Wege und neue Träume.
Du wirst frei sein für einen neuen Blick
und schon bald viele andere
gute Möglichkeiten des Lebens sehen.

Du gibst deine Hoffnung auf, doch nicht dich selbst. Und der Weg ist frei für wunderbare, neue Hoffnungen.

Rainer Haak

Am Glück fehlt oft ein Stück

Es gibt Menschen,
die niemals richtig glücklich sein können.
Für sie ist das Glück abhängig
von tausend Dingen,
und etwas fehlt ihnen immer.
Sie vergessen, dass Glück
aus vielen Teilen besteht.
Immer ist irgendein Teil zu kurz.
Ganz schlimm wird es,
wenn sie ihr Leben lang
auf das eine Teil warten,
das nicht da ist.
Sie sind blind
für die vielen anderen Teile,
mit denen sie glücklich sein könnten.
Aber sie sehen sie nicht,
die kleinen, gewöhnlichen Dinge.

Glück ist wie die Sonne.
Aber selbst auf der Sonne
sitzen Flecken!

Phil Bosmans

Gegenüber von Afrika

Heimathaben ist gut,
Süß der Schlummer unter eigenem Dach,
Kinder, Garten und Hund. Aber ach,
Kaum hast du vom letzten Wandern geruht,
Geht dir die Ferne mit neuer Verlockung nach.
Besser ist Heimweh leiden
Und unter den hohen Sternen allein
Mit seiner Sehnsucht sein.
Haben und rasten kann nur der,
Dessen Herz gelassen schlägt,
Während der Wandrer Mühsal und Reisebeschwer
In immer getäuschter Hoffnung trägt.
Leichter wahrlich ist alle Wanderqual,
Leichter als Friede finden im Heimattal,
Wo in heimischer Freuden und Sorgen Kreis
Nur der Weise sein Glück zu bauen weiß.
Mir ist besser, zu suchen und nie zu finden,
Statt mich eng und warm an das Nahe zu binden,
Denn auch im Glücke kann ich auf Erden
Doch nur ein Gast und niemals ein Bürger werden.

Hermann Hesse

Vergnügen – Glück? (1)

Das Geheimnis des Glücks, nach dem jede Seele strebt, beruht auf der Kenntnis unserer Selbst. Der Mensch strebt nach Glück, nicht etwa weil Glück sein Unterhalt, sondern weil es sein ureigenstes Wesen ist. Daher sucht er sich selbst, wenn er nach Glück sucht. Die Neigung, nach dem Glück zu suchen, entspringt dem Gefühl des Menschen, etwas verloren zu haben, was ihm immer zu Eigen war, was zu ihm gehörte, was sein eigenes Selbst war, wenn er auch infolge eines Mangels an Glück, den seine Seele vom Tage ihrer Ankunft auf der Erde an empfindet und der von Tag zu Tag zunimmt, vergisst, dass sein eigenstes Wesen Glück ist. Er glaubt, Glück lasse sich erwerben. Und da er es glaubt, sucht er unablässig und in allen Richtungen danach. Schließlich findet er nach allem Suchen, dass wahres Glück nicht aus so genannten Vergnügungen besteht. Vergnügungen sind vielleicht der schwache Abglanz von wahrem Glück. Wenn ein Glück nur einen Augenblick dauert, wenn es von Dingen außerhalb von uns abhängt, ist es nur ein Vergnügen.

Hazrat Inayat Khan

Vergnügen – Glück? (2)

In unserer Alltagssprache verwischen wir sehr oft den Unterschied zwischen Vergnügen und Glück. Ein Zeitvertreib, eine Unterhaltung, Belustigung, Fröhlichkeit – alles Dinge, die unsere Gedanken von unserer Verantwortung, von unseren Sorgen und Beschränkungen im Leben ablenken und uns einen Augenblick des Trostes verschaffen, lassen den Gedanken in uns aufkommen, sie seien Mittel zum Glück. Und da wir sie nicht festhalten können, da wir oft finden, dass bei der Jagd nach einem so genannten Vergnügen der Verlust größer ist als der Gewinn, beginnen wir den Weg zu suchen, der uns zum wirklichen Glück führt.

Hazrat Inayat Khan

Gute Zeiten – schlechte Zeiten?

Wir klagen manchmal über schlechte Zeiten. Aber die Zeiten sind nur schlecht, wenn die Menschen schlecht sind.

Gute Zeiten fallen nicht vom Himmel. Gute Zeiten können wir selbst machen, nicht mit Geld und Technik, sondern mit Güte und Herz.

Nur gute Menschen machen gute Zeiten: wenn Wohlwollen herrscht; wenn Gewalt schweigt; wenn Wohlstand geteilt wird, wenn Menschen sich mögen; wenn Platz da ist für eine Blume und Zeit für ein freundliches Wort.

Zeit ist Geld, sagt man, und Geld der Nerv des Lebens, der Mist, auf dem alles wächst. Aber das ist eine Lüge. Vielleicht die größte Lüge des 20. Jahrhunderts.

Kein Wunder, dass so viele festsitzen, fertig mit den Nerven. Sie finden keine Freude. Und sie suchen Geld, um das Glück zu kaufen. Sie wollen immer mehr Geld, und sie wissen nie, wann sie genug haben. Sie machen sich kaputt im unerbittlichen Räderwerk der »Zeit ist Geld«-Maschine.

Stell die Maschine ab, halt die Uhr an. Fülle die Zeit mit Liebe! Lebe!

Phil Bosmans

Woran hänge ich mein Herz?

Nun nehme ich an, ein Mensch hätte hundert Mark und verliere davon vierzig und behalte also die sechzig. Will nun dieser Mensch allezeit an die vierzig denken, die er verloren hat, so bleibt er ohne Trost und voll Schmerz. Wie könnte sonach der jemals Trost finden und ohne Leid sein, der seinen Blick nur auf den Schaden und das Leid hinwendet und sich nun das vorstellt und darauf schaut – und seine Augen mit Schmerz darauf richtet und mit seinem Schaden Unterhaltung pflegt und der Schaden wiederum mit ihm spricht und sie sich so gegenseitig besehen!

Wenn er sich aber zu den sechzig Mark hinwendete, die er noch hat, und den vierzig verlorenen den Rücken kehrte und sich nun die sechzig vorstellte und mit ihnen Gegenrede pflegte, würde er sicherlich Trost finden.

Meister Eckhart

Alles im Leben hat seine Zeit

Alles hat seine Zeit. Der Frühling hat seine Zeit, der Sommer, der Herbst und der Winter. Arbeit und Anstrengung haben ihre Zeit, Urlaub und Muße haben ihre Zeit. Alleinsein hat seine Zeit und Gemeinschaft, Nähe und Distanz. Fröhlichkeit und Glück haben ihre Zeit, Trauer und Schmerz haben ihre Zeit. Festhalten und Sammeln haben ihre Zeit, Loslassen und Verteilen haben ihre Zeit. Licht hat seine Zeit und Dunkelheit, Gesundheit und Krankheit, Jugend und Alter.

Alles hat seine Zeit. Ich habe lange gebraucht, um das zu verstehen und zu akzeptieren. Ich habe lange versucht, dagegen anzukämpfen. Ich habe gedacht, das eine würde ohne das andere gehen. Doch ohne Dunkelheit gibt es kein Licht und ohne Schmerz kein Glück.

Alles hat seine Zeit. Und ich bin traurig froh, spüre die Liebe und den Schmerz und möchte mit keinem anderen Menschen tauschen.

Rainer Haak

MÄRZ

Die scheinbar unscheinbaren Augenblicke

MANCHEN LASTEN
WACHSEN FLÜGEL

Gefühlsstau lösen

Auf alles, was wir tun, reagieren wir mit Emotionen. Aber heute haben wir kaum mehr den Raum, in dem wir die Emotionen aus uns herauslassen können, ohne uns selbst und unseren Mitmenschen zu schaden. Im Psalmenbeten können die Emotionen aus uns heraus. So können wir sie loslassen. Wir müssen nicht mehr all die aufgestauten Emotionen mit uns herumtragen, die Emotionen von der Arbeit her, vom Umgang mit unseren Mitmenschen, von Erlebnissen mit uns selbst, von schönen und bedrückenden Erfahrungen her. [...]

Die Emotionen entstehen in uns nicht nur durch bewusst erlebte Ereignisse, sondern auch durch Bewegungen in unserem Unbewussten, durch Träume während der Nacht, aber auch durch viele unbewusste Vorgänge in unserer Seele während des Tages. Wenn das Unbewusste keine Ausdrucksmöglichkeit findet, dann blockiert es den Menschen. [...]

Wenn wir auf dem Hintergrund dieser psychologischen Überlegungen das Psalmenbeten betrachten, so können wir uns gut vorstellen, dass es eine therapeutische Wirkung hat. Das Psalmengebet löst den Gefühlsstau auf, der in uns durch das Zurückhalten der Emotionen entsteht. Denn in den Psalmen können wir in einer gesunden und geformten Weise unsere Emotionen ausdrücken. Darüber hinaus bieten die Bilder und Symbole der Psalmen uns die Möglichkeit, die Inhalte und Energien unseres Unbewussten zu formen und sie so in die richtigen Bahnen zu lenken.

Anselm Grün

Die ganze Klangfülle

Wenn Sie – um im Bild zu bleiben – die ganze Klangfülle des Orchesters aufnehmen und Ihr Musikgenuss nicht mehr von der Pauke abhängt, werden Sie Ihrem Freund niemals mehr sagen: »Wie glücklich machst Du mich!« Denn sagen Sie ihm das, schmeicheln Sie seinem Ego und beeinflussen ihn, Ihnen wieder zu gefallen. Überdies wiegen Sie sich selbst in der Illusion, Ihr Glück hinge von Ihrem Freund ab. Vielmehr sollten Sie sagen: »Als du und ich zusammen waren, kam das Glück.« So bleibt das Glück von Ihrem und seinem Ego unangetastet. Keiner von Ihnen beiden kann das Glück mehr als sein Verdienst verbuchen. Und es ermöglicht jedem, ohne Abhängigkeit vom anderen zu leben oder ohne sich an die Erfahrung zu klammern, die mit dem Zusammensein verbunden war. Dann haben Sie sich nämlich nicht aneinander, sondern an der Sinfonie erfreut, die aus Ihrer Begegnung entstand. Gehen Sie dann auf die nächste Situation, den nächsten Menschen oder die nächste Arbeit zu, so tun Sie dies ohne einen emotionalen Übertrag. Dabei werden Sie die freudige Entdeckung machen, dass die Sinfonie auch dort und immer wieder anhebt – in immer anderen Melodien, wie es die Situation ergibt.

Fortan werden Sie von einem Augenblick zum anderen durchs Leben gehen, ganz mit der Gegenwart verbunden sein und dabei so wenig von der Vergangenheit mit sich tragen, dass Ihr Geist durch ein Nadelöhr gehen könnte.

Anthony de Mello

Wie Licht und Wolkenschatten ...

Da dürfen Sie nicht erschrecken, wenn eine Traurigkeit vor Ihnen sich aufhebt, so groß, wie Sie noch keine gesehen haben; wenn eine Unruhe, wie Licht und Wolkenschatten, über Ihre Hände geht und über all Ihr Tun. Sie müssen denken, dass etwas an Ihnen geschieht, dass das Leben Sie nicht vergessen hat, dass es Sie in der Hand hält; es wird Sie nicht fallen lassen. Warum wollen Sie irgendeine Beunruhigung, irgendein Weh, irgendeine Schwermut von Ihrem Leben ausschließen, da Sie doch nicht wissen, was diese Zustände an Ihnen arbeiten? Warum wollen Sie sich mit der Frage verfolgen, woher das alles kommen mag und wohin es will? Da Sie doch wissen, dass Sie in den Übergängen sind und nichts so sehr wünschten, als sich zu verwandeln. ...

Und darum ist es so wichtig, einsam und aufmerksam zu sein, wenn man traurig ist: weil der scheinbar ereignislose und starre Augenblick, da unsere Zukunft uns betritt, dem Leben so viel näher steht als jener andere laute und zufällige Zeitpunkt, da sie uns, wie von außen her, geschieht. Je stiller, geduldiger und offener wir als Traurige sind, umso tiefer und umso unbeirrter geht das Neue in uns ein, umso besser erwerben wir es, umso mehr wird es unser Schicksal sein, und wir werden uns ihm, wenn es eines späteren Tages »geschieht« (das heißt: aus uns heraus zu den anderen tritt), im Innersten verwandt und nahe fühlen.

Rainer Maria Rilke

Die bellenden Hunde (1)

In dem Märchen schickt ein Vater seine drei Söhne aus, damit sie ganz bestimmte Aufgaben erfüllen. Der jüngste Sohn schert sich jedoch nicht um die Aufgaben des Vaters. Er lernt vielmehr jedes Mal eine neue Sprache. So lernt er beim ersten Ausschicken die Sprache der bellenden Hunde, dann die Sprache der Frösche und schließlich die Sprache der Vögel, d. h. die Sprache der Leidenschaften, die Sprache des Unbewussten und die Sprache des Geistes. Auf seiner Wanderung kommt er an eine Burg und möchte dort übernachten. Der Burgherr kann ihm aber nur den Turm anbieten. Er warnt ihn davor, weil dort wilde, bellende Hunde hausten, die schon oft Menschen verschlungen hätten. Doch der junge Mann hat keine Angst. Er kennt ja die Sprache der bellenden Hunde. So nimmt er etwas zu essen mit und nähert sich wohlwollend den wilden Hunden: »Als er hineintrat, bellten ihn die Hunde nicht an, wedelten mit den Schwänzen gar freundlich um ihn herum, fraßen, was er ihnen hinsetzte, und krümmten ihm kein Härchen. Am anderen Morgen kam er zu jedermanns Erstaunen gesund und unversehrt wieder zum Vorschein und sagte zu dem Burgherrn: ›Die Hunde haben mir in ihrer Sprache offenbart, warum sie da hausen und dem Lande Schaden bringen. Sie sind verwünscht und müssen einen großen Schatz hüten, der unten im Turme liegt, und kommen nicht eher zur Ruhe, als bis er gehoben ist‹« (Wilhelm Laiblin). Der junge Mann gräbt den Schatz aus. Die verwunschenen wilden Hunde werden ruhig und friedlich und verlassen die Burg. [...]

Anselm Grün

Die bellenden Hunde (2)

Überall dort, wo es mich drückt, wo ich mit mir nicht zurechtkomme, wo ein Konflikt sich lauthals meldet, wo eine Krankheit unüberhörbar schreit, da liegt auch ein Schatz bereit. Gerade dort, wo es in mir brodelt, will etwas in mir zum Leben kommen und aufblühen. Verwandlung meint, dass ich nichts in mir ausschließe, sondern dass ich mit meinen Leidenschaften, Krankheiten, Konflikten, Problemen, ja auch mit meinen Sünden ins Gespräch komme. Dann werden sie mich zu dem Schatz führen, der in mir verborgen liegt, zu neuen Lebensmöglichkeiten, zu einer neuen Qualität, die ich bisher unterdrückt habe. Dort, wo ich mich ohnmächtig fühle und auf meine Unfähigkeit stoße, meine Fehler, meine Schwächen, meine Probleme in den Griff zu bekommen, dort liegt auch ein Schatz begraben. Statt meine Energie dazu zu verwenden, die Fehler gewaltsam zu beseitigen oder zu unterdrücken, sollte ich mit meinen Fehlern und Sünden, mit meinen Konflikten ins Gespräch kommen, dann würden sie mir den Schatz zeigen, der auf dem Grund meiner Seele darauf wartet, geborgen zu werden, und sie würden mir zugleich auch den Weg zu diesem Schatz weisen.

Die Art, wie meine Leidenschaften oder Krankheiten bellen, zeigt mir auch an, wie ich durch sie hindurch zur Quelle in mir vordringen kann. Das verlangt aber ein Umdenken in unserer Spiritualität. Unsere Spiritualität war oft zu männlich, zu animus-besetzt, zu sehr darauf aus zu unterdrücken, zu beherrschen, in den Griff zu bekommen, zu beseitigen. [...]

Anselm Grün

Die bellenden Hunde (3)

Was das Märchen von den drei Sprachen meint, ist mir ganz konkret bei der Begleitung einer Schwester aufgegangen. Die Schwester hatte immer wieder mit Husten zu tun, bei ihr bellten die Hunde also im wahrsten Sinn des Wortes. Der Arzt hatte die Behandlung abgelehnt, weil der Husten psychische Ursachen hätte. Im Gespräch versuchten wir gemeinsam zu erkunden, was der Husten ihr sagen, zu welchem Schatz er sie führen wollte. Husten hat etwas mit Aggression zu tun. Der Volksmund sagt ja auch: »Ich huste dir etwas.« Husten ist für die Zuhörer bei einer Predigt oder einem Vortrag oft die einzige Weise, ihre Aggressionen zu äußern. Zumindest sagt die Stärke des gemeinsamen Hustens etwas über die Akzeptanz bzw. Ablehnung des Vortrags aus. Der Schwester fielen gleich ihre Aggressionen ein, die sie als Kind hatte, weil ihre Geschwister immer im Mittelpunkt standen und sie gleichsam unter der Decke lebte. Das gleiche Gefühl, nur unter der Decke zu leben, hat sie oft auch in ihrer Schwesterngemeinschaft. Sie kam gar nicht richtig zum Zuge, die anderen standen im Mittelpunkt. Sie konnte oder traute sich nicht, das Wort zu ergreifen.

Der Husten zeigte ihr nun, dass sich ihr innerster Kern dagegen wehrte, dass sie nicht mehr nur so dahinvegetieren wollte. Mit dem Husten sprechen, das würde bedeuten, seine Botschaft zu verstehen: »Ich will auch leben. Ich will nicht mehr unter der Decke leben. Ich will ich selbst sein, frei, echt, authentisch. Ich will Lust am Leben haben.« Der Husten gab ihr den Impuls, die Decke wegzuziehen, unter der sie lebte. [...]

Anselm Grün

Die bellenden Hunde (4)

Das Märchen von den drei Sprachen geht noch weiter. Auf seiner Wanderung kommt der junge Mann an einem Teich vorbei und hört die Frösche quaken, dass er in Rom zum Papst gewählt werde. Was ihm das Unbewusste in der Sprache der Frösche sagt, macht ihn ganz traurig. Er zieht weiter nach Rom. Dort ist gerade der Papst gestorben, und die Kardinäle haben sich in der Peterskirche versammelt, um einen neuen Papst zu wählen. Da sie sich auf keinen Kandidaten einigen können, möchten sie den zum Papst wählen, den ein Wunder ihnen offenbare.

In diesem Augenblick betritt der Jüngling die Kirche. Zwei Vögel setzen sich auf seine Schultern. Das ist den Kardinälen Zeichen für seine Erwählung. Trotz allen Sträubens wird er zum Papst gewählt und muss die erste Messe singen. Er kann weder Latein, noch kennt er sich in der Liturgie aus. Aber die zwei Vögel auf seiner Schulter flüstern ihm alles ein, was er zu sagen hat.

Die Erwählung zum Papst, zum geistlichen Führer, zeigt die Verwandlung des Mannes an. Weil er auf die Sprache der bellenden Hunde, der Frösche und der Vögel hört, führen sie ihn ein in die menschliche und göttliche Weisheit und befähigen ihn, für andere zum geistlichen Begleiter und Führer zu werden. Weil er sowohl in seinen Leidenschaften und Krankheiten, als auch in seinem Unbewussten auf Gottes Stimme hört, schickt ihm Gott die Vögel seiner Weisheit, die ihm alles erschließen und offenbaren.

Anselm Grün

Wie Glück zu finden ist (1)

Wir streben nach Glück, nach Wohlergehen. Wir sagen uns: Ich könnte nur dann Wohlergehen erringen, glücklich sein, wenn alle anderen Wesen mich mehr liebten als sich selbst. Das ist ein Ding der Unmöglichkeit; aber trotzdem leben wir; und all unser Tun, unser Streben nach Reichtum, nach Ruhm, nach Macht sind nichts weiter als der Versuch, die anderen zu zwingen, uns mehr zu lieben, als sie sich selbst lieben.

Reichtum, Ruhm und Macht liefern uns ein Abbild einer solchen Ordnung der Dinge; und wir sind nahezu zufrieden, vergessen zeitweise, dass dies nur ein Abbild und nicht Wirklichkeit ist. Alle Wesen lieben sich selbst mehr als uns, und Glück ist unmöglich. Es gibt Menschen (und ihre Zahl vergrößert sich von Tag zu Tag), die sich, außerstande, dieses Problem zu bewältigen, eine Kugel durch den Kopf jagen, da sie meinen, das Leben sei ein einziger Betrug.

Und dennoch ist die Lösung des Problems mehr als einfach und drängt sich geradezu von selbst auf. Ich kann nur dann glücklich sein, wenn in dieser Welt eine Ordnung existiert, bei der alle Wesen die anderen mehr lieben als sich selbst. [...]

Der Mensch braucht nur diese vernünftige Überlegung anzustellen, und sogleich bietet sich ihm das Leben in anderer Sicht dar als früher. Alle Wesen rotten einander aus; aber alle Wesen lieben und helfen einander. Das Leben wird durch gegenseitige Sympathie der Wesen erhalten, die sich in meinem Herzen als Gefühl der Liebe äußert.

Leo N. Tolstoi

Wie Glück zu finden ist (2)

Sobald ich begonnen hatte, den Lauf der Dinge in dieser Welt zu begreifen, erkannte ich, dass einzig und allein das Prinzip der gegenseitigen Zuneigung den Fortschritt der Menschheit bedingt. Die gesamte Geschichte ist nichts anderes als die zunehmende Erkenntnis und Anwendung dieses einzigen Prinzips der Solidarität aller Wesen. Die vernünftige Überlegung wird damit durch die Erfahrung der Geschichte und die persönliche Erfahrung bestätigt. Aber abgesehen von der vernünftigen Überlegung findet der Mensch den überzeugendsten Beweis für die Wahrheit dieser Überlegung in seinem inneren Fühlen.

Das größte dem Menschen erreichbare Glück, sein freiester, glücklichster Zustand ist die Selbstverleugnung und die Liebe. Die Vernunft erschließt dem Menschen den einzigen möglichen Weg zum Glück, und sein Fühlen lenkt ihn auf diesen Weg.

Leo N. Tolstoi

Vertrauen

In einem Krankenhaus lag ein Kind, das operiert werden sollte. Der Vater hatte es ins Krankenhaus gebracht und versuchte, dem Kind Mut zu machen.

»Vater«, sagte das Kind, »ich habe gar keine Angst, wenn du bei mir bleibst.« Da sagte der Vater: »Gut, ich bleibe bei dir.« Der Arzt erlaubte es, und so setzte sich der Vater neben sein Kind. Als das Kind Narkose bekommen sollte, sah es nochmals den Vater an und fragte: »Vater bist du da?« Dann begann die Narkose zu wirken.

»Nun können Sie gehen«, meinte der Arzt, als das Kind eingeschlummert war und die Operation beginnen sollte. »Nein«, antwortete der Vater, »ich habe meinem Kind versprochen, bei ihm zu bleiben, und so möchte ich auch bleiben.«

Die Operation gelang. Als das Kind aus der Narkose erwachte, hielt der Vater noch immer seine Hand. »Vater, du bist da«, sagte das Kind ganz leise und lächelte.

Verfasser unbekannt

Was das Glück zerstört

Es war im alten China. Der große Meister, Meng Tse, stand mit seinem Lieblingsschüler an einem Spielplatz, auf dem die Kinder spielten, als der Schüler wissen wollte: »Wie kommt es, dass alle Menschen glücklich sein wollen und es doch nicht werden!« Meng Tse zeigte auf die spielenden Kinder: »Ich denke, sie sind glücklich.«

»Es sind Kinder und sie spielen. Wie ist es aber um das Glück der Erwachsenen bestellt?« – »Wie um das Glück der Kinder – genauso«, entgegnete Meng Tse, holte aus dem weiten Ärmel seines Gewandes eine Handvoll Kupfermünzen und warf sie unter die Kinder.

Da verstummte plötzlich das fröhliche Lachen, das Spiel hörte auf, die Kinder stürzten sich auf die Münzen, um sie zu erhaschen. Sie lagen auf dem Boden und rauften um das Geld. Geschrei und Gezeter ertönten.

Meng Tse fragte: »Was hat nun das Glück der Kinder zerstört?« – »Der Streit«, erwiderte der Schüler. – »Und was erzeugte den Streit?« – »Die Gier.«

»Da hast du die Antwort auf deine Frage, wie es kommt, dass alle Menschen glücklich sein wollen und es doch nicht werden«, sagte Meng Tse.

Aus China

Der Weg in die Freiheit

Ein hoher Beamter fiel bei seinem König in Ungnade. Der König ließ ihn im obersten Raum eines Turmes einkerkern.

In einer mondhellen Nacht stand der Gefangene auf der Zinne des Turmes und schaute hinab. Da sah er seine Frau unten stehen. Gespannt blickte der Mann hinunter, um zu erkennen, was seine Frau tat.

Er wartete geduldig auf das, was kommen würde.

Die Frau hatte ein honigliebendes Insekt gefangen und die Fühler des Käfers mit Honig bestrichen. Dann befestigte sie das Ende eines Seidenfadens an dem Käfer und setzte ihn mit dem Kopf nach oben an die Turmmauer. Der Käfer kroch langsam dem Geruch des Honigs nach, immer nach oben, bis er schließlich dort ankam, wo der Gefangene stand. Der Mann war aufmerksam und sah das kleine Tier über die Rampe klettern. Er griff behutsam zu, löste den Seidenfaden und zog ihn langsam und vorsichtig zu sich empor.

Der Faden wurde immer schwerer, und als der Mann ihn ganz heraufgezogen hatte, sah er, dass ein Zwirnfaden daran geknotet war. Auch dieser Faden wurde immer schwerer. An seinem Ende war ein kräftiger Bindfaden festgemacht, an dessen Ende war eine starke Schnur befestigt und daran ein stabiles Seil. Das Seil machte der Mann an einer Turmzinne fest, dann ließ er sich am Seil hinab und war frei. Er ging mit seiner Frau schweigend in die stille Nacht hinein und verließ das Land des ungerechten Königs.

Parabel

Meinen Lasten wachsen Flügel

Vergiss, was dich belastet,
so sagen sie mir,
vergiss deine Sorgen und Ängste,
Enttäuschungen und Verletzungen.
Sie schlagen mir meditative Übungen vor,
bei denen ich mich ganz
auf eine Sache konzentriere
und für kurze Zeit von meinen Lasten frei bin.

Da stelle ich mir vor,
dass meinen Lasten Flügel wachsen
und sie langsam zum Himmel fliegen –
und mit einem Mal muss ich laut lachen
und weiß gar nicht mehr,
was ich eigentlich vergessen wollte.

Rainer Haak

Die glücklichen Augenblicke

Um eine Abhandlung über das Glück zu schreiben, muss man den Punkt bestimmen, bis zu dem es der Natur des Menschen nach reichen kann. Zunächst darf man nicht das Glück der Engel oder anderer Kräfte, die glücklicher sind als wir, verlangen.

Das Glück besteht mehr in einer allgemeinen Veranlagung des Geistes und des Herzens, das sich dem Glück, so wie es die Natur des Menschen gewähren kann, öffnet, als in einer Vielzahl bestimmter glücklicher Augenblicke im Leben. Es besteht mehr in der Fähigkeit, diese glücklichen Augenblicke aufzunehmen. Es besteht nicht in der Freude, sondern in der spielend leichten Fähigkeit, Freude zu empfangen, in der begründeten Hoffnung, sie zu finden, wann immer man will, in der Erfahrung, dass man keinen allgemeinen Überdruss empfindet an den Dingen, die das Glück der andern ausmachen.

Charles de Montesquieu

Die kleinen täglichen Wunder

Schau einmal die Wolken an, wie sie ziehen: flüchtige Gebilde, in denen deine Fantasie geheimnisvolle Ungetüme erblickt. Schau auf das Kind, wie es malt. Seine Fantasie zaubert mit farbigen Stiften auf ein kleines Stück Papier eine ganze Welt. Schau auf den alten Mann, der eine Katze streichelt, auf die beiden Verliebten an der Bushaltestelle, auf das Baby, das im Kinderwagen schläft. Und du wirst entdecken, dass in allen Dingen mehr liegt, als man oberflächlich sieht, eine Erinnerung an das Paradies. In jedem Tag stecken Wunder, man kann sie gar nicht alle aufzählen. Freude an den kleinen täglichen Wundern:

> Das ist der Schlüssel, um jeden Tag
> ein bisschen glücklich zu sein.

Phil Bosmans

Ich liebe diese Stunde

Ich liebe diese Stunde, die anders ist, kommt und geht. Nein, nicht die Stunde, diesen Augenblick liebe ich, der so still ist. Diesen Anfangs-Augenblick, diese Initiale der Stille, diesen ersten Stern, diesen Anfang. Dieses Etwas in mir, das aufsteht, wie junge Mädchen aufsteh'n in ihrer weißen Mansarde. In der weißen Mansarde, in der sie wohnen, seit sie erwachsen sind …

Nun aber ist die weiße Mansarde das Leben und wenn man am Morgen an das immer offene Fenster tritt, so sieht man die Welt. Große Bäume sieht man, die immer noch wachsen, Vögel sieht man und große Zweige schwanken von ihrem Abflug und es ist, als wäre der Wind in einem Tier und in den Stämmen die Stille.

Ich liebe diesen Wind, diesen weiten verwandelnden Wind, der dem Frühling vorangeht, ich liebe das Geräusch dieses Windes und seine ferne Gebärde, die mitten durch alle Dinge geht, als wären sie nicht.

Diese Nacht liebe ich. Nein, nicht diese Nacht, diesen Nachtanfang, diese eine lange Anfangszeile der Nacht, die ich nicht lesen werde, weil sie kein Buch für Anfänger ist. Diesen Augenblick liebe ich, der nun vorüber ist und von dem ich, da er verging, fühlte, dass er erst sein wird.

Rainer Maria Rilke

Optimisten – seltsame Wesen

Optimisten sind seltsame Wesen. Wenn das Land voller Disteln steht, finden sie immer noch irgendwo eine Blume. Wenn alles verdorrt und zur Wüste geworden ist, sind sie die seltenen Vögel, die eine Oase aufspüren.

Wenn Optimisten den breiten Strom der Pessimisten kreuzen, bekommen sie plötzlich andere Namen: Spinner, die an der Wirklichkeit vorbeileben; Naive, die keine Ahnung haben; Träumer, die Utopien nachhängen. Pessimisten nennen sich selbst Realisten, die mit beiden Beinen auf dem Boden der Wirklichkeit stehen; aber eigentlich stecken sie fest im Dreck der Welt und sitzen so tief im Schatten, dass sie von der Sonnenseite des Lebens nichts mehr sehen.

Optimisten machen sich auf den Weg. Sie sind auf dem Weg zur anderen Seite, zur Sonnenseite. Zu dem Land, wo man leben und überleben kann. Optimisten glauben an die Früchte des Geistes: Liebe, Friede, Freude, Geduld und Treue, Freundlichkeit und Güte. Die Pessimisten haben von diesen Früchten niemals gegessen und sterben, lange bevor sie tot sind. Nur die Optimisten werden überleben!

Phil Bosmans

Lichte Augenblicke

Wir kennen viele Gründe und Anlässe, einander Glück zu wünschen. Oft sind es besondere Situationen, zu denen wir uns gratulieren. Zu oft wird aus diesem Wunsch aber auch eine alltägliche Floskel ohne wirkliche Kraft.

Wie immer wir es ausdrücken: Wir können das, was wir als Glück empfinden, nicht beeinflussen, solange wir uns starr an bestimmte Vorstellungen klammern. Darum wünsche dir nicht das große Glück, auf das so viele vergeblich warten. Wünsche dir einen aufmerksamen Blick und wache Sinne, damit du auch die kleinen Freuden willkommen heißen kannst.

Es gibt viele außergewöhnliche Momente für den, der das Glück nicht nur für einen Zufall hält, sondern offen ist für lichte Augenblicke, die uns dem Geheimnis des Lebens ein wenig näher bringen, von Tag zu Tag.

Solche Geistesblitze der Seele wünsche dir. Denn das Glück ist nicht nur eine Glückssache.

Thomas Romanus

Ich hab' was zu feiern: den heutigen Tag

Hast du Sorgen? Dann schau in dein Herz hinein, um genau zu sehen, was du für Sorgen hast. Wie wirst du deine Sorgen los? Geh nicht auf die Flucht vor ihnen. Deine Sorgen nisten unter deiner Haut. Sie fliehen mit dir mit. Insgeheim zernagen sie dir alle Lebensfreude. Holst du sie nicht aus ihrem Versteck, dann erwarten sie dich überall.

Wie wirst du deine Sorgen los? Letzten Endes gibt es nur einen Weg: eine gesunde Lebensphilosophie. Gedanken sanieren, Gefühle säubern, nach oben schauen, das Licht suchen. Vom Leben nicht mehr erwarten, als es geben kann. Auf einfache Weise versuchen, glücklich zu sein. Die einfachen Dinge jeden Tag dankbar genießen.

Wir haben was zu feiern:
das kleine Stückchen Leben,
das wir so einfach bekommen,
den heutigen Tag.

Phil Bosmans

Momentaufnahmen des Glücks

Manchmal gelingt etwas, wenn wir gerade nicht damit rechnen. In solchen Momentaufnahmen leuchtet ein Glück auf, das uns ganz und gar durchdringt.

Situationen wünsche dir, aus denen die Erfahrung aufstrahlt, verstanden zu werden oder endlich einen verdienten Erfolg nach langem Mühen zu erringen; Zeiten, in denen du dich von einer tiefen Harmonie beseelt weißt und den Geist eines lichten Anfangs atmest, der dich weiterführt. Wer in sich selbst ruht, vermag auch über sich hinauszugehen. Er versteht sich einzuschätzen und weiß, für wen oder was er leben möchte.

Zukunft kann gegenwärtig werden, wo wir das Heute als den wichtigsten Tag betrachten. Wenn du einen neuen Tag als eine Einladung annimmst, wirst du Ungeahntes entdecken, das zu leben sich lohnt. Und du wirst Gelegenheiten finden zu zeigen, was in dir steckt und nur darauf wartet, ans Licht zu gelangen.

Thomas Romanus

Ein Augenblick des Glücks kann den ganzen Tag verzaubern

»Ich stehe schrecklich unter Druck. Ich muss mich beeilen, um alles rechtzeitig zu schaffen. Für etwas anderes habe ich keine Zeit!« Wie oft mache ich mir das Leben durch solche Gedanken unnötig schwer! Wie oft schaffe ich mein Arbeitspensum gerade deshalb nicht, weil ich mir keine Pause und keine kleine Abwechslung gegönnt habe! Wie oft treibe ich mich selbst in die Krise!

Dabei kann schon eine kurze Pause Wunder wirken: Zeit für einen Spaziergang, die Straße hinunter und wieder zurück, ein Telefongespräch mit dem geliebten Menschen, ein paar Minuten Andacht drüben in der Kirche, ein gemütliches Essen am Abend, eine Stunde Schlittschuhlaufen mit der Tochter oder ein paar Mal Luftholen unten am Hafen.

Ich habe mir bisher nicht genug deutlich gemacht, wie heilsam ein kurzer glücklicher Augenblick sein kann. Jetzt ist mir klar, wie gut ein wenig Abwechslung tut. Und ich habe erkannt, wie viel Zeit ich durch ein wenig Zeit sparen kann.

Rainer Haak

Wie die Blüte eines Kaktus

Wünsche und kreiere dir kostbare Erlebnisse, in denen du dich von Lebensfreude erfüllt fühlst. Sich von einem geschätzten Menschen verstanden zu wissen oder über die eigene Sichtweise eine neue Klarheit zu gewinnen, gibt dir einen lebendigen Rückhalt. Solche Momente prägen und halten den Glauben an das Gute in uns wach.

So fällt es leichter, Fehler und Schwächen zu akzeptieren und mit eigenen Grenzen zu leben.

Solche Erlebnisse gehen oft schnell vorüber – wie die Blüte eines Kaktus, doch ist ihnen eine geheimnisvolle Kraft inne.

Eine glückliche Situation kannst du nicht wiederholen, aber dich an sie erinnern und eine neue ermöglichen.

Thomas Romanus

Tage voller Wunder

Wünsche dir nicht nur wundervolle Zeiten, sondern viele Tage voller Wunder in deinem Leben. Dem Sinn des Lebens kommt näher, wer erfahren hat, dass ein Wunder nichts mit Zauber zu tun hat, sondern dass es stets um einen leisen Wandel geht. Was in allen Veränderungen bleibt und Halt verleiht, ist jene andere Wirklichkeit hinter den Dingen, zu denen wir uns mit einer leisen Sehnsucht stets neu auf den Weg begeben können.

Das größte aller Wunder bleibt das Leben selbst in seinen vielfältigen Erscheinungsformen. Sich aufrichtig wundern zu können ist die beste Voraussetzung, Glück im Augenblick zu gestalten.

Thomas Romanus

Das Glück in den kleinen, unscheinbaren Dingen

Wo ich das Glück finden kann? Lange Zeit wusste ich es genau: Glück, das ist der Hauptgewinn, die ganz große Liebe, der endgültige Durchbruch, der Sieg im entscheidenden Spiel, das Traumhaus.

Doch dieses »große« Glück ist äußerst selten. Da kann ich lange warten, ohne ihm zu begegnen. Und ich spürte, wie ich unzufrieden wurde. Der Grund: Ich hatte meinen Blick viel zu sehr auf dieses große Glück gerichtet.

Da entdeckte ich für mich das kleine Glück. Das schenkt mir seitdem an jedem Tag besondere Glücksmomente. Das kleine Glück begegnet mir, wenn ich morgens sehe, wie friedlich meine Kinder schlafen, wenn ich eine schwere Aufgabe löse, wenn die Sonne ins Zimmer scheint, wenn mir ein Lächeln geschenkt wird oder ich etwas dazulerne.

Und dann stelle ich fest, dass aus der kleinen die große Liebe werden kann, dass viele kleine Siege möglich sind, mein kleines Häuschen für mich zum Traumhaus wird und ich das große Los gezogen habe.

Rainer Haak

Sehnsucht nach Leben

Augenblicke wirklich kreativ zu gestalten ist eine Kunst. Eine Musik vollendet sich erst, wenn sie ganz verklungen ist. Wie ein Duft geht sie vorüber und eröffnet mit ihren flüchtigen Anspielungen einen neuen Lebensraum. Der schöpferische Ausdruck der Kunst – sei es im Ton, sei es im Bild – gestaltet die Augenblicke. Wie in einer zweiten Wirklichkeit verleiht sie flüchtigen Worten und Bildern einen dauerhaften Gehalt, schenkt den Formen und Klängen neue Gestalt.

Menschliche Grunderfahrungen werden wach, wenn du in der Kunst mehr wahrnimmst als nur Unterhaltung. Was dich da berührt, greift über den Moment hinaus. Ihre Schönheit weckt die Sehnsucht nach einem Leben jenseits der alltäglichen Oberfläche.

Lässt du dich von einem Kunstwerk berühren, wirst du dich manches Mal verwandelt fühlen. Du erfährst mit allen Sinnen mehr von dir selbst und deiner Beziehung zu anderen, du gewinnst ein stärkeres Selbstvertrauen. Höre, fühle, sieh ...

Thomas Romanus

Poesie des Augenblicks

Das Tages- oder Abendlicht schenkt jeder Situation eine eigene Atmosphäre. Jeder Begegnung verleiht es seine leuchtende Aura. Wünsche dir, dass es dich in seiner Vielfalt begleitet, wenn es mit seinen Strahlen seine Gegenwart verkündet, in der etwas von Unendlichkeit aufschimmert. In der Poesie solcher Augenblicke kann dir etwas Unsagbares aus der Seele sprechen, dich schmerzlich und freudig zugleich darauf aufmerksam machen, dass unsere Zeit kurz und vergänglich, das Licht, von dem wir leben, jedoch unfassbar und ewig ist.

Wir können unser Leben nicht festhalten oder verlängern, aber wir haben jeden Tag neu die Möglichkeit, es auszuleuchten und ihm Tiefe zu geben.

Thomas Romanus

Mich erinnern

Ich muss mich nicht damit abfinden, wenn mir alles zu schnell geht. Ich muss mich nicht von jedem Tempo mitreißen lassen. Ich muss mich nicht dauernd selbst überfordern.

Es gibt verschiedene Möglichkeiten, zur Ruhe zu kommen, wenn alles in mir oder um mich herum verrückt spielt. Es gibt verschiedene Wege und Techniken, wie ich wieder zu mir selbst kommen und mein eigenes Tempo finden kann.

Ich denke zwischendurch gern einmal zurück an einen besonders glücklichen Augenblick meines Lebens. So ein Glücksmoment zieht meine Gedanken wie magisch an. Schon bald bin ich in einer völlig anderen Welt. Innerlich und vielleicht auch äußerlich beginne ich zu lächeln. Was eben noch so sehr an mir zerrte und mich mitzureißen drohte, ist plötzlich ganz weit weg.

Nach wenigen Minuten kehre ich zurück in meinen Alltag, ruhig, konzentriert und erfrischt. Ich bin dankbar und glücklich und fühle mich sehr lebendig. Glücksmomente können ein innerer Schatz sein.

Rainer Haak

Der Zeit voraus

Das Leben besteht nicht nur aus Höhepunkten, sondern aus Augenblick um Augenblick. Sie führen uns immer wieder neu durch die Tiefen des Lebens und lassen uns auf Höhen in die Weite blicken.

Wünsche dir, den Augenblick zu gestalten; dann bist du deiner Zeit voraus. Es gibt Momente, in denen scheinen wir mit der ganzen Welt in Einklang zu stehen und dem Geheimnis des Daseins näher gekommen zu sein.

Alles Wesentliche und wahrhaft Wertvolle im Leben ist ein Geschenk. Das gilt auch für jene Erlebnisse, die uns mit Leib und Seele erfüllen und die wir als Glück erleben. Echte Freude kommt aus dem Herzen, so spontan wie das Leben, einfach so.

Wer auf das große Glück im Leben wartet, wird viele kleine Freuden versäumen.

Thomas Romanus

Am offenen Fenster

Es gibt Augenblicke, in denen ich nicht sehr gerecht bin: »Das Leben ist anstrengend!«, denke ich dann, oder: »Warum geht es gerade mir so schlecht?« – »Ich halte das alles nicht mehr lange aus!« oder: »Das Leben ist eine Zumutung!«

Ist das wirklich alles, was mir zum Leben einfällt? Bin ich wirklich so unzufrieden? Fällt mir nichts Positiveres ein? Nein, in solchen Augenblicken male ich tatsächlich ein äußerst düsteres Bild vom Leben.

Doch dann wieder gibt es kostbare Momente, in denen ich die ganze Welt umarmen könnte. Ich bin verliebt und sehe alles rosarot. Ich habe einen Erfolg errungen und bin total glücklich. Ich wandere am Meer entlang und fühle mich mit der großartigen Natur verbunden. Ich träume mitten am Tag und beginne zu lächeln. Ich stehe am offenen Fenster, blicke hinaus und genieße den Augenblick. Ich wache früh am Morgen auf und freue mich, dass ich lebe. Ich bin mit meiner Familie unterwegs und spüre eine tiefe Dankbarkeit.

Rainer Haak

Mich über etwas Schönes freuen

Wer schon einmal nachts vor lauter Sorgen nicht schlafen konnte, weiß sehr gut, wie zermürbend das sein kann. Und wer sich lange Zeit von seinen Problemen völlig beherrschen ließ, erinnert sich genau, wie gefangen und niedergedrückt er sich damals fühlte.

Sorgen helfen nicht, Probleme zu lösen und das Leben in den Griff zu bekommen. Im Gegenteil! Sorgen haben die Tendenz, immer größer zu werden und immer mehr Raum zu beanspruchen. Sie nehmen mir die Luft zum Atmen. Sie machen mir das Leben schwer.

Deshalb ist es wichtig, die Sorgen loszulassen. Deshalb ist es wichtig, Abstand von ihnen zu gewinnen. Und deshalb ist es wichtig, sie so oft wie möglich zu vergessen.

Am liebsten vergesse ich meine Sorgen auf diese Weise: Ich begeistere mich so sehr für eine Sache, dass meine Sorgen mir nur noch lächerlich erscheinen. Ich lebe völlig im Augenblick und vergesse alles um mich herum. Oder ich freue mich so sehr über etwas Schönes, dass alles andere plötzlich unwichtig ist.

Rainer Haak

Nur heute kann es geschehen

Warum lebe ich nur so oft in der Vergangenheit? Warum kann ich alte Enttäuschungen nicht abhaken und vergessen? Und warum träume ich oft mitten am Tag von schönen Stunden und Ereignissen, die schon so weit zurückliegen? All das ist Zeitverschwendung; denn es hindert mich daran, heute zu leben.

Warum lebe ich nur so oft in der Zukunft? Warum träume ich von großen Abenteuern, die ich irgendwann einmal erleben werde? Warum schiebe ich so vieles auf Morgen oder auf das nächste Jahr oder auf meinen Ruhestand? Warum verbiete ich mir heute so vieles und vertröste mich mit dem Gedanken an die Zukunft?

Leben kann ich nur heute. Meine Probleme lösen kann ich nur heute, nicht gestern oder morgen. Ich kann nur heute glücklich sein oder den ersten Schritt tun oder einem Menschen ein Lächeln schenken. Und nur heute kann es geschehen, dass ich einen Augenblick lang ganz intensiv lebe.

Rainer Haak

APRIL

Spuren des Glücks

DIE KLEINEN WUNDER

Okay sein

Jemand sagte einmal: »Gott sei Dank gibt es die Wirklichkeit – *und* die Möglichkeiten, ihr zu entkommen.« Genau das ist es, was eigentlich geschieht ...

Wie schön ist es doch, eingesperrt zu sein! Oder wie mir unlängst jemand sagte, in seinem Käfig zu sitzen. Sind Sie gern eingesperrt? Werden Sie gerne kontrolliert? Darf ich Ihnen etwas sagen? Wenn Sie sich selbst erlauben, sich gut zu fühlen, sobald man Ihnen sagt, dass Sie okay sind, schaffen Sie die Voraussetzung dafür, sich schlecht zu fühlen, sobald man Ihnen sagt, dass Sie nicht okay sind. Solange Sie dafür leben, die Erwartungen anderer zu erfüllen, achten Sie darauf, was Sie anziehen, wie Sie sich frisieren, ob Ihre Schuhe geputzt sind – kurz, ob Sie jeder lächerlichen Erwartung entsprechen wollen. Nennen Sie das menschlich?

Und das werden Sie entdecken, wenn Sie sich beobachten: Sie werden entsetzt sein! Der springende Punkt ist, dass Sie weder okay noch nicht okay sind. Sie können höchstens der momentanen Stimmung, dem Trend oder der Mode entsprechen. Heißt das nun, dass Sie okay geworden sind? Hängt Ihr Okay-Sein davon ab? Hängt es davon ab, wie man über Sie denkt? Sie sind nicht ›okay‹, und Sie sind nicht ›nicht okay‹, Sie sind Sie selbst! Ich hoffe, dass dies eine wichtige Entdeckung für Sie wird. Vergessen Sie das ganze Gerede von okay und nicht okay. Vergessen Sie alle Urteile, und beobachten Sie einfach, schauen Sie zu.

Anthony de Mello

Erst mal richtig durchatmen

Wir können uns nicht vornehmen, nicht mehr über andere zu urteilen. Der Drang zum Urteilen ist zu groß in uns, als dass wir ihn einfach auslöschen könnten. Sätze wie »Schon wieder der, den kann ich absolut nicht ausstehen, das gibt es doch nicht« und wie sie alle heißen, mit denen wir über Menschen und Dinge urteilen, sind wie ein Reflex, der in uns automatisch ausgelöst wird, wenn wir bestimmten Menschen begegnen oder bestimmte Dinge sehen. Wir sind machtlos. Verstand und Wille kommen da zu spät. Aber wir können uns eben einen anderen Reflex, eine andere Reaktion auf bestimmte Menschen und Dinge angewöhnen. Es braucht einige Übung, bis so ein positives Reaktionsmuster einrastet und uns von selbst positive Sätze einredet. [...]

Es gibt noch andere Möglichkeiten positiver Raster. Man könnte erst einmal ruhig durchatmen und den Drang, gleich ein Urteil parat zu haben, im Atmen loslassen, um dann die Sache klarer und mit der Distanz dieser paar Sekunden sehen zu können. Oder man könnte sich angewöhnen, über jeden, der mich aufregt, ein kurzes Segenswort zu sprechen: »Herr, segne ihn«, oder für ihn zu danken: »Danke, Herr, er meint es gut. Danke, dass es ihn gibt.« Solche Reaktionen kann man nicht im Einzelfall mit dem Willen steuern. Man muss sie einüben. Das braucht Zeit. Und am Anfang auch Energie. Aber sobald es eine gute Gewohnheit geworden ist, mit einem Gebetswort zu reagieren, kostet es keine Kraft mehr.

Anselm Grün

Die vier Unermesslichkeiten (1)

Es gibt vier Unermesslichkeiten: das Verweilen in der Allgüte, das Verweilen im Mitleid, das Verweilen in der Mitfreude, das Verweilen im Gleichmut. Indem der Mönch in der *Allgüte* verweilt, durchdringt er mit dem mit Allgüte erfüllten Geist erst eine Himmelsrichtung, dann die zweite, dann die dritte, dann die vierte. Und indem er sich selbst in allem und in allen Dingen wiedererkennt, durchdringt er nach oben, nach unten und überall die ganze Welt mit einem von Allgüte erfüllten Geist, einem weit entfalteten, unbeschränkten, befreit von Groll und Übelwollen.

Hat man die Allgüte entfaltet, zur Triebfeder und Grundlage gemacht, gefestigt, zur rechten Vollendung gebracht, so hat man einen elffachen Segen zu erwarten: Man schläft friedlich, erwacht friedlich, hat keine schlimmen Träume, ist den Menschen lieb, ist den Geistern lieb, die Himmelswesen schützen einen. Feuer, Gift und Waffen können einem nichts anhaben. Der verworrene, unruhige Geist sammelt sich, der Gesichtsausdruck klärt sich.

Wie vollzieht sich aber die unbegrenzte, alles durchdringende Erlösung durch Allgüte? In diesen Gedanken: Mögen alle Wesen frei sein von Hass, Bedrückung und Beklemmung! Mögen sie ihr Leben glücklich verbringen! Möge alles, was atmet, alle Geschöpfe, Individuen, frei sein von Hass, Bedrückung und Beklemmung. Ach, möchten alle Wesen glücklich sein, voll Frieden, im Herzen ganz von innerem Glück erfüllt!

Aus dem Buddhismus

Die vier Unermesslichkeiten (2)

Indem der Mensch im *Mitleid* verweilt, durchdringt er mit einem von Mitleid erfüllten Geist erst eine Himmelsrichtung, dann die zweite, dann die dritte, dann die vierte. Und indem er sich in allem und in allen Dingen wiedererkennt, durchdringt er nach oben und unten, überall die ganze Welt mit einem von Mitleid erfüllten Geist, einem weiten, entfalteten, unbeschränkten, und ist frei von Groll und Übelwollen.

Indem der Mensch in der *Mitfreude* verweilt, durchdringt er mit einem von Mitfreude erfüllten Geist erst eine Himmelsrichtung, dann die zweite, dann die dritte, dann die vierte. Und indem er sich selbst in allem und in allen Dingen wiedererkennt, durchdringt er nach oben und unten, überall die ganze Welt mit einem von Mitfreude erfüllten Geist, einem weiten, entfalteten, unbeschränkten, und ist frei von Groll und Übelwollen.

Indem der Mensch im *Gleichmut* verweilt, durchdringt er mit einem mit Gleichmut erfüllten Geist erst eine Himmelsrichtung, dann die zweite, dann die dritte, dann die vierte. Und indem er sich selbst in allem und in allen Dingen wiedererkennt, durchdringt er nach oben und unten, überall die ganze Welt mit einem von Gleichmut erfüllten Geist, einem weiten, entfalteten, unbeschränkten, und ist frei von Groll und Übelwollen.

[...] Hat er diesen Verweilungszustand vollkommen erfüllt, strebt er nach der Entfaltung des Mitleids, danach der Mitfreude, danach des Gleichmuts. Und mit diesen vier Unermesslichkeiten übt er die vier Versenkungsstufen.

Aus dem Buddhismus

Dank eines Indianers

Jetzt werden wir uns hier zwölf aufeinanderfolgende Nächte versammeln, um zu Gischelemukaong zu beten. ...Wir tanzen zu dieser Zeit, um unsere Gebete zu ihm zu erheben.

Wenn wir in dieses unser Haus kommen, sind wir froh und dankbar, dass wir uns wohl befinden, und für alles, was unser Wohlgefühl bewirkt und was der Schöpfer uns zum Gebrauch gegeben hat. Wir kommen hierher, um ihn zu bitten, uns im kommenden Jahr gnädig zu sein und uns alles zu geben, was uns glücklich macht. Mögen wir gute Ernten haben und keine gefahrvollen Stürme, Überschwemmungen oder Erdbeben. Wir wissen alle ..., dass er uns einen Weg gewiesen hat, zu ihm zu beten und ihm zu danken.

Wir sind dankbar für den Osten; denn alle fühlen sich wohl am Morgen, wenn sie erwachen und das glänzende Licht aus dem Osten kommen sehen. Und wenn die Sonne im Westen untergeht, fühlen wir uns gut und froh; dann sind wir dem Westen dankbar. Und wir sind dem Norden dankbar; denn wenn die kalten Winde kommen, sind wir froh, so lange gelebt zu haben, um die Blätter wieder fallen zu sehen. Und dankbar dem Süden; denn wenn der Südwind bläst und alles im Frühling aufsprießt, sind wir froh, dass wir leben, um zu sehen, wie das Gras wächst und alles wieder grünt. Wir danken den Donnerwesen, die den Regen bringen, über den der Schöpfer ihnen Macht gab. Und wir danken unserer Mutter, der Erde ...

Lenape

Leute nehmen, wie sie sind

Verdirb es nicht mit den Menschen. Wir müssen innerlich ein wenig an uns arbeiten und suchen, milder in unserem Urteil, anspruchsloser in unsern Forderungen zu werden. Wir müssen anfangen, die Leute zu nehmen, wie sie sind, und zur Erleichterung dieser Arbeit immer eingedenk sein, dass es in Nord und Süd, West und Ost immer wieder die alte Geschichte ist, und dass wir selber die Fehler teilen, die wir an andern rügen und verdammen.

Natürlich mein' ich mit dem Vorstehenden nicht, dass wir anfangen sollen, zu jedem Lumpenhund oder unerträglichen Gesellen »Herr Bruder« zu sagen, aber bemüht wollen wir sein, in dem Kreise derer, die teils nach Wahl, teils aus Zufall unsern Umgang bilden, unsre Tadelsucht und unsre Zunge so viel wie möglich im Zaume zu halten.

Theodor Fontane

Osternacht

Wie oft habe ich die Osternacht der östlichen Kirche mitgefeiert. Wen es nicht im Innersten trifft »wie ein Blitz«, wenn der Priester in der Mitte der Nacht mit brennender Kerze aus dem Sanktuarium tritt, wenn er singend verkündet: »Christus ist auferstanden!«, und die Gläubigen ihm antworten: »Er ist in Wahrheit auferstanden!«, wem das nicht durch und durch geht, der ist wie ein Abgestorbener, sein Herz weiß nichts mehr vom Leben.

In Minutenschnelle entzündet sich eine Kerze an der andern. Jetzt, zur dunkelsten Stunde des Tages, durchbrandet ein Lichtermeer die Kirche, den Vorplatz.

Die Menschen umarmen und küssen sich, als seien sie alle Brüder und Schwestern.

Sie sind es in diesem Augenblick in Wahrheit.

Richard Wolf

Menschlich sein

Was ich jetzt sage, mag etwas übertrieben klingen, aber es ist wahr: Vor Ihnen können die wichtigsten Minuten Ihres Lebens liegen. Wenn Sie das begreifen, wird Ihnen das Geheimnis des Erwachens mit einem Schlag klar. Sie werden für immer glücklich, werden nie wieder unglücklich sein. Nichts und niemand wird Ihnen mehr etwas anhaben können. Ich meine das wirklich so: nichts.

Es ist, wie wenn jemand schwarze Farbe in die Luft wirft: Die Luft wird davon nicht schwarz, Luft kann man nicht schwarz anmalen. Egal, was Ihnen zustößt, es berührt Sie nicht. Sie behalten Ihren Frieden.

Es gibt Menschen, die das erreicht haben, was ich »menschlich sein« nenne. Lassen Sie den Unsinn, wie eine Marionette einmal hierhin und einmal dorthin gezogen zu werden. Lassen Sie sich nicht von dem, was passiert, oder anderen Leuten vorschreiben, wie Sie empfinden sollen. Sie fühlen, wie man es von Ihnen erwartet, und nennen es »verwundbar sein«. Für mich heißt das: »eine Marionette sein«. Möchten Sie eine Marionette sein? Ein Druck auf den Knopf, und Sie liegen am Boden; gefällt Ihnen das? Doch wenn Sie sich weigern, sich mit einem jener Etiketten zu identifizieren, werden die meisten Ihrer Sorgen bald ein Ende haben.

Anthony de Mello

Ohne Ballast

Ein Mensch war unterwegs zum Land seiner Sehnsucht. Es war eine lange und beschwerliche Reise. Endlich kam er an einen breiten Fluss. Er wusste: Drüben, am andern Ufer, liegt das Land der Herrlichkeit – und er konnte es kaum erwarten hinüberzukommen.

Der Mensch fand einen Fährmann mit seinem Boot, der bereit war, ihn so schnell wie möglich überzusetzen. »Aber«, sagte er, »du musst dein Gepäck hier lassen. Ich nehme nur die Menschen mit ohne allen Ballast.« Der Reisende erschrak sehr, und es schien ihm unmöglich, alle die Dinge, die er angesammelt hatte, die er liebte, die er für lebensnotwendig hielt, die er auf seiner weiten Reise mühsam bis hierher geschleppt hatte, einfach abzulegen und am Ufer des Flusses zurückzulassen.

»Alles?«, fragte der Mensch, hoffend, doch ein wenig von seiner Habe mitnehmen zu können. »Alles. Ich nehme nur dich mit, ohne dein Gepäck, oder du bleibst hier mit deinen Sachen. Entscheide dich«, antwortete ernst der Fährmann.

Alte Sage

Das Lächeln des Herzens

Wir verwechseln oft Vergnügen und Glück. Manchmal sagen wir Vergnügen für Glück oder Glück für Vergnügen. In Wirklichkeit wissen nur sehr wenige, was Glück bedeutet. Vergnügen ist nur der Schatten des Glücks, denn Vergnügen ist abhängig von Dingen außerhalb unserer selbst, Glück entsteht in unserem Innern. Glück gehört zu den Eigenschaften des Herzens, Vergnügen zur äußeren Welt. Die Entfernung zwischen Vergnügen und Glück ist so weit wie zwischen Erde und Himmel.

Solange das Herz nicht auf den richtigen Ton gestimmt ist, wird es nicht glücklich sein. Jenes innere Lächeln, das sich im Ausdruck eines Menschen zeigt, in seiner Atmosphäre, das gehört zum Glück. Wenn die Stellung und der Wohlstand des äußeren Lebens verloren gehen, so kann das innere Glück doch nicht weggenommen werden. Das Lächeln des Herzens beruht auf der rechten Einstimmung auf jene Höhe, wo es lebendig ist.

Hazrat Inayat Khan

Was der Alltag verschweigt ...

Wenn du heute zur Ruhe kommst, findest du nicht nur neue Kraft. Du wirst auch die Stille hören, die dich dann umgibt und Balsam für die Seele ist, – eine Stille, die von etwas spricht, wofür sich nur selten Worte finden lassen, – eine Stille, die uns der wahren Mitte des Daseins näher bringt. Solche Erlebnisse verwandeln, berühren den Sinn des auch eigenen Lebens, ohne ihn endgültig finden zu können. Sie geben eine Ahnung, wo das wahre Glück zu Hause ist.

In solchen Augenblicken, in denen wir einfach nur da sind, ist Zeit nicht mehr wichtig. Da berühren wir, was zeitlos ist.

Was uns der Alltag verschweigt, sagt uns die Stille.

Thomas Romanus

Die Schale eines jeden Herzen

Eine alte Geschichte erzählt uns von einem König, der einem Derwisch einen Wunsch erfüllen wollte. Der Derwisch wünschte sich, dass man seine Bettelschale mit Goldmünzen füllen möge. Der König hielt es für die leichteste Sache der Welt, die Schale zu füllen. Aber die Schale erwies sich als eine Zauberschale. Als er versuchte, sie zu füllen, wurde sie nicht voll. Je mehr Geld hineingeschüttet wurde, desto leerer wurde sie. Der König war sehr enttäuscht und entmutigt bei dem Gedanken, dass er diese Schale nicht füllen könne. Da sagte ihm der Derwisch: »Majestät, wenn Sie meine Schale nicht füllen können, so sagen sie es nur, und ich werde sie wieder mit mir nehmen. Ich bin ein Derwisch und werde wieder gehen und werde nur denken, dass Sie Ihr Wort nicht gehalten haben.« [...]

Der König fragte: »Derwisch, erzähle mir von dem Geheimnis deiner Schale. Es scheint nicht natürlich zu sein. Es gibt einen Zauber darin, erzähle mir das Geheimnis.« Der Derwisch antwortete: »Ja, Majestät, es ist wahr, was Sie erkannt haben, es ist eine Zauberschale. Es ist die Schale eines jeden Herzens. Es ist das Herz des Menschen, das niemals zufrieden ist. Füllen Sie es, womit Sie wollen, mit Reichtum, mit Aufmerksamkeit, mit Liebe, mit Wissen, mit allem, was es gibt. Es wird niemals gefüllt sein, denn es ist ihm nicht bestimmt, gefüllt zu werden. Weil er dies Geheimnis des Lebens nicht kennt, strebt der Mensch beständig nach allen Dingen, die er vor sich sieht. Und je mehr er bekommt, desto mehr wünscht er sich, und die Schale seines Verlangens wird niemals gefüllt.«

Hazrat Inayat Khan

... fast immer fröhlich

Einige Menschen sind fast immer fröhlich.
Sie freuen sich auch über Kleinigkeiten,
über das Lächeln einer Verkäuferin,
über einen kleinen Spaziergang,
über einen Fensterplatz in der Straßenbahn,
über ein paar Minuten Sonnenschein,
über eine freundliche Stimme am Telefon.
Wenn ich sie ansehe, freue ich mich mit.

Andere Menschen erleben vielleicht
genau dasselbe,
aber sie sind schlecht gelaunt,
klagen über das Leben und die Mitmenschen.
»Warum freut ihr euch nicht?«,
könnte ich sie neugierig fragen.
Die Antwort lautete wahrscheinlich:
»Ich sehe keinen Grund zur Freude.«
Und mir wird wieder einmal deutlich,
wie wichtig im Leben der richtige Blickwinkel ist.

Rainer Haak

Suche nach Harmonie

Schönheit wird aus der Harmonie geboren. Was ist Harmonie? Harmonie ist das rechte Verhältnis der Dinge und Wesen zueinander oder auch der rechte Rhythmus. Und was ist Leben? Leben ist die Folge von Harmonie. Im Hintergrund der ganzen Schöpfung ist Harmonie, und das Geheimnis der ganzen Schöpfung ist Harmonie. Intelligenz verlangt danach, die Vollkommenheit der Harmonie zu erreichen. Was der Mensch Glück, Wohlbehagen, Gewinn nennt, alles, wonach er sich sehnt und was er sich wünscht, ist, Harmonie zu erlangen. Selbst in dem Streben nach den allerweltlichsten Dingen wünscht er Harmonie. Nur wendet er häufig nicht die richtigen Methoden an. Der erreichte Gegenstand bleibt bei guten oder schlechten Methoden der gleiche, aber die Art, mit der man ihn zu erlangen versucht, kann recht oder falsch sein. Nicht das Objekt als solches ist schlecht, sondern die Methode, mit der wir es zu erreichen suchen.

Niemand, in welchem Abschnitt seines Lebens er auch ist, wünscht sich Disharmonie, denn alles Leiden, alle Schmerzen und Sorgen sind Mangel an Harmonie.

Hazrat Inayat Khan

Mit sich selbst im Frieden

Mir wird allemal wohl, wenn ich einen Menschen finde, der dem Lärm und dem Geräusch immer so aus dem Wege geht und gerne allein ist. Der, denke ich denn, hat wohl ein gutes Gewissen; er lässt die schnöden Linsengerichte stehen und geht vorüber, um bei sich einzukehren, wo er bessere Kost hat und einen Tisch immer gedeckt findet. Wehe den Menschen, die nach Zerstreuung haschen müssen, um sich einigermaßen aufrecht zu erhalten! Doch wehe siebenmal den Unglücklichen, die Zerstreuung und Geschäftigkeit suchen müssen, um sich selbst aus dem Wege zu gehen! Sie fürchten, allein zu sein, denn in der Einsamkeit und Stille rührt sich der Wurm, der nicht stirbt, wie sich die Tiere des Waldes in der Nacht rühren und auf Raub ausgehen.

Aber selig ist nur der Mensch, der mit sich selbst in Friede ist und unter allen Umständen frei und unerschrocken auf und um sich sehen kann! Es gibt auf Erden kein größer Glück.

Matthias Claudius

Wie ich und doch ganz anders

So viele Menschen kenne ich, und doch sind sie alle verschieden. Sie haben unterschiedliche Träume und Pläne, Ansichten und Meinungen. Sie sind verschieden begabt, und jeder von ihnen hat andere Erfahrungen in seinem Lebensgepäck.

Sie haben unterschiedliche Hautfarben, sind groß oder klein, stark oder auf Hilfe angewiesen. Manche sind ruhig und zurückhaltend, andere stehen meistens im Mittelpunkt. Einige sind fröhlich und lachen gern, andere sind eher ernst und nachdenklich. Manche sind mutig, andere ängstlich. Einige lieben den Trubel, andere die Einsamkeit.

Ich empfinde diese Vielfalt als großen Reichtum, für den ich dankbar bin. Wir können uns gegenseitig ergänzen und herausfordern. Wir können uns unterstützen und ermutigen. Und jede Begegnung kann eine aufregende Entdeckung sein: ein Mensch wie ich und doch ganz anders.

Rainer Haak

Ein lebhaftes Verlangen

Was wir beim Anblick einer Landschaft oder von etwas anderem, das undeutliche und unbestimmbare Vorstellungen und Gedanken in uns weckt, empfinden, ist, so erfreulich es sein mag, doch ein Glück, das wir nicht festzuhalten vermögen; und es ist nicht viel anders, als wenn einer einem schönen bunten Schmetterling nachläuft, den er nie greifen kann. Daher bleibt in der Seele stets ein lebhaftes Verlangen zurück. Und trotzdem gibt es keinen höheren Grad von Genuss; und alles, was fest umrissen und bestimmt ist, kann uns bei weitem nicht so beglücken wie das, was uns infolge seiner Unbestimmbarkeit stets unbefriedigt lässt.

Giacomo Leopardi

Zufrieden sein

Willst du dich nicht endlich in den Genuss des Glückes bringen, die Menschen von ganzem Herzen zu lieben? Wirst du nicht endlich einmal satt und zufrieden und ersehnst und verlangst nicht weiter Beseeltes oder Unbeseeltes, nur um Lust empfinden zu können: nicht mehr Zeit, damit du länger genießen kannst, nicht ein anderes Heim oder Land oder ein beglückenderes Klima oder sympathischere Menschen? Wann wirst du dich lieber mit deiner Lage, wie sie zurzeit ist, zufrieden geben und dich über alles freuen, was dein ist, und dir dabei klarmachen, dass du alles, was dir beschieden ist, der Gnade der Himmlischen verdankst? Dass alles zu deinem Glück ist und sein wird, was ihnen gefällt und was sie zur Erhaltung des allein vollkommenen Wesens, des Kosmos, schicken werden, der gut, gerecht und schön ist, alles erzeugt und zusammenhält, umfasst und umschließt, was sich nur auflöst, um anderem Wesensgleichen ins Leben zu verhelfen? Kommst du nun endlich einmal dahin, so mit Göttern und Menschen zusammenzuwirken, dass du weder ihnen etwas vorwirfst noch dich ihrer Verurteilung aussetzt?

Marc Aurel

Sei, der du bist

Wünschen wir uns nicht manchmal, wir könnten woanders sein als da, wo wir sind, oder ein anderer sein als der, der wir sind? Wir neigen dazu, uns selbst immer wieder mit anderen zu vergleichen, und fragen uns, warum wir nicht so reich, so intelligent, so bescheiden, so großzügig oder auch so fromm und gläubig wie der eine oder die andere sind. Solche Vergleiche wecken ein Gefühl von Schuld, Scham oder Neid.

Es ist sehr wichtig zu erkennen, dass das, wozu wir berufen sind, dort verborgen ist, wo wir sind, und in dem, der wir sind. Wir sind einzigartige, nicht austauschbare menschliche Wesen. Jede(r) einzelne hat eine Berufung, etwas im Leben zu verwirklichen, was kein(e) andere(r) sonst vermag, und es in der konkreten Situation des Hier und Heute zu vollbringen.

Durch Vergleichen, ob wir besser oder schlechter als andere sind, werden wir nie zu unserer Berufung finden. Wir sind gut genug, das zu tun, was uns zu tun aufgetragen ist. Sei, der du bist!

Henri Nouwen

Wurzeln

Wurzeln, die tief in der Erde den Baum aufrecht halten und nähren, sieht man nicht. Menschen, die an den Fundamenten arbeiten, damit das Haus erhalten bleibt, sieht man auch nicht; aber sie sind wichtiger als Menschen, die ständig mit der Fassade beschäftigt sind, damit sie vom großen Publikum ja nicht übersehen werden.

Zum Leben brauchst du Luft. Wenn dir die Luft zum Atmen und der Raum zum Leben geraubt werden, musst du dich wehren und dein Recht fordern, dein Recht auf menschenwürdiges Leben. Aber wenn du überall Feinde siehst, wenn sich dein Herz verfinstert und wenn es anfängt zu hassen, dann geht die Tür zur Hölle auf. In deinem Herzen kann der Himmel wohnen. Aber du kannst in deinem Herzen auch die Hölle einrichten.

Manchmal leidet ein Mensch am meisten an dem Leid, von dem er fürchtet, es könnte kommen, während es in Wirklichkeit doch nicht kommt. So hat ein Mensch mehr Leid zu tragen, als ihm zu tragen aufgegeben wird.

Angst macht krank. Sie macht meistens mehr krank als das, was man befürchtet. Angst verbraucht Energie. Sie lähmt heute die Kräfte, die man morgen nötig hätte, um das Unglück durchzustehen.

Phil Bosmans

Eure Freundlichkeit …

Ich weiß gar nicht mehr,
wie es zu diesem Abend kam.
Ich wohnte einige Tage lang in eurem Dorf
bei euren Nachbarn, Verwandten von mir.
Und dann, am späten Nachmittag war es,
saß ich mit euch zusammen in der Diele
um den alten, schweren Eichentisch.
Jung und alt war da beieinander,
gute Freunde und Nachbarn und Fremde wie ich.
Nein, fremd war ich nicht –
keinen Augenblick lang.
Ihr habt mich sofort fühlen lassen,
dass ich dazugehöre, dass ich mitreden darf
und mitsingen und mittanzen.
Wenn ich zurückdenke,
spüre ich eure Freundlichkeit,
rieche das Feuer im Kamin, höre eure Lieder
und sehe den alten, schweren Eichentisch,
an dem ich so gern wieder einmal sitzen würde.

Rainer Haak

Ab und zu etwas tun, was verboten ist

Als Kind habe ich gelernt, immer brav und folgsam zu sein. Mir wurde beigebracht, dass ich den Eltern und Lehrern nicht widerspreche. Ich wurde zu Höflichkeit, Ehrlichkeit und Ordnung erzogen. Das hat mich tief geprägt, und es ist mir heute noch wichtig, gewisse Regeln zu befolgen. Ich halte mich an die Gesetze. Ich versuche, zu jedem freundlich zu sein. Ich bin hilfsbereit und halte meine Versprechen.

Doch manchmal, so muss ich gestehen, begehre ich gegen die vielen Regeln, Vorschriften, Gesetze und Paragraphen auf. Manchmal ignoriere ich das kleine rote Männchen, wenn weit und breit kein Auto zu sehen ist. Ich ignoriere das Schild: »Zutritt verboten« vor dem Eingang des Veranstaltungszentrums und schlendere zum Empfang für die Prominenten. Ich benutze die Kundentoilette, obwohl ich kein Kunde bin, und manchmal singe ich nachts auf der Straße, obwohl das ganz bestimmt auch verboten ist.

Rainer Haak

Zeichen und Spuren

Alles Dasein ist eine Bewegung, ein ständiger Übergang von einem Zustand in einen anderen. Wo Grenzen fließend werden, da ist Leben, da kann sich etwas zu Größerem hin wandeln und reifen.

Wünsche dir nicht, dass du immer so bleiben mögest, wie du bist. Erst wenn du dich bewegst, kannst du etwas verändern und ins Fließen bringen, lässt du Fantasie strömen und ermöglichst echtes Wachstum bei dir und deiner Umgebung.

Es bleibt nur bestehen, was sich wandelt. Nur wer sich ändert, bleibt sich treu. Es findet zu sich selbst, wer sich zu wandeln bereit ist. Erst im Wandel zeigt sich, was unveränderlich und unfassbar bleibt hinter allen Zeichen und Spuren.

Thomas Romanus

Jedes Essen kann ein kleines Fest sein

An jedem Tag verbringe ich relativ viel Zeit mit Essen. Doch es wäre schade um die Zeit, wenn ich sie nur zur Nahrungsaufnahme nutzen würde.

Vor jeder Mahlzeit denke ich kurz daran, wie wenig selbstverständlich es ist, dass ich mich satt essen kann. Ich bin dankbar dafür, dass es mir so gut geht, und sehe mein Essen als herrlichen Luxus an, auch wenn es nur ein einfaches Mahl ist.

Ich achte darauf, dass ich schon vor dem ersten Bissen zur Ruhe komme und ganz entspannt bin. Auf keinen Fall will ich mein Essen schnell zwischen zwei Terminen herunterschlingen. Ich sorge, soweit wie möglich, für eine angenehme Atmosphäre und einen schön gedeckten Tisch. Und dann versuche ich, mein Essen bewusst zu genießen.

Besonders schön ist es, den Genuss und die Zeit zu Tisch mit anderen zu teilen, mit der Familie, mit Freunden oder Kollegen. Oft ist das Essen für mich dann wie ein kleines Fest.

Rainer Haak

Geschenke annehmen

Wo Freizeit einen so hohen Stellenwert einnimmt wie in unserer Wohlstandsgesellschaft, sind wir oft in Gefahr, das vielgesuchte Glück in organisiertem Vergnügen und konsumfertiger Unterhaltung zu suchen. Doch echte Freude kommt nicht aus passivem Genuss, sondern aus aktivem Erleben, das uns als ganzen Menschen mit wachsamen Sinnen fordert. Keine oberflächliche Zerstreuung kann das tiefe Glück einer gelungenen menschlichen Begegnung ersetzen.

Nur das, worauf wir keinen Anspruch erheben, kann uns wirklich ansprechen. Gelungene Ereignisse können wir nicht einfordern wie einen Arbeitslohn oder einklagen wie ein festgeschriebenes Recht.

Wünsche dir, dass du Geschenke anzunehmen und zu entdecken verstehst. So bist du dem Wesen des Glücks ganz nah.

Unser Zusammenleben mit unseren Mitmenschen glückt nur dann, wenn wir uns nicht gegenseitig für unser Glück verantwortlich machen.

Thomas Romanus

Die kleinen Wunder

Als Kind habe ich mich immer schon lange vorher auf meinen Geburtstag und auf Weihnachten gefreut. Schließlich gab es da Geschenke, die mein Herz höher schlagen ließen. Manchmal hatte ich sogar Stress mit meinen Eltern, weil meine Wünsche das normale Maß überstiegen. Und ich war enttäuscht und unzufrieden, wenn die Geschenke kleiner als erwartet ausfielen.

Auch als Erwachsener waren meine Wünsche manchmal äußerst groß. Ich erwartete vom Leben lauter große Geschenke. Ich erwartete Wunder und Überraschungen und verlor dabei jedes Maß. Ich erhoffte mir immer größere Erfolge, wunderbare Überraschungen und unermessliches Glück.

Irgendwann wurde mir deutlich, dass ich so nur unglücklich werde. Da begann ich, auch die alltäglichen, kleinen Wunder und Überraschungen zu beachten und mich über sie zu freuen. Und das, was wie ein Rückschritt aussah, stellte sich als mein Glücksfall heraus: Denn erst jetzt erfahre ich täglich, wie wunderbar und reich das Leben ist.

Rainer Haak

Feiern verbinden uns mit unseren Wurzeln

Der Mensch durchbricht in der Feier bewusst seinen Alltag, um ihn dann wieder neu bewältigen zu können. In der Feier trinkt er von der Quelle des Lebens. Da taucht er ein in das eigentliche Geheimnis seines Lebens, das sich im Anlass des Festes darstellt: etwa in der Geburt eines Menschen, in seiner Hochzeit oder in wichtigen Ereignissen aus der Geschichte seines Volkes.

Ein Fest verbindet den Menschen mit seinen Wurzeln, aus denen er lebt. C. G. Jung meint, die Verbindung der »Gegenwart mit der historischen und mythischen Vergangenheit«, wie sie die Feste des Kirchenjahres vollziehen, sei für den Menschen gesund. Es mache ihn eins mit sich selbst, lasse ihn teilnehmen am Strom des Lebens. Wenn sich ein Mensch von seiner eigenen Vergangenheit abschneidet, seine Erinnerungen verdrängt und gesichtslos lebt, wird er krank, oft genug depressiv (Harvey Cox). Die Erinnerung blickt zwar in die Vergangenheit, eröffnet aber zugleich neue Horizonte für die Zukunft. Sie zeigt uns, wozu auch wir fähig sind.

So ist das Festefeiern lebensnotwendig, es schenkt uns die Kraft, die wir brauchen, um unser Leben zu meistern. Aber wir können nicht beliebig Feste feiern. Ein eigentliches Fest ist nur, wenn wir davon leben können, wenn etwas zur Sprache kommt, das uns eine neue Sicht unserer selbst und unseres Lebens, ein neues Daseinsgefühl schenkt.

Anselm Grün

Das wird ein guter Tag!

Oft wache ich morgens mit der Frage auf: »Was wird mich wohl heute erwarten? Ob es ein guter Tag wird?« Ich stelle mir vor, was mir diesen Tag verderben kann. Vielleicht wird es ununterbrochen regnen. Vielleicht habe ich in der Firma wieder Ärger mit den Kollegen. Vielleicht springt das Auto nicht an. Vielleicht bekomme ich mit der Post eine Absage. Vielleicht mache ich einen schweren Fehler. Vielleicht schaffe ich nicht, was ich mir vorgenommen habe.

Aber entscheidet sich daran, ob es ein guter Tag wird? Es entscheidet sich vor allem daran, welche Einstellung ich habe und mit welcher Stimmung ich den Tag beginne: Bin ich niedergeschlagen und befürchte das Schlimmste? Oder bin ich gut gelaunt? Freue ich mich auf die nächsten Stunden? Bin ich offen für das Positive, was mir heute begegnen wird? Und sage ich heute Ja zu mir selbst?

Rainer Haak

Sorgen halbieren, Glück verdoppeln

Schenke dir das Glück, Humor zu haben, mit dem du das Leben ernst nehmen, aber dennoch einen Spaß verstehen kannst. Eine Heiterkeit der Seele, die dich den richtigen Abstand zu allem und jedem finden lässt, auch zu dir selbst.

Wenn du dich selbst nicht ganz so wichtig nimmst, wirst du verstehen, worauf es wirklich ankommt.

Du brauchst nicht perfekt zu sein, wirklich nicht. Mit viel Gelassenheit kann dir vieles glücken, ohne dass du dich krampfhaft für ein unerreichbares Ideal abmühst.

Wünsch dir die Freiheit, anderen Gutes zu gönnen und dich am Glück anderer zu erfreuen. Das Leben macht Freude, wenn man nicht übereinander, sondern miteinander lacht.

Wer Freude teilt, halbiert seine Sorgen und verdoppelt das Glück.

Thomas Romanus

Vollkommen

»Erleuchtet ist«, sagte der Meister, »wer erkennt, dass alles in der Welt, so wie es ist, vollkommen ist.«

»Wie verhält es sich mit dem Gärtner?«, fragte jemand. »Ist er auch vollkommen?«

Der Klostergärtner war ein buckeliger Mann.

»Für das, was ihm im Leben bestimmt ist«, erwiderte der Meister, »ist der Gärtner ein vollkommener buckeliger Mann.«

Der Gedanke, dass alles in der Welt vollkommen ist, überstieg das Maß dessen, womit die Schüler einverstanden sein konnten. So fasste es der Meister in Begriffe, die ihrem Verständnis besser entsprachen.

»Gott webt vollkommene Muster mit den Fäden unseres Lebens«, sagte er, »sogar mit unseren Sünden. Der Grund, warum wir dies nicht erkennen, liegt darin, dass wir die Rückseite des Teppichs betrachten.«

Und noch prägnanter: »Was manche Leute für einen glänzenden Stein halten, erkennt der Juwelier als einen Diamanten.«

Anthony de Mello

MAI

Die richtigen Schlüssel kennen

ES GIBT KEINEN FAHRSTUHL
ZUM GLÜCK –
MAN MUSS DIE TREPPE NEHMEN

Mit welchem Auge man sieht

Das Gefühl »dies musst du seh'n« hab ich nie, wenn nicht die Dinge entweder billig und bequem zu haben sind oder meinen ganz speziellen Zwecken dienen. Das Wichtigste hat man aber, beinahe ausnahmslos, immer ganz billig; denn das Wichtigste ist doch immer das, was sozusagen auf der Straße liegt. Über die Piazza del Popolo oder den Korso zu fahren, den Vatikan und die Peterskirche sehen, durch das Kolosseum schreiten und auf dem *Forum romanum* unter Trümmern Ausschau zu halten, kostet zunächst gar nichts. (...) Es kommt nicht auf die Masse des zu Sehenden und kaum auf die Bedeutung des einen oder andern an, sondern lediglich darauf, mit welchem Auge man sieht. Es darf nicht trübe sein ...

Theodor Fontane

Optimismus – Pessimismus

Optimismus weist auf ein spontanes Fließen der Liebe, auch auf ein Vertrauen in die Liebe. Pessimismus entsteht aus Enttäuschung, einem schlechten Eindruck, der bestehen bleibt und so zu einem Hindernis auf deinem Pfad wird. Optimismus ist eine hoffnungsvolle Haltung dem Leben gegenüber, während der Pessimist den eigenen Pfad im Dunkeln sieht. Ohne Zweifel ist im Pessimismus auch Gewissenhaftigkeit und Klugheit enthalten. Aber Gewissenhaftigkeit allein ist niemals genug, um die Schwierigkeiten des Lebens zu überwinden. Es ist das Vertrauen, das die Probleme löst.

Die psychologische Wirkung des Optimismus hilft, Erfolg zu haben; denn Gott hat die Welt aus dem Geist des Optimismus geschaffen. Optimismus kommt von Gott, Pessimismus wird im Herzen des Menschen geboren. Das Leben ist eine Gelegenheit. Für den optimistischen Menschen ist diese Gelegenheit ein Versprechen, während sie für den pessimistischen ein Verlust ist.

Hazrat Inayat Khan

Gesundheit durch gute Gedanken

Gedanken sind nicht nur Gedanken; sie streben danach, sich zu verwirklichen. So stecken in jedem Gedanken ein Keim und eine Kraft für Entwicklung und Veränderung. Sie gehen mit Gefühlen einher und bestimmen unser Handeln. Gedanken treiben uns an oder lassen uns vermeiden. Gedanken machen gesund oder krank.

Was es braucht, ist, damit zu beginnen, uns zu erkennen in dem, was wir denken. Was sind das für Gedanken am Morgen, wenn ich das Geräusch des Weckers wahrnehme? Erlebe ich es dankbar als Hilfe, als liebevolle Aufforderung, den Tag, der auf mich wartet, nicht zu versäumen, ihn für mich zu nutzen? Oder erleide ich einen Höllenlärm, der mich wieder – wie fast täglich – aus der Geborgenheit des Schlafes reißt, rücksichtslos, rabiat? Was denke ich, wenn mir Gutes widerfährt? Denke ich: Das kann nicht sein, ein Zufall, ich habe es gar nicht verdient? Oder freue ich mich, weil mir etwas zuteil geworden ist, das wie für mich geschaffen ist? Was denke ich, wenn mir »Schlechtes« widerfährt? Was denke ich den ganzen lieben Tag lang?

Gedanken haben Kraft und Macht. Kein Gedanke ist neutral. In jedem Gedanken steckt eine positive oder negative Kraft, etwas Heilsames oder Zerstörerisches. Hinter jedem Gedanke steckt vor allem ein Mensch, der seine Umwelt und das, was in ihr geschieht, auf seine ganz persönliche Art zu deuten versucht – mehr noch: ein Mensch der genau durch diese Gedanken ein Stück persönliche Zukunft zu schaffen vermag.

Sascha Veitl

Niemanden ändern wollen

Das Danken für den Mitmenschen ist nicht bloß für uns eine Hilfe, den anderen lieben zu lernen, es ist vielmehr auch ein Segen für den anderen. Die Erfahrung zeigt, dass schwierige, ja feindselige Mitmenschen sich positiv verändern können, wenn man anfängt, für sie zu danken. Wenn wir auf ihre Feindseligkeiten, auf ihre Sticheleien und Aggressionen selber aggressiv reagieren, so entsteht ein heilloses Durcheinander. Die Beziehungen werden hoffnungslos verfahren. Und es geht nur noch darum, wer mit seinen Sticheleien die Oberhand gewinnt und Sieger bleibt. Im Danken verlassen wir die Ebene von Sieg und Niederlage, die Ebene, auf der Aggression mit Aggression, Ablehnung mit Ablehnung beantwortet wird. Wenn ich Gott für einen anderen danke, dann verzichte ich darauf, auf seine negativen Verhaltensweisen negativ zu reagieren. [...]

Wenn ich den anderen im Danken annehme, so ermögliche ich es ihm, nun sich selbst anzunehmen. Denn oft ist er ja nur deswegen zu mir so stachelig und feindselig, weil er sich selbst nicht annehmen kann, weil er seine Fehler und Schwächen auf mich projiziert und sie bei mir bekämpft. Feindschaft entsteht ja zumeist aus der Projektion der eigenen Schattenseiten in den anderen. Letztlich bekämpft man immer sich selber im andern. Das Danken ermöglicht es dem andern, seine Projektion zurückzunehmen. Wenn er sich angenommen fühlt, kann er sich selbst mit seinen Schattenseiten annehmen und braucht sie nicht mehr in mir zu bekämpfen.

Anselm Grün

Hier, wo man steht

Eisik, Sohn Jekels in Krakau, war nach Jahren schwerer Not, die sein Gottvertrauen nicht erschüttert hatten, im Traum befohlen worden, in Prag unter der Brücke, die zum Königsschloss führt, nach einem Schatz zu suchen.

Als der Traum zum dritten Male wiederkehrte, machte sich Eisik auf und wanderte nach Prag. Aber an der Brücke standen Tag und Nacht Wachtposten, und er getraute sich nicht zu graben. Doch kam er an jedem Morgen zur Brücke und umkreiste sie bis zum Abend.

Endlich fragte ihn der Hauptmann der Wache, auf sein Treiben aufmerksam geworden, ob er hier etwas suche oder auf jemand warte. Eisik erzählte, welcher Traum ihn aus fernem Land hergeführt habe. Der Hauptmann lachte: »Und da bist du armer Kerl auf deinen zerfetzten Sohlen einem Traum zum Gefallen hergepilgert! Ja, wer den Träumen traut! Da hätte ich mich ja auch auf die Beine machen müssen, als es mir einmal im Traum befahl, nach Krakau zu wandern und in der Stube eines Juden, Eisik, Sohn Jekels, sollte er heißen, unterm Ofen nach einem Schatz zu graben. Eisik, Sohn Jekels! Ich kann's mir vorstellen, wie ich drüben, wo die Hälfte der Juden Eisik und die andere Jekel heißt, alle Häuser aufreiße!« Und er lachte wieder.

Eisik verneigte sich, wanderte heim, grub den Schatz aus und baute das Bethaus, das Reb-Eisik-Sohn-Jekel-Schul heißt.

Elie Wiesel

Sauberes Wasser und ein Dach ...

Das Glück hat viele Ebenen. Ich stelle mir das Glück als ein harmonisches Zusammenspiel von innerem Frieden im Herzen des einzelnen Menschen und von äußerem Weltfrieden unter den Völkern vor. Und ich wünsche mir möglichst großen Wohlstand für alle Erdbewohner. Armut und Elend bringen kein glückliches Leben. Man muss seine Grundbedürfnisse befriedigen können, man braucht zu essen, sauberes Wasser und ein Dach über dem Kopf. Das gilt für alle Kulturen.

Mancher meint, dass Menschen, die in Saus und Braus leben und ohne große Anstrengungen ihre Tage genießen, ein wirklich glückliches Leben führen. Aber Reichtum ist keine Garantie für das Glück. Oft wachsen mit dem Geld auch die Sorgen. je mehr man besitzt, desto mehr kann man auch verlieren. Kaum hat man etwas erworben, schon ängstigt man sich vor dem Verlust. Wer sich aus purer Habgier etwas kauft, wird bald merken, dass es andere gibt, die noch mehr besitzen. Man kommt auf diesem Weg nie zur Ruhe.

Es gibt zwei Arten, Glück und Leid zu erfahren, auf der geistigen und auf der körperlichen Ebene. Ich glaube, dass die geistige Ebene ausschlaggebend ist. Daher scheint es mir so wichtig zu sein, dass wir unseren Geist üben. So können wir dem Unglück mit größerer Gelassenheit begegnen und für das Glück empfänglicher werden.

Dalai Lama

Mich meinen Tränen überlassen

Jede therapeutische Behandlung kennt das Stadium des Weinens. Eine Analyse hilft dem Patienten nicht, wenn sie ihm nur die Ursachen für seine Neurose bloßlegt. Das reine Wissen kann der Patient wieder als Abwehr dagegen benutzen, sich dem eigentlichen Problem stellen zu müssen. Eine Einsicht, die ich habe, nützt mir nichts. Erst wenn sie über mich hereinbricht, kann sie mich heilen. Ohne emotionale Beteiligung ist keine Änderung des menschlichen Verhaltens möglich. Erst wenn der verdrängte Schmerz ins Herz darf, kann der Mensch auf die Ersatzschmerzen verzichten, die er sich zulegt, um sich vor dem eigentlichen Schmerz zu schützen. [...]

Dieses Zulassen ist zumeist mit heftigem Weinen verbunden. Weinen entlastet den Menschen von den angestauten Gefühlen, die nach außen drängen. Tränen lindern den Schmerz. Man weint sich frei von seinen Schmerzen. Weinen wird zur einzigen Möglichkeit, einen Schmerz, der einen zu überwältigen und zu überfordern scheint, auszuhalten und auf ihn zu antworten. Der Mensch weiß keine andere Antwort mehr, weder in Worten noch in Gebärden, als sich dem Weinen zu überlassen, sich weinend loszulassen und so den Schmerz zuzulassen und ihn zugleich aufzulösen, abzuleiten. Weinen erleichtert, lindert, heilt. Die Tränen werden auf einmal befreiende, erlösende, selige Tränen. Der Schmerz schlägt um in Freude. Der Mensch erfährt in seinem Innersten ein Heilsein, das auch durch den Schmerz nicht mehr bedroht werden kann.

Anselm Grün

Schlüssel zur Harmonie

Von einem weisen Heiler wird folgende Geschichte erzählt. Eine Frau kam zu ihm und fragte: »Können Sie mir sagen, was ich tun soll? Ich habe Schwierigkeiten mit meinem Mann. Jeden Tag gibt es zu Hause Streit.« Er erwiderte: »Das ist einfach.« – »Ich wäre Ihnen so dankbar«, sagte sie. »Ich gebe Ihnen diese Süßigkeiten. Behalten Sie sie im Mund, wenn Ihr Mann heimkommt, und alles wird wieder gut werden. Es sind magnetisierte Süßigkeiten.« Sie nahm sie und stellte fest, dass es keinen Streit mehr gab. Nach zehn Tagen waren die Süßigkeiten aufgebraucht.

Da ging sie wieder zum Heiler und sagte: »Ich gebe Ihnen, was Sie wollen, wenn Sie mir nur noch mehr von jenen Süßigkeiten geben. Sie sind wunderbar.« Da antwortete der Lehrer: »Nachdem Sie zehn Tage von diesen Süßigkeiten gegessen haben, sollten Sie verstehen, dass Ihr Mann, nachdem er sich den ganzen Tag abgemüht hat, nervös und müde ist, wenn er heimkommt. Natürlich ist er nicht ›in Stimmung‹, und dies haben Sie durch Ihr Reden verschlimmert. Als Sie still waren, gab es nichts, um darüber zu streiten, und Ihr Heim wurde harmonischer. Dies sollte Sie lehren, dass Schweigen ein Schlüssel zur Harmonie ist.«

Hazrat Inayat Khan

Seelenfrieden

Die meiste Zeit bin ich recht fröhlich. Ich selbst glaube, dass dies das Ergebnis meiner eigenen Entwicklung und Übung ist. In meinem bisherigen Leben habe ich mein Land verloren und war völlig auf das Wohlwollen anderer angewiesen. Ich habe auch meine Mutter verloren, und die meisten meiner Lehrmeister sind verstorben, obwohl ich mich glücklich schätzen kann, inzwischen auch einige neue gefunden zu haben.

Natürlich sind dies alles tragische und tief in das Leben eingreifende Ereignisse, und ich empfinde große Trauer, wenn ich über sie nachdenke. Aber dennoch fühle ich mich von dieser Trauer nicht überwältigt oder niedergeschlagen. Alte Gesichter treten in den Hintergrund und neue, unbekannte erscheinen, aber ich erhalte mir mein Glücklichsein und meinen inneren Seelenfrieden.

Dalai Lama

Vom Maß der Dinge ...

In der Regel ist es erst das Maß, die Menge, die Intensität einer Sache, die darüber entscheidet, ob sich etwas als heilsam auswirkt oder lebensbedrohend wird. Freiheit ist ein wichtiger Lebenswert für den Menschen – solange sie nicht in Zügellosigkeit ausartet. Sensibilität ist hilfreich, solange sie nicht zur Überempfindlichkeit wird. Sparsamkeit kann zum Geiz werden, Treue zur Abhängigkeit, Wut kann zur sinnlosen Zerstörung führen. [...]

Manchmal kann ich »das Maß« erst erkennen, wenn ich es überschritten habe. Ich habe über meine Kräfte hinaus gearbeitet, habe zugehört, Außenkontakte gehabt, jetzt brauche ich Stunden, Tage, an denen ich nichts mehr von außen an mich herankommen lassen darf. Oder ich war einem Menschen so nah, dass es jetzt wieder einen Schritt in die Distanz braucht. – Lebe ich zu lange und zu intensiv nur in eine Richtung des Lebens, dann zieht das oft die Gegenbewegung nach sich. Bedingungslose Liebe kann zu Hass werden, Konsum kann plötzlich in absolute Askese, den totalen Verzicht, umschlagen, Karrieretypen steigen aus.

Ich denke, dass die Balance wichtig ist, die Balance zwischen den beiden Polen. Es mag Zeiten geben, in denen es notwendig ist, das »Äußerste« zu leben. Dann aber muss ich auch wieder den Gegenpol in meinem Leben wahrnehmen und ihn stärken.

Andrea Schwarz

Das schönste Geschenk

Ich kenne viele Menschen und die Geheimnisse vieler Menschen. Aber keine zwei Menschen sind gleich. Jeder ist eine Welt für sich, deren tiefster Kern anderen fremd bleibt. Darum entstehen zwischen den Menschen fast unvermeidlich Reibungen, Spannungen, Zusammenstöße. Nur wenn ich begriffen habe, dass der andere anders ist, und wenn ich bereit bin zu vergeben, ist Zusammenleben möglich.

Hast du Frieden, Frieden mit deiner Familie, deiner Nachbarschaft, deinen Arbeitskolleginnen und -kollegen? Oder hat es Streit gegeben? Sind da Menschen, die dich geärgert, die dir Unrecht getan und dich tief verletzt haben? Vielleicht der eigene Mann, die eigene Frau? Der Sohn oder die Tochter? Dann ist in deinem Innersten eine große, offene Wunde.

Ich möchte dich um etwas bitten, was sehr schwer ist: Schenk Vergebung! Sag nicht: »Das ist unmöglich. Ich habe für den anderen alles gemacht und getan und alles gegeben. Jetzt ist Schluss.« Ach, du hast noch nicht alles gegeben. Du gibst erst alles, wenn du Vergebung schenkst. Vergebung ist die schönste Gabe. Sie ist ein göttliches Geschenk. Und auch du hast Vergebung nötig. In der Vergebung schließen sich die Wunden, und die Liebe blüht auf.

Phil Bosmans

Haltepunkte auf dem Weg

Auf meinem Lebensweg brauche ich Haltepunkte, an denen ich Bilanz ziehen kann, zurückschauen, prüfen, planen, mich orientieren, nach vorne blicken. Ich brauche feste Punkte, von denen aus ich all den Ereignissen meines Lebens ihren Platz zuweisen kann. Ich brauche Freudenfeste genauso wie Trauertage. Ich brauche Krisenzeiten und besondere Erfolge. Ich brauche Feiertage zwischen den Alltagen, stille Tage und Vorbereitungstage, Tage des Kennenlernens und des Abschieds.

Ich brauche Haltestellen, damit mein Leben kein Einheitsbrei wird und ich nicht nur mit den anderen mitschwimme – unfähig, selbst eine Richtung einzuhalten. Ich brauche die Haltepunkte, um stehen zu bleiben, Atem zu holen und neu anzufangen.

Rainer Haak

Segenswunsch

Ein Schüler, der nach Jahren der Lehre in die Welt hinausziehen wollte, bat seinen Meister um seinen Segen.

Der Meister legte seine rechte Hand auf die Schulter des Schülers und sagte: »Du sollst immer genügend Sorgen haben.«

Erstaunt sah der Schüler den Lehrer an und fragte ihn, was er ihm denn getan hätte, dass er ihm für die Zukunft Sorgen statt Glück und Segen wünsche.

»Deine Frage, mein Schüler, ist auch ein Zeichen dafür, dass du die Erleuchtung noch nicht erlangt hast. Denn ich sagte dir nichts anderes, als dass du dich immer der schönsten Gabe und des größten Glücks, nämlich deiner Gesundheit, erfreuen sollst. Denn sieh, der gesunde Mensch hat immer viele Sorgen. Der Kranke dagegen hat nur eine Sorge, nämlich die, gesund zu werden.«

Norbert Lechleitner

Seltsames Menschenleben

Das Menschenleben ist so seltsam, so unbegreiflich. Es gibt Tage, da scheint die Sonne. Du weißt nicht warum. Du bist zufrieden. Du siehst die schönen Seiten des Lebens. Du freust dich, du bist dankbar. Deine Arbeit läuft gut. Alle sind freundlich zu dir. Du weißt nicht warum. Vielleicht hast du gut geschlafen, Anerkennung erlebt, Erfolg, Geborgenheit. Wenn diese Zeit doch nie aufhörte!

Aber auf einmal verändert sich alles. Es ist, als ob eine übergroße Sonne die Wolken anzieht. Eine unerklärliche Traurigkeit kommt über dich. Dir fällt alles schwer, du siehst alles schwarz. Du meinst, dass die anderen dich nicht mehr mögen. Du beklagst dich über Kleinigkeiten, machst Vorwürfe. Du denkst, das bleibt so und wird nie mehr anders. Und wieder weißt du nicht, warum das so ist. Vielleicht bist du müde? Du weißt es nicht. Warum ist das so?

Weil der Mensch ein Stück Natur ist: mit Frühling und Herbst, mit der Wärme des Sommers und der Kälte des Winters, mit Ebbe und Flut, wie der Rhythmus des Meeres. Weil sich in unserem Dasein fortwährend Leben und Sterben wiederholt. Wenn du das begreifst, kannst du voll Mut und Vertrauen weiter, denn dann weißt du: Nach jeder Nacht kommt wieder ein neuer Morgen. Wenn du glauben kannst, wirst du selbst erfahren, dass dieses regelmäßige Sterben notwendig ist, um wieder neu und tiefer und voller Freude zu leben.

Phil Bosmans

Kannst du schweigen?

Der heutige Mensch scheut das Schweigen ganz besonders. Es fällt ihm schwer, für sich allein innezuhalten. Immer drängt es ihn, in Bewegung zu sein, etwas zu unternehmen und etwas zu sagen. Und so ist denn sein Handeln meistens nicht frei, schöpferisch und dynamisch, wie er gern annimmt; es ist zwanghaft. Wenn man lernt, innezuhalten und zu schweigen, wird man *frei,* zu handeln oder nicht zu handeln, zu reden oder nicht zu reden, und menschliches Reden und Handeln erlangen dann neue Tiefe und neue Kraft.

Der heutige Mensch kann nicht mehr tief in sich gehen. Sobald er es versucht, wird er aus seinem Herzen gleichsam herausgeschwemmt, so wie die See eine Leiche ans Ufer spült. Der Mensch kann nur glücklich werden, wenn er zu den Quellen des Lebens in den Tiefen seiner Seele gelangt; doch wird er dauernd aus seinem Zuhause verbannt und aus der stillen Klause seines geistlichen Lebens ausgeschlossen. Somit hört er auf, Person zu sein.

Der Dichter Khalil Gibran sagt: »Man redet, wenn man nicht mehr mit sich selbst in Frieden lebt. Und wenn man nicht mehr in den Tiefen seines Herzens wohnen kann, lebt man auf seinen Lippen. Dann wird Getön zum Vergnügen und zum Zeitvertreib.«

Anthony de Mello

Zufrieden

»Das Leben kann nur so schön sein, wie man es erkennen kann«, sagte der Meister, und er erzählte von dem Mann, der auf einem Esel die Landstraße entlang ritt.

»Nach einiger Zeit überholte ihn ein Reiter auf einem edlen Pferd. ›Der kann sich ein herrliches Pferd leisten, während ich mich mit einem Esel begnügen muss‹, dachte er ein wenig neidisch.

Kurz darauf kam ihm ein Mann entgegen, der ächzend und schwitzend einen schwer beladenen Karren schob. ›Ach, der arme Kerl muss sich abrackern‹, sagte er zu sich, ›während ich mir doch immerhin einen Esel leisten kann.‹«

Norbert Lechleitner

Man muss die Treppe nehmen …

Willst du ein sicheres Mittel wissen, um niemals glücklich zu sein? Hänge traurig an den schönen Tagen, die endgültig vorbei sind. Warte ewig auf das Glück, das irgendwann einmal kommen soll.

Denke nicht zu schnell, du könntest dann erst glücklich sein, wenn du dieses Ziel erreicht und jenen Sieg errungen hast, wenn dir ein Auto oder ein Haus gehört, wenn du einen Supermann oder eine Traumfrau hast, wenn du dir kostspielige Hotels und weite Reisen leisten kannst. Das wahre Glück ist kein extravaganter Luxusartikel, unerschwinglich teuer und unerreichbar fern.

Das Glück ist ganz nahe. Am Tag von heute blühen kleine Freuden an deinem Weg. Du musst sie nur entdecken und zu schätzen wissen und dankbar dafür sein. Hör auf, die Nöte von gestern wiederzukäuen. Mach dir keine sinnlosen Sorgen um die Zukunft. Wenn du heute nicht glücklich sein kannst, erwarte nicht, dass morgen ein Wunder geschieht. Heute kannst du glücklich sein.

Es gibt keinen Fahrstuhl zum Glück,
man muss die Treppe nehmen.

Phil Bosmans

Schmetterlingsweisheit

»Das Glück ist ein Schmetterling«, sagte der Meister. »Jag ihm nach, und er entwischt dir. Setz dich hin, und er lässt sich auf deiner Schulter nieder.«

»Was soll ich also tun, um das Glück zu erlangen?«

»Hör auf, hinter ihm her zu sein.«

»Aber gibt es nichts, was ich tun kann?«

»Du könntest versuchen, dich ruhig hinzusetzen, wenn du es wagst.«

Anthony de Mello

Was ist Harmonie?

Schönheit wird aus der Harmonie geboren. Was ist Harmonie? Harmonie ist das rechte Verhältnis der Dinge und Wesen zueinander oder auch der rechte Rhythmus. Und was ist Leben? Leben ist die Folge von Harmonie. Im Hintergrund der ganzen Schöpfung ist Harmonie, und das Geheimnis der ganzen Schöpfung ist Harmonie. Intelligenz verlangt danach, die Vollkommenheit der Harmonie zu erreichen. Was der Mensch Glück, Wohlbehagen, Gewinn nennt, alles, wonach er sich sehnt und was er sich wünscht, ist, Harmonie zu erlangen. Selbst in dem Streben nach den allerweltlichsten Dingen wünscht er Harmonie. Nur wendet er häufig nicht die richtigen Methoden an. Der erreichte Gegenstand bleibt bei guten oder schlechten Methoden der gleiche, aber die Art, mit der man ihn zu erlangen versucht, kann recht oder falsch sein. Nicht das Objekt als solches ist schlecht, sondern die Methode, mit der wir es zu erreichen suchen.

Niemand, in welchem Abschnitt seines Lebens er auch ist, wünscht sich Disharmonie, denn alles Leiden, alle Schmerzen und Sorgen sind Mangel an Harmonie.

Hazrat Inayat Khan

Das Fest könnte ein Spiegel sein

Wenn alle Zeiten gleich sind, dann werden sie sinnlos. Wenn der Sonntag zum Alltag wird, dann verdirbt das auch den Alltag, dann wird auch der Alltag leer und öde und verliert seinen Sinn. Das heute weit verbreitete Gefühl der Sinnlosigkeit rührt sicher auch ein Stück davon her, dass man keine Feste mehr feiern kann, die aus der Zeit herausgehoben sind, Feste, an denen etwas Größeres durchbricht, an denen der Sinn des Ganzen durchscheint, weil man sich von Gott berührt weiß. Vom Fest fällt Licht auch auf die übrige Zeit. Sie bekommt eine andere Qualität.

Oft hört man das Argument: Ich kann meine Gefühle nicht machen, ich kann mich nicht einfach auf Kommando freuen, nicht einfach deswegen, weil gerade Weihnachten oder Ostern ist. Aber es ist auch nicht nötig, dass wir uns an Weihnachten in ein Gefühl der Freude hineinsteigern. Es geht vielmehr darum, dass wir uns auf ein von uns unabhängiges Geheimnis einlassen, dass wir uns so, wie wir uns gerade fühlen, mit dem Fest konfrontieren. Was dabei herauskommt, haben wir nicht in der Hand. Aber es tut uns auf jeden Fall gut, uns dem Fest zu stellen. Denn sonst leben wir so dahin und kultivieren unsere Lustlosigkeit und Sinnlosigkeit, ohne diesem Gefühl überhaupt auf den Grund zu gehen. Das Fest wäre ein Spiegel, in dem wir uns anschauen sollten.

Anselm Grün

Immer einen Anfang wagen

Hab einfach den Mut, immer mal einen neuen Anfang zu wagen. Wirklich am Ende ist nur, wer nichts Neues mehr riskiert. Vertrau auf das, was du bist und vermagst. Dann kannst du auch den nächsten Schritt tun, an deine Aufgaben neu herangehen und auf Mitmenschen zugehen. Du brauchst nicht stets von vorn anzufangen. Wo auch immer du bist, kannst du Gelegenheiten nutzen und etwas beginnen, auch wenn es dir zunächst ungewöhnlich erscheint.

Wer Pläne macht und sich auf Unbekanntes einlässt, bleibt innerlich jung. Niemand kann die Zukunft voraussehen, doch kann sie mitgestalten durch sein eigenes Denken und Handeln. Nur wer Träume hat, kann wenigstens ein paar davon wahr werden lassen.

Thomas Romanus

Wenn das Glück bei mir anklopft

Wie oft sehne ich mich nach dem Glück! Wie oft wünsche ich mir, glücklicher zu sein und den Augenblick intensiver zu leben! Und dann bietet sich mir tatsächlich die Möglichkeit: Ein kleines Kind mit einem Ball in der Hand will mit mir spielen. Ein ehemaliger Freund, der mich einmal sehr verletzt hat, will mich um Verzeihung bitten. Die Sonne bricht durch die Wolken und ich habe Lust auf einen Spaziergang am Wasser. Am Abend findet ein Konzert mit meinem Lieblingsmusiker statt.

Jetzt will ich mir nicht selbst im Weg stehen. Ich will mir nicht alles verbieten, nur weil ich noch eine Menge zu tun habe. Wofür arbeite ich denn so viel, wenn ich dann nicht auch die Möglichkeit habe, mein Leben zu genießen und das zu tun, was mir einen dieser kostbaren Glücksmomente schenken könnte?

Ich will mir nicht selbst im Weg stehen. Den Termin kann ich sicher verschieben.

Rainer Haak

Kraft eines Lächelns

Bewahre dir stets deinen Humor – gerade auch dann, wenn es dir schwer fällt, über dich selbst oder mit anderen zu lachen.

Wenn du Spaß verstehst, kommst du dem Geheimnis des Glücks ganz nah. Du wirst von allem Guten beseelt und vom Leben begeistert mit all seiner Vielfalt. Solange du im besten Sinne menschlich bist, kannst du »Ja« zu dir selbst und anderen sagen.

Du kannst das Leben mit Freude annehmen, dich von Mal zu Mal an der Gegenwart freuen, ohne allein für den Augenblick zu leben. Du erfährst, wie viel ein kleines Lächeln bewirkt, welche Kräfte ein liebevoller Blick in dir freizusetzen vermag. Du erlebst das Leben von seiner Sonnenseite. Dann weißt du, dass das Licht in dir und anderen noch nicht erloschen ist.

Thomas Romanus

Wenn Sorgen unbegründet sind

Immer wieder mache ich mir Sorgen um die Kinder, um die Zukunft, um die Gesundheit, um das Geld und um vieles andere. Immer wieder! Und natürlich weiß ich, dass ich mit den Sorgen nichts ändern kann. Ich erreiche nur, dass es mir schlecht geht. Ich bin müde und abgespannt. Und ich fühle mich sehr gestresst!

Wenn sich dann eine meiner Sorgen als unbegründet herausstellt, freue ich mich natürlich darüber. Ich bin erleichtert. Doch leider hält das nicht lange an. Mein Grundproblem bleibt: Ich mache mir weiter Sorgen. Mir fällt schon immer wieder etwas ein!

Es gibt nur einen Weg, mir auf Dauer Erleichterung zu verschaffen. Es gibt in meiner Situation nur eine Möglichkeit, mich von diesem unnötigen Stress zu befreien: »Ich höre endgültig auf, mir Sorgen zu machen!« Als mein Verstand das verkündete, hörte ich übrigens einen leisen Freudenruf meiner Seele.

Rainer Haak

Halt für Geist und Seele

Vieles lässt sich von einem menschlichen Vorbild lernen. Denn nichts ist so wirkungsvoll wie das, was jemand glaubhaft lebt. Für ein Kind wird wie von selbst zur Orientierung, wie und womit Erwachsene ihren Alltag gestalten.

Ein guter Halt für Geist und Seele findet sich, wo die Suche nach der eigenen Mitte nicht aus dem Blick schwindet. Spiritualität und Kunst haben gemeinsame Wurzeln: Sie verweisen auf jene Bereiche, die unter der Oberfläche verborgen liegen. Sie verleihen der Sehnsucht Ausdruck, gehen über die engen Grenzen des Gewohnten hinaus, zeigen, was wertvoll ist und bleibt.

Unabhängig von Raum und Zeit existiert eine Wahrheit, die jeden berühren kann, der ein Gespür für sie entwickelt. Sie leuchtet vor allem in Momenten der Liebe und Zuwendung auf.

Schönheit, Weisheit, Liebe sind Wege, sich der Wahrheit immer wieder zu nähern. Was zweckfrei erscheint, ist niemals sinnlos.

Thomas Romanus

Das Spiel muss erst noch
erfunden werden,
bei dem es nur Gewinner gibt

Eine der unsinnigsten Erwartungen ist die, dass es möglich sei, immer im Leben Sieger zu sein. In zahlreichen Büchern sind Anleitungen zu finden, wie die Leser garantiert zu Gewinnern werden. Wer daran glaubt, hat schon verloren. Denn niemand kann ständig auf dem Siegerpodest stehen, es sei denn, er betrügt sich selbst.

Ich stelle mir eine Welt vor, die nur aus Lottogewinnern und Olympiasiegern, Bundeskanzlern und Generaldirektoren besteht. Ich stelle mir vor, alle würden Stars sein und stets im Mittelpunkt stehen. Eine abstruse Vorstellung!

Natürlich freue ich mich, wenn ich einmal zu den Gewinnern gehöre! Aber davon hängt mein Glück nicht ab. Und ich weiß sehr wohl, dass ich in meinem Leben noch viele Niederlagen einstecken muss.

Rainer Haak

Der Adler (1)

Ein Mann ging in einen Wald, um nach einem Vogel zu suchen, den er mit nach Hause nehmen konnte. Er fing einen jungen Adler, brachte ihn heim und steckte ihn in den Hühnerhof zu den Hennen, Enten und Truthühnern. Und er gab ihm Hühnerfutter zu fressen, obwohl er ein Adler war, der König der Vögel.

Nach fünf Jahren erhielt der Mann den Besuch eines naturkundigen Mannes. Und als sie miteinander durch den Garten gingen, sagte der: »Dieser Vogel dort ist kein Huhn, er ist ein Adler.«

» Ja«, sagte der Mann, »das stimmt. Aber ich habe ihn zu einem Huhn erzogen. Er ist jetzt kein Adler mehr, sondern ein Huhn, auch wenn seine Flügel drei Meter breit sind.«

»Nein«, sagte der andere. »Er ist noch immer ein Adler, denn er hat das Herz eines Adlers. Und das wird ihn hoch hinauffliegen lassen in die Lüfte.«

»Nein, nein«, sagte der Mann, »er ist jetzt ein richtiges Huhn und wird niemals fliegen.« Darauf beschlossen sie, eine Probe zu machen. Der naturkundige Mann nahm den Adler, hob ihn in die Höhe und sagte: »Der du ein Adler bist, der du dem Himmel gehörst und nicht dieser Erde: Breite deine Schwingen aus und fliege!« Der Adler saß auf der hochgereckten Faust und blickte um sich. Hinter sich sah er die Hühner nach ihren Körnern picken, und er sprang zu ihnen hinunter. Der Mann sagte: »Ich habe dir gesagt, es ist ein Huhn!« »Nein«, sagte der andere, »es ist ein Adler. Versuche es morgen noch einmal.«

Fabel aus Ghana

Der Adler (2)

Am anderen Tag stieg er mit dem Adler auf das Dach des Hauses, hob ihn empor und sagte: »Adler, breite deine Schwingen aus und fliege!« Aber als der Adler wieder die scharrenden Hühner im Hof erblickte, sprang er abermals zu ihnen hinunter und scharrte mit ihnen.

Da sagte der Mann wieder: »Ich habe dir gesagt, es ist ein Huhn.«

»Nein«, sagte der andere, »er ist ein Adler und hat das Herz eines Adlers. Lass es uns noch ein einziges Mal versuchen.«

Am nächsten Morgen erhob er sich früh, nahm den Adler und brachte ihn hinaus aus der Stadt, weit weg von den Häusern, an den Fuß eines hohen Berges. Die Sonne stieg gerade auf, sie vergoldete den Gipfel des Berges, jede Zinne erstrahlte in der Freude eines wundervollen Morgens.

Er hob den Adler hoch und sagte zu ihm: »Adler, du bist ein Adler. Breite deine Schwingen aus und fliege!« Der Adler blickte umher, zitterte, als erfülle ihn neues Leben – aber er flog nicht. Da ließ ihn der naturkundige Mann direkt in die Sonne schauen.

Und plötzlich breitete er seine gewaltigen Flügel aus, erhob sich mit dem Schrei eines Adlers, flog höher und höher und kehrte nie wieder zurück.

Fabel aus Ghana

Mehr als bisher dem Leben vertrauen

Hoffentlich passiert mir unterwegs nichts! Hoffentlich stellt der Arzt keine schlimme Krankheit bei mir fest! Hoffentlich nehmen meine Kinder nicht irgendwann Drogen! Hoffentlich werde ich nicht überfallen! Hoffentlich stürzt das Flugzeug nicht ab!

Es gibt Menschen, die immer mit dem Schlimmsten rechnen. Hinter jeder Ecke wittern sie Gefahren. Für sie ist das Leben wie ein großer See, auf dem sich eine dünne Eisfläche gebildet hat und ein großes Schild vor dem Betreten warnt. Und selbst wenn sie einen normalen Tag ohne »Katastrophen« erleben, können sie ihn nicht genießen, weil sie immer noch voller Ängste sind.

Ich will mich mit dem Leben verbünden. Ich will damit rechnen, dass ich heute einen guten Tag haben werde. Ich will mich auf die Zukunft freuen und mir keine Horrorgeschichten ausmalen. Ich will darauf vertrauen, dass das Leben es gut mit mir meint.

Rainer Haak

Glückliche Nutznießer

Hier ist eine Geschichte, die ein Meister seinen Schülern erzählte, um ihnen zu zeigen, welchen Schaden selbst ein einziges unbedeutendes Begehren auch jenen bringen kann, die an geistigen Gaben reich geworden sind:

Ein Dorfbewohner ritt genau in dem Augenblick an einer Höhle vorbei, als sie auf magische Weise für alle jene sichtbar wurde, die sich an ihren Schätzen bereichern wollten. Er betrat die Höhle und fand dort Berge von Juwelen und Edelsteinen, die er eilig in die Satteltaschen seines Maultieres stopfte, denn er kannte die Legende, nach der die Höhle nur eine sehr begrenzte Zeit offen sein würde, so dass die Schätze schnell weggeschafft werden müssten.

Der Esel war voll beladen, und frohgemut ob seines Glückes machte der Mann sich auf den Weg, als er plötzlich merkte, dass er seinen Stock in der Höhle vergessen hatte. Er machte kehrt und stürzte noch einmal hinein. Aber die Zeit war gekommen, dass die Höhle wieder verschwinden musste, und so verschwand er mit ihr und ward nie wieder gesehen.

Nachdem die Dorfbewohner ein Jahr und länger auf ihn gewartet hatten, verkauften sie die Schätze, die sie bei dem Esel gefunden hatten, und wurden so die Nutznießer des großen Glücks eines glücklosen Mannes.

Wenn der Sperling im Wald sein Nest baut, braucht er dazu nur einen einzigen Ast. Wenn das Wild am Fluss seinen Durst stillt, trinkt es nie mehr, als es vertragen kann.

Anthony de Mello

Freund der eigenen Wahrheit

Ich erlebe immer wieder Menschen, die Angst haben vor der Psychologie. Sie meinen, wenn sie anfangen würden, ihre Träume anzuschauen oder ihre Kindheit zu erforschen, dann würde es in ihnen eine Explosion geben, dann bliebe von ihnen nichts mehr übrig, dann würde ihre Person völlig zusammenfallen. Ich nehme diese Angst immer ernst. Denn sie ist ein Schutz, den sie brauchen. Vielleicht sind sie überfordert, alleine in die Tiefen ihrer Seele zu schauen. Sie brauchen einen, der sich ähnlich liebevoll zu ihren verwundbaren Stellen hinabbeugt und sie berührt wie Jesus bei der Fußwaschung. Sie brauchen die Gewissheit, dass sie nicht verurteilt werden, dass es nichts in ihnen gibt, das sie von Gottes Liebe ausschließt, dass nichts in ihnen ist, was nicht von Gottes Geist verwandelt werden könnte. Erst wenn sie Jesu Botschaft glauben, dass er als Licht in ihre Finsternis gekommen ist, können sie sich der eigenen Dunkelheit stellen. Und das wird sie wahrhaft frei machen.

Solange sie auf der Flucht sind, müssen sie immer neue Strategien ausdenken, die eigene Wahrheit zu verdrängen. Und sie wissen, dass das nicht geht. Denn spätestens in der Nacht wird sie die Wahrheit einholen. Da werden sie Alpträume plagen. Oder aber der Leib wird ihnen ihre Wahrheit schonungslos vor Augen halten. [...] In allen Abgründen des Herzens wohnt Gott. Und weil Gott, die Liebe, in ihm wohnt, darf er alle Räume seines Lebenshauses betreten und andere in sie einladen. Das gibt ein Gefühl der Freiheit und der Ruhe.

Anselm Grün

JUNI

Was zählt, was trägt, was bleibt

DIE HÖLLE MACHEN WIR UNS SELBST, DEN HIMMEL AUCH

Das Leben geschehen lassen

Das Leben geschieht. Dinge geschehen. Menschen kommen. Menschen gehen. Das Leben verändert sich und verändert unsere Beziehungen. Es verändert uns und unsere Mitmenschen.

Wir fragen uns: warum, wieso, weshalb, wie, wann; fragen, was passiert oder was ausbleibt. Wir versuchen, den Lauf der Dinge zu steuern. Wir wünschen uns Kontrolle und Regie. Wir stellen Fragen, die nicht beantwortet werden können. Nicht jetzt. Vielleicht niemals.

Wenn wir zulassen, dass das Leben geschieht, ohne überall und jederzeit alles hinterfragen zu müssen, werden wir eine gesündere Einstellung zu uns und zum Leben finden. Wir können Zweifel loslassen, uns abwenden von Fragen, die nicht oder noch nicht zu beantworten sind. Mitunter muss viel Zeit vergehen, bis wir endlich begreifen, warum und weshalb Entsprechendes notwendig war. Wir können Vertrauen entwickeln ins Leben, in die Menschen und in uns. Wenn wir lernen, das Leben geschehen zu lassen, wird auch das Glück geschehen, ganz natürlich und völlig mühelos.

Sascha Veitl

Ein Leben nach der Geburt (1)

Im Bauch einer schwangeren Frau unterhalten sich drei Embryo. Einer ist der kleine Gläubige, einer der kleine Zweifler und einer der kleine Skeptiker.

Der kleine Zweifler fragt: »Glaubt ihr eigentlich an ein Leben nach der Geburt?« Darauf antwortet der kleine Gläubige: »Klar gibt es das. Deshalb sollen wir jetzt einfach wachsen und uns auf das Leben nach der Geburt vorbereiten. Wir müssen stark werden für das, was danach kommt.«

Der kleine Skeptiker widerspricht: »So ein Quatsch! Wie sollte das denn aussehen, ein Leben nach der Geburt?«

Der kleine Gläubige: »So genau weiß ich das auch nicht. Aber bestimmt wird es viel heller sein als hier. Und vielleicht werden wir herumlaufen und mit dem Mund essen.«

Der kleine Skeptiker: »Unsinn! Herumlaufen! Das geht doch gar nicht. Und mit dem Mund essen! Wie stellst du dir denn das vor? Wir werden doch durch unsere Nabelschnur ernährt. Und sie ist viel zu kurz, um damit herumzulaufen!«

Der kleine Gläubige: »Doch, doch, das geht bestimmt. Es wird eben alles ein bisschen anders sein.«

Der kleine Skeptiker: »Es ist noch nie einer zurückgekommen nach der Geburt. Deshalb denke ich, mit der Geburt ist das Leben zu Ende. Dieses Leben hier ist sowieso eine Quälerei. Es ist mir viel zu dunkel.«

Verfasser unbekannt

Ein Leben nach der Geburt (2)

Der kleine Gläubige: »Auch wenn ich nicht genau weiß, wie es nach der Geburt sein wird, so bin ich mir sicher, dass wir dann unsere Mutter sehen und dass sie für uns sorgen wird.«

Der kleine Skeptiker: »Mutter?! Du glaubst an eine Mutter? Wo ist die denn bitte schön?«

Der kleine Gläubige: »Na hier, überall – um uns herum! Wir sind in ihr und wir leben von ihr und durch sie. Ohne unsere Mutter könnten wir gar nicht sein.«

Der kleine Skeptiker: »So ein Quatsch! Wenn es wirklich eine Mutter gäbe, dann hätte ich das schon bemerkt.«

Der kleine Gläubige: »Manchmal, wenn wir ganz still sind, kannst du sie singen hören oder spüren, wie sie unsere Welt streichelt.«

Nun schaltet sich der kleine Zweifler wieder in das Gespräch ein: »Angenommen, es gäbe wirklich ein Leben nach der Geburt, würde dann der kleine Skeptiker bestraft, weil er nicht daran geglaubt hat?«

Darauf antwortet der kleine Gläubige: »Das weiß ich nicht. Doch kann ich mir denken, dass er vielleicht einen kleinen Klaps braucht, dass er seine Augen aufmacht und damit sein neues Leben beginnen kann.«

Verfasser unbekannt

Viele Gelegenheiten der Lebensschule

Wenn sich unsere Einsicht vertieft, dann lernen wir, uns nicht über irgendwelche Einflüsse aufzuregen, sondern unseren Rhythmus unter allen Lebensbedingungen zu bewahren. Es ist manchmal sehr schwer, unser Gleichgewicht zu bewahren und gelassen zu bleiben, wenn die Einflüsse im Leben uns durchschütteln. Es ist schwierig, angesichts widerwärtiger Einflüsse eine freundliche Einstellung zu bewahren. Aber gleichzeitig ist es ein großer Gewinn, weil es schwierig ist. Um irgendetwas Wertvolles zu erreichen, müssen wir durch Schwierigkeiten hindurchgehen. Wir können das in unserem täglichen Leben praktizieren, weil wir vom Morgen bis zum Abend beständig von allen Seiten unangenehmen Eindrücken ausgesetzt sind. Es gibt viele Gelegenheiten, eine freundliche Einstellung gegen jedermann zu haben, um jeder Situation mutig zu begegnen. Auf diese Weise wird eine größere Einsicht ins Leben erlangt.

Hazrat Inayat Khan

Die Fragen leben

Wenn Sie sich an die Natur halten, an das Einfache in ihr, an das Kleine, das kaum einer sieht, und das so unversehens zum Großen und Unermesslichen werden kann; wenn Sie diese Liebe haben zu dem Geringen und ganz schlicht als ein Dienender das Vertrauen dessen zu gewinnen suchen, was arm scheint: Dann wird Ihnen alles leichter, einheitlicher und irgendwie versöhnender werden, nicht im Verstande vielleicht, der staunend zurückbleibt, aber in Ihrem innersten Bewusstsein, Wach-sein und Wissen. Sie sind so jung, so vor allem Anfang, und ich möchte Sie, so gut ich es kann, bitten, Geduld zu haben gegen alles Ungelöste in Ihrem Herzen und zu versuchen, die Fragen selbst lieb zu haben wie verschlossene Stuben und wie Bücher, die in einer sehr fremden Sprache geschrieben sind. Forschen Sie jetzt nicht nach den Antworten, die Ihnen nicht gegeben werden können, weil Sie sie nicht leben könnten. Und es handelt sich darum, alles zu leben. Leben Sie jetzt die Fragen. Vielleicht leben Sie dann allmählich, ohne es zu merken, eines fernen Tages in die Antwort hinein.

Rainer Maria Rilke

Freude zulassen

Wie leicht es uns fällt, gewisse Dinge des Lebens als negativ, ungerecht und bedauerlich zu bezeichnen. Wie offensichtlich wir Beschwerliches und Schwieriges zu erkennen glauben. Wie sehr wir dazu neigen, in allem und jedem einen Nachteil zu entdecken ... Wie sehr wir verlernt haben, uns völlig unbeschwert über Dinge unseres Lebens zu freuen, sie als Geschenk anzunehmen. Wie sehr wir uns anstrengen müssen, Gutes und Erfreuliches zu suchen und zu finden. Wie hilfreich und heilsam es dagegen wäre, jedem Tag und jeder Situation eine Freude, ein Ja abzugewinnen.

Es ist nie zu spät. Ich kann jetzt beginnen zurückzugewinnen, was Freude ist. Ich kann mich jeden Tag mehr und mehr auch all dem Schönen und Staunenswerten der Welt öffnen. Ich kann meine Aufmerksamkeit auf so manches Gute und Einfache des Lebens lenken, es erkennen, annehmen und dazu beitragen, es sich vermehren zu lassen.

Mit jeder Freude, die wir empfinden, teilen wir dem Leben mit, dass wir an ihm interessiert sind und bejahend an ihm teilnehmen wollen. Durch unser Ja können Körper, Geist und Seele entspannen, sich ausgleichen und zu neuer Energie gelangen. So kann aus Freude Friede werden, der in uns die Voraussetzung schafft, Menschen anzuziehen, die sich ihrerseits dem Licht des Lebens zuwenden, es in die Erde säen und uns zu Freunden werden.

Sascha Veitl

Alles ist Glück

Je älter ich werde, desto tiefer empfinde ich: Alles ist Glück und Gnade, das Kleine so gut wie das Große. Der verdrehte Pastor B. hatte Recht, wenn er betete: »Gott, lass heute die Sonne scheinen; meine Frau hängt heute Wäsche auf.« Natürlich ist es frech und kindisch, den lieben Gott mit solchem Gebet zu inkommodieren, aber das ist richtig, dass wir nichts in unserer Hand haben, und dass wir von Minute zu Minute von einer Rätselmacht abhängig sind, die uns streichelt oder schlägt. Daher ist das mir Widerstrebendste, Ängstigendste, das Vorsehungspielenwollen so vieler Leute. Gott lässt sich nicht hineinpfuschen.

Theodor Fontane

Der alte Großvater und der Enkel

Es war einmal ein steinalter Mann, dem waren die Augen trüb geworden, die Ohren taub, und die Knie zitterten ihm. Wenn er nun bei Tische saß und den Löffel kaum halten konnte, schüttete er Suppe auf das Tischtuch, und es floss ihm auch etwas wieder aus dem Mund. Sein Sohn und dessen Frau ekelten sich davor, und deswegen musste sich der alte Großvater endlich hinter den Ofen in die Ecke setzen, und sie gaben ihm sein Essen in ein irdenes Schüsselchen und noch dazu nicht einmal satt. Da sah er betrübt nach dem Tisch, und die Augen wurden ihm nass. Einmal auch konnten seine zittrigen Hände das Schüsselchen nicht festhalten, es fiel zur Erde und zerbrach. Die junge Frau schalt, er sagte aber nichts und seufzte nur. Da kaufte sie ihm ein hölzernes Schüsselchen für ein paar Heller, daraus musste er nun essen. Wie sie da so sitzen, da trägt der kleine Enkel von vier Jahren kleine Brettlein zusammen. »Was machst du da?«, fragte der Vater. »Ich mache ein Tröglein«, antwortete das Kind, »daraus sollen Vater und Mutter essen, wenn ich groß bin.«

Da sahen sich Mann und Frau eine Weile an, fingen endlich an zu weinen, holten sofort den alten Großvater an den Tisch und ließen ihn von nun an immer mitessen, sagten auch nichts, wenn er ein wenig verschüttete.

Brüder Grimm

Das Hochzeitsgeschenk

Irgendwo sollte eine Hochzeit gefeiert werden. Die Brautleute hatten nicht viel Geld, aber dennoch waren sie der Meinung, dass viele Leute mitfeiern sollten. Es sollte ein großes Fest werden. Sie baten die Eingeladenen, je eine Flasche Wein mitzubringen. Am Eingang würde ein großes Fass stehen, in das sie ihren Wein gießen könnten. Und so sollte jeder die Gabe des anderen mittrinken und jeder mit jedem froh sein.

Als nun das Fest eröffnet wurde, liefen die Kellner zu dem großen Fass und schöpften daraus. Doch wie groß war das Erschrecken aller, als sie merkten, dass es Wasser war! Wie versteinert saßen sie alle da, als ihnen bewusst wurde, dass jeder von ihnen gedacht hatte: Die eine Flasche Wasser, die ich hineingieße, wird niemand merken oder schmecken. Jeder hatte gedacht: Heute will ich auf Kosten anderer feiern. – Das Fest hat nicht stattgefunden.

Parabel

Seltsamer Spazierritt

Ein Mann reitet auf seinem Esel nach Hause und lässt seinen Buben zu Fuß nebenherlaufen. Kommt ein Wanderer und sagt: »Das ist nicht recht, Vater, dass Ihr reitet und lasst Euren Sohn laufen; Ihr habt stärkere Glieder.« Da stieg der Vater vom Esel herab und ließ den Sohn reiten. Kommt wieder ein Wandersmann und sagt: »Das ist nicht recht, Bursche, dass du reitest und lässt deinen Vater zu Fuß gehen. Du hast jüngere Beine.« Da saßen beide auf und ritten eine Strecke.

Kommt ein dritter Wandersmann und sagt: »Was ist das für ein Unverstand, zwei Kerle auf einem schwachen Tier. Sollte man nicht einen Stock nehmen und euch beide hinabjagen?« Da stiegen beide ab und gingen zu Fuß, rechts und links der Vater und Sohn, in der Mitte der Esel. Kommt ein vierter Wandersmann und sagt: »Ihr seid drei kuriose Gesellen. Ist's nicht genug, wenn zwei zu Fuß gehen? Geht's nicht leichter, wenn einer von euch reitet?«

Da band der Vater dem Esel die vorderen Beine zusammen, und der Sohn band ihm die hinteren Beine zusammen, zogen einen starken Baumpfahl durch, der an der Straße stand, und trugen den Esel auf der Achsel heim.

So weit kann's kommen, wenn man es allen Leuten will Recht machen.

Johann Peter Hebel

Mehr nicht

Eine große Trockenheit war über das Land gekommen. Zuerst war das Gras braun und grau geworden. Dann starben die Büsche und kleinere Bäume. Kein Regen fiel, der Morgen erwachte ohne die Erfrischung des Taues. Die Tiere waren in großer Anzahl verdurstet, denn nur wenige hatten noch die Kraft gehabt, aus dieser Wüste zu fliehen. Die Trockenheit dauerte an. Selbst die stärksten, ältesten Bäume, deren Wurzeln bis tief in die Erde reichten, verloren ihre Blätter. Alle Brunnen und Flüsse, die Quellen und Bäche waren vertrocknet.

Eine einzige Blume war am Leben geblieben, denn eine ganz kleine Quelle gab noch ein paar Tropfen Wasser. Doch die Quelle war am Verzweifeln: »Alles vertrocknet und verdurstet und stirbt. Ich kann doch daran nichts mehr ändern. Wozu soll es noch sinnvoll sein, dass ich die paar Tropfen aus der Erde hole und auf den Boden fallen lasse!«

Ein alter, kräftiger Baum stand in der Nähe. Er hörte die Klage und sagte noch zur Quelle, bevor auch er starb: »Niemand erwartet von dir, die ganze Wüste zum Grünen zu bringen. Deine Aufgabe ist es, einer Blume Leben zu geben. Mehr nicht.«

Afrikanisches Märchen

Eicheln pflanzen

Der Altbauer war schon lange Zeit krank und sehr gebrechlich. Doch eines Tages machte er sich auf und sammelte im nahen Wald Hunderte von Eicheln, ohne Risse und schlechte Stellen.

Kurz darauf begann er, auf dem Brachland neben dem Bauernhaus die Eicheln in die Erde zu pflanzen.

»Warum tust du das?«, wurde er von seinen Enkelkindern gefragt. »Wenn aus den Eicheln große Bäume geworden sind, wirst du nichts mehr von ihnen haben. Freu dich lieber über die Zeit, die du noch zu leben hast!«

Der Alte sah sie lange liebevoll an, dann antwortete er ihnen mit klarer Stimme: »Ihr glaubt, dass ich alter Mann mich noch über die letzte Zeit meines Lebens freuen kann? Ihr habt Recht, ich kann es. Ich träume davon, dass meine Enkel, wenn sie selber so alt sind wie ich, eines Tages überrascht hinaufblicken und sich über die Vögel freuen, die oben in einer der kräftigen Eichen ihr Nest gebaut haben.«

Rainer Haak

Zeitlos, nicht zu halten ...

Die Realität jeder Freude ist unbeschreiblich in der Welt, nur in der Freude geht noch die Schöpfung vor sich (das Glück dagegen ist nur eine versprechliche und deutsame Konstellation schon vorhandener Dinge), die Freude aber ist eine wunderbare Vermehrung des schon Bestehenden, ein purer Zuwachs aus dem Nichts heraus.

Wie schwach muss im Grunde doch das Glück uns beschäftigen, da es uns sofort Zeit lässt, an seine Dauer zu denken und darum besorgt zu sein: Die Freude ist ein Moment, unverpflichtet, von vornherein zeitlos, nicht zu halten, aber auch nicht eigentlich wieder zu verlieren, indem unter ihrer Erschütterung unser Wesen sich gewissermaßen chemisch verändert, nicht nur, wie es im Glück der Fall sein mag, in einer neuen Mischung sich selber kostet und genießt.

Rainer Maria Rilke

Gedanken, Magenschmerzen, Müdigkeit

Auf alle Erlebnisse reagieren wir mit Gedanken, mit denen wir das Erlebte kommentieren. Aber zugleich reagiert unser Unbewusstes. Es nimmt anderes wahr als unser Verstand und zeigt uns seine Sichtweise oft im Traum. Und zugleich reagiert der Leib. Wir wissen, wie der Leib auf Gefahren reagiert, auf die Aussicht nach einem guten Essen usw. Komplizierter sind die vielen unbewussten Reaktionen unseres Leibes. Sie lassen sich vor allem dort beobachten, wo wir zuwenig bewusst auf Erlebnisse reagieren. Wenn wir z. B. nicht wahrhaben wollen, dass die Situation am Arbeitsplatz unerträglich ist, dass uns der Mitarbeiter ständig verletzt, – wenn wir nicht durch bewussten Widerstand und durch Abgrenzen reagieren, dann übernimmt der Leib die Reaktion. Wir reagieren mit Magenschmerzen, wenn wir uns nicht anders gegen mächtige Menschen wehren können.

Ständiger Druck von anderen, dem wir nichts entgegensetzen, schlägt sich auf die Leber nieder und macht uns müde und schwach. Unsere Müdigkeit ist dann unsere Abwehr. Das Wahrnehmen der Krankheit sollte aber zu bewussteren Methoden der Abwehr führen, die nicht mehr in der Krankheit münden. Wir brauchen nur unsere Symptome zu befragen, dann sagen sie uns in Bildern, wie es um uns steht.

Anselm Grün

Glück kann man nicht kaufen

Glück ist unbezahlbar. Viele Menschen sind unglücklich, denn sie denken, Glück könne man kaufen. Mit viel Geld kann man äußeren Reichtum anhäufen, doch er kann nicht die innere Leere heilen und die große Sehnsucht stillen. Wer wenig Geld hat, denkt schnell, das große Glück habe ihn links liegen gelassen. Doch Glück kann man nicht kaufen. Zum Glück!

Mit Geld verschaffen wir uns nur scheinbar Glück. Durch Kaufen werden wir unsere Unzufriedenheit nie los. Geld ist notwendig, um menschenwürdig zu leben. Aber Geld kann uns nicht glücklich machen, ja es kann zum größten Hindernis für unser Glück werden.

Wer glücklich werden möchte,
muss einen Preis bezahlen.
Der Preis für unser Glück ist:
Wir müssen uns selbst geben.
Nicht mehr und nicht weniger.

Sich selbst geben darf nicht aus verkapptem Geltungsbedürfnis geschehen. Sich selbst geben ist keine verkrampfte Selbstaufopferung. Sich selbst geben geht nur in Freiheit, möglichst mit Freude und immer aus Liebe. Und dann ist auf einmal mein Glück da: als Schatten meiner Liebe.

Phil Bosmans

Wirkliches Glück

»Ob ich wirklich glücklich sei?«, fragt mich meine ehemalige Nachbarin.

Wirklich glücklich? Monatelang lässt mich diese Frage nicht mehr los. Langsam wachse ich durch das Leben in Antwortversuche hinein.

Ich bin glücklich, wenn ich frühmorgens staune über das Vogelgezwitscher. Glücklich bin ich, wenn ich nach völliger Verkrampfung endlich weinen kann. Ich bin glücklich, wenn ich zärtlich berührt werde, wie wenn es das erste Mal wäre. Glücklich bin ich, wenn ich durch eine Patenschaft einem Kind in Bolivien eine Ausbildung ermöglichen kann. Ich bin glücklich, wenn ich Worte finde für das Geheimnis unseres Lebens.
Ob ich wirklich glücklich bin?

Pierre Stutz

Glückseligkeit im Leben

In unserer heutigen Welt sehen wir uns einer Vielzahl von Problemen gegenüber. Einige sind naturgegebene Katastrophen, die wir akzeptieren müssen und mit denen wir, so gut es geht, umgehen sollen. Aber einige andere Probleme sind durch unser eigenes Fehlverhalten und unsere schlechten Vorsätze entstanden – Dinge, die wir eigentlich vermeiden können. Eines dieser gravierenden Probleme ergibt sich aus ideologischen und religiösen Konflikten, in denen Menschen einander bekämpfen und dabei die von allen Menschen geteilten Wünsche und Ziele völlig aus dem Blick verlieren. All die unterschiedlichen Glaubensrichtungen, ideologischen und politischen Systeme stellen nur unterschiedliche Weisen dar, ein Ziel zu erreichen, nämlich: Glückseligkeit im Leben. Deshalb sollten wir niemals Mittel über Zwecke oder Ziele stellen: Der Mensch muss über dem Materiellen stehen – es darf das Menschliche nicht bestimmen.

Dalai Lama

Die Hölle machen wir uns selbst, den Himmel auch

Die Hölle machen wir uns großenteils selbst. Menschen werden durch Menschen erniedrigt, abgeschoben, weggeboxt, ausgestoßen. Menschen werden durch Menschen auf teuflisch raffinierte Weise zugrundegerichtet.

Mehr als wir meinen, sind wir voneinander abhängig bei der Nahrung, Kleidung, Wohnung, Erholung, bei allem, was man mit Geld bekommen kann. Aber noch mehr sind wir aufeinander angewiesen, wenn es um unser Glück geht. Das hat mit dem Herzen zu tun, mit der Liebe, und die gibt es nur gratis.

Kümmere dich um dein Herz! Ist dein Herz voll Egoismus und Gier, voll Eifersucht und Hass, dann zimmerst du an einer Hölle für dich selbst und für die anderen. Sitzt dein Herz am rechten Fleck, wo Güte und Freundschaft wohnen, dann sitzt du gut und sicher.

Kommt Himmel in dein Herz,
dann wächst auch Himmel um dich herum.

Phil Bosmans

Lieber an einen Sonnenaufgang denken als an meine letzte Steuererklärung

Was ist mir wirklich wichtig? Was tut mir gut? Wo fühle ich mich wohl? Was wünsche ich mir? Wann fühle ich mich frei und lebendig? Was sind die glücklichsten Augenblicke meines Lebens?

Viel zu selten stelle ich mir diese Fragen. Spätestens, wenn der Alltag wieder beginnt, wenn der Schreibtisch übervoll ist, wenn der Abgabetermin naht, wenn ich vor lauter Arbeit nicht mehr weiß, wo mir der Kopf steht, spätestens dann habe ich diese Fragen vergessen oder in meiner Schreibtischschublade eingeschlossen. Schließlich muss ich dann Wichtigeres tun.

Wirklich? Ich glaube nicht. Das heißt, jetzt glaube ich es nicht. Doch immer dann, wenn ich so viel zu tun habe, ist alles andere unwichtig. Dann grabe ich mich ein, bis kein Herzblut mehr in meiner Seele fließt. Schade um die Zeit! Schade um das schöne Leben!

Rainer Haak

Eine Portion Humor

Ich habe das Glück gesucht,
woran es liegt, dass Menschen glücklich sind,
wo der Grund für das Glück liegt.
Und das habe ich herausgefunden:
Der Grund liegt nicht im Geld, nicht im Besitz,
nicht in der Arbeit, nicht im Nichtstun,
nicht im Leisten, nicht im Genießen.

Bei glücklichen Menschen
fand ich immer als Grund
eine tiefe Geborgenheit,
spontane Freude an kleinen Dingen
und eine große Einfachheit.

Ich habe mich immer gewundert:
Bei glücklichen Menschen
fehlt die Gier nach immer mehr,
fehlt die Angst, Vorteile zu verpassen.
Niemals fand ich bei glücklichen Menschen,
dass sie ruhelos, gehetzt, getrieben waren,
niemals den Hang zur Selbstherrlichkeit.
Und gewöhnlich besaßen sie
eine große Portion Humor.

Phil Bosmans

Was uns beseelt

Verlier nie den Glauben an das Unsichtbare. Viele halten sich nur an die Dinge, die sie sehen oder im doppelten Sinne – mit der Hand und dem Verstand – fassen können. Was uns wirklich beseelt und mit Geist erfüllt, ist nicht greifbar. Doch nehmen wir es wahr, sobald wir uns für das öffnen, was über unseren sinnenhaften Horizont hinausgeht. Das Dasein umfasst mehr als jene Bereiche, die unser Verstand oder unser Herz zu begreifen vermögen.

Dem Sinn seiner Existenz kommt näher, wer nicht nur mit seinen Sinnen lebt, sondern sich ein waches Gespür bewahrt für das, was sich nicht unmittelbar beweisen lässt. Es zeigt sich in Momenten, in den wir uns bewegt und verwandelt fühlen.

Der Mensch lebt nicht nur von gesunder Luft, die ihn buchstäblich leben lässt, sondern mehr noch von all dem Unsichtbaren, das ihn als Person ausmacht und mit anderen verbindet: von Liebe, Zärtlichkeit, Verstehen, Achtsamkeit, von guten Worten Tag für Tag.

Thomas Romanus

Die Seele ist das Glück

Die Seele wird im Sanskrit Atman genannt, was Glück oder Seligkeit bedeutet. Nicht so, dass das Glück zur Seele gehört, nein – die Seele selbst ist Glück. Heute verwechseln wir oft Glück mit Vergnügen, aber Vergnügen ist nur eine Illusion, ein Schatten des Glücks; und es kann sein, dass der Mensch in dieser Illusion sein ganzes Leben verbringt, immer wieder Vergnügen suchend und doch niemals Befriedigung findend. Ein Hindu-Wort sagt: Der Mensch sucht Vergnügen und findet Leid. Jedes Vergnügen scheint Glück zu sein, es verspricht Glück, aber es ist der Schatten des Glücks. So wie der Schatten einer Person nur die Form derselben wiedergibt und nicht die Person selbst ist, so ist auch das Vergnügen nur der Schatten und nicht das Glück selbst.

Hazrat Inayat Khan

Wo ich meinem Glück selber im Weg stehe

Irgendwann wurde mir deutlich, dass ich für mein Glück selber verantwortlich bin. Ich hörte damit auf, den Schwarzen Peter ständig anderen zuzuschieben, dem Chef oder der Nachbarin, der Schwiegermutter oder der Politik, dem Wetter oder der schlechten Konjunktur. Ich selbst muss immer wieder die Voraussetzungen dafür schaffen, dass ich glücklich bin.

Und trotzdem ist das Glück in meinem Leben immer noch ein viel zu seltener Gast. Deshalb frage ich mich, wo ich selbst es bin, der meinem Glück im Weg steht: Vielleicht glaube ich, dass ich dem Glück ja doch immer nur hinterherlaufe. Vielleicht gestatte ich es mir nicht, glücklich zu sein, weil ich insgeheim meine, es nicht verdient zu haben. Vielleicht habe ich Angst, dass sich etwas in meinem Leben ändern könnte.

Ich will herausfinden, wo ich mir selbst den Weg zum Glück unnötig schwer mache. Und wenn ich das Hindernis gefunden habe, will ich es beiseite räumen und konsequent meinen Weg gehen.

Rainer Haak

Hinter einer Mauer

Was uns letztlich weiterführt, erscheint häufig nur am Rande oder im Verborgenen. Oder es ist begrenzt von den harten Seiten der Realität. Wenn deine Freiheit an ihre Grenzen stößt, geh nur dann Kompromisse ein, wenn du ihre Konsequenzen vor dir vertreten kannst. So lassen sich die gewonnenen Freiräume intensiver gestalten.

Eine Aufgabe wird dich erfüllen, wenn du sie nicht wegen äußerer Anerkennung erledigst, sondern weil du an ihren Sinn glaubst. Ein persönlicher Fortschritt geht nur selten mit gesellschaftlichem Erfolg, Besitz oder Macht einher. Doch er schenkt dir neue Wege zu dir selbst und deinen Mitmenschen. Darum zu wissen bedeutet geistige Weitsicht und seelische Selbstständigkeit.

Hinter einer Mauer kann ein unerwarteter Garten blühen.

Thomas Romanus

Dies sei das höchste Ziel des Erdenlebens

Dies sei das höchste Ziel des Erdenlebens,
Winkt einst nach Müh' und Plag' die Ruhe Dir,
Zu sagen: »Ja, ich lebte nicht vergebens
Und was ich schuf, das endet nicht mit mir.« –
Du brauchst ja große Werke nicht zu üben,
Wenn Du nur stets das Beste angestrebt!
Lebst Du dann fort im Herzen Deiner Lieben,
Dann hast Du wahrlich nicht umsonst gelebt!

Rainer Maria Rilke

Beglückende Erfahrungen

Wie hast du es erlebt, eine echte, tiefe menschliche Beziehung eingehen zu können? Gestaltest du sie so, dass sie beide Seiten erfüllt – mit einem sich zwar wandelnden Glück, aber einem bleibenden Sinn?

Wünsche dir, zuverlässig zu sein, und hoffe, dass dein Vertrauen in andere Menschen nie missbraucht wird. Was Menschen zusammenhält, ist, was sie miteinander zu teilen bereit sind. Oft ist eine Freundschaft wie ein gemeinsamer Zwischenraum, den man von beiden Seiten her betreten kann und der erfüllt ist von Weite und Nähe zugleich.

Wünsche dir aber auch, dass du andere Menschen loslassen kannst, wenn es dafür an der Zeit ist – ohne zu leiden.

Thomas Romanus

Aufhören, andere oder die Umstände für mein Glück verantwortlich zu machen

Warum ich so unglücklich bin? Meine Frau ist furchtbar eifersüchtig. Mein Mann denkt nur an seinen Beruf. Mein Rücken macht mir zu schaffen. Meine Nachbarn sind so rücksichtslos. Meine Kinder sind undankbar. Mein Chef ist ungerecht. Die Wohnung ist zu klein. Die Zeiten sind so unsicher. Meine Kollegen behandeln mich schlecht.

Ich habe die Verantwortung für mein Leben aus den Händen gelegt. Ich bin nicht mehr König in meiner eigenen, kleinen Welt. Ich bin vom Thron gestiegen. Der Thron ist leer. Wirklich? Nein, richtig leer ist er nicht. Mal regiert dort der Ehepartner, mal die Kinder, mal die Nachbarn und mal die Wohnung.

Ich will nicht zulassen, dass andere über mein Leben bestimmen. Ich will mein Glück nicht davon abhängig machen, was andere denken oder tun. Ich will die Verantwortung für mein Glück selbst übernehmen. Und ich bin bereit, die Hindernisse zu meinem Glück selbst aus dem Weg zu räumen.

Rainer Haak

Unsere Zeit ist unser Leben

Kaum etwas ist uns so allgegenwärtig wie die Zeit. Täglich schauen wir auf viele Uhren und in Terminkalender. Unser Lebensrhythmus ist geprägt von feststehenden Zeiten und Vereinbarungen, vom regelmäßigen Ablauf der Tage und Jahre, in denen wir leben, arbeiten, Treffs organisieren, Freizeit planen.

Wir stehen zu unserer Zeit in einem lebendigen Spannungsverhältnis: Sie verändert uns durch ihren Wandel, und wir gestalten sie mit durch unser Handeln. Unsere Zeit ist unser Leben. Aber unser Leben ist dennoch mehr als nur das, was sich mit dem Stundenschlag messen lässt. Monate und Minuten können wir einteilen, aber das Leben selbst ist und bleibt unfassbar, lässt sich nicht einfach ablesen wie ein Zifferblatt.

Wünsche dir, dass du trotz aller Verpflichtungen immer auch Zeit für dich findest, Zeit zum Leben, zum Menschsein.

Thomas Romanus

Nimm dir Zeit

Die Zeit, die die Menschen auf die berufliche Arbeit verwenden, wird immer kürzer. Sie bekommen immer mehr freie Zeit, immer längere Wochenenden, immer mehr Urlaub. Aber wenn man sich so umschaut, haben es die Menschen immer furchtbar eilig. Wenn man jemand fragt, heißt es meistens: »Ich habe keine Zeit.«

Noch nie gab es so viele gehetzte Menschen. Väter und Mütter warten auf den Besuch ihrer Kinder: Die haben keine Zeit. Kranke und Alte sehen die Gesunden und die Jungen vorbeihasten: Die haben es so eilig. Ehepartner werden sich fremd: Sie haben keine Zeit füreinander.

Warum haben wir so wenig Zeit? Die Umgebung, die Reklame, die Freizeitindustrie reden pausenlos auf uns ein, was wir alles haben müssen, was wir alles tun müssen, was wir uns alles leisten müssen. Und so wird das ganze Leben lückenlos verplant. Deshalb möchte ich dir den Vorschlag machen: Tu einmal nichts! Komm endlich zur Ruhe!

In der Stille wohnen die Freuden des Lebens, die wir vor lauter Hetze verloren haben. Aus der Stille wachsen die kleinen Aufmerksamkeiten, die viel weniger Zeit brauchen, als wir meinen: ein gutes Wort, ein freundliches Gesicht, ein dankbarer Kuss, ein verständnisvolles Zuhören, ein überraschender Telefonanruf, ein selbstgemachtes Geschenk, ein fröhlicher Brief. Tilge aus deinem Leben das tödliche »Ich habe keine Zeit«.

Phil Bosmans

Alles in uns entwickeln …

Der Mensch wurde nicht in dieser Welt geboren, um deprimiert und unglücklich zu sein. Sein wahres Wesen ist Glück. Depression ist etwas Unnatürliches. Damit will ich nicht sagen, dass sich sorgen Sünde ist und das Leiden immer vermeidbar. Wir alle müssen beides im Leben erfahren, um den Zweck unseres Lebens zu erfüllen. Wir können nicht immer lächeln, und es bedeutet keine geistige Entwicklung, eine Seite des Lebens zu übersehen. Inmitten des Lebens sollen wir alles in uns entwickeln und zum Ausdruck bringen, was schön und vollkommen und göttlich in unserer Seele ist.

Hazrat Inayat Khan

JULI

Dem Alltag eine Seele geben

ZWISCHEN SEHNSUCHT UND ANGST

Innewerden, dass ich lebe

Wenn wir uns vorstellen, dass wir morgen sterben würden, dann würden wir nochmals ganz bewusst und intensiv den heutigen Tag erleben. Wir würden jeden Augenblick auskosten. Wir würden uns auf die Begegnungen vorbehaltlos einlassen. Wir würden auf jedes Wort achten, das wir sprechen, und abwägen, was wir eigentlich sagen möchten. Wir wissen alle, dass wir eines Tages sterben werden. Aber das verdrängen wir lieber. Das prägt nicht unser Leben. Daher ist eine wichtige Übung des geistlichen Lebens für Benedikt, sich täglich den Tod vor Augen zu halten. Diese Übung empfiehlt Benedikt nicht, um mit traurigem Gesicht durch die Welt zu laufen, sondern um das Leben auszukosten, um »Lust am Leben« zu haben.

Sich vor Augen zu halten, dass wir sterben werden, das heißt menschlich leben, so leben, wie es unserer menschlichen Existenz entspricht, die ja sterblich ist. Und es heißt für mich, achtsam und wach zu leben, mir immer wieder des Geheimnisses innezuwerden, dass ich da bin, dass ich atme, dass ich fühle, dass ich lebe, dass ich einzigartig bin auf der Welt, dass es einen Aspekt von Gott gibt, den nur ich in dieser Welt ausdrücken kann. Das Denken an den Tod dient dem Leben. Ich spüre dem Geheimnis des Lebens nach. Was bedeutet es zu leben, zu sein? Wie fühlt sich das Leben an? Wie schmeckt Leben? Und was heißt es, einmalig zu sein, etwas vermitteln zu dürfen, das nur ich vermag? Was heißt es, dass die Welt auf mich wartet, dass ich das Wort sage, das mir allein vorbehalten ist?

Anselm Grün

Der einzige Grund

Warum nehmen Sie das Glück nicht wahr, das Sie schon besitzen? Weil Ihr Verstand dauernd Unglücklichsein produziert. Verjagen Sie dieses Unglücklichsein aus Ihrem Kopf, und sofort wird das Glück, das schon immer in Ihnen war, die Oberhand gewinnen ...

Wenn Sie genau hinschauen, werden Sie erkennen, dass es nur einen einzigen Grund für Ihr Unglücklichsein gibt. Er heißt: *Abhängigkeit*. Was ist Abhängigkeit? Ein gefühlsmäßiger Zustand des Sich-Anklammerns, der aus der Überzeugung entsteht, dass man ohne eine bestimmte Sache oder einen bestimmten Menschen nicht glücklich sein kann. Dieser gefühlsmäßige Zustand des Anklammerns besteht aus zwei Elementen: einem positiven und einem negativen. Das positive Element ist das schnelle Vergnügen, die Erregung, der Nervenkitzel, den Sie erleben, wenn Sie bekommen haben, woran ihr Herz hängt. Das negative Element ist das Gefühl der Bedrohung und der Spannung, das die Abhängigkeit immer begleitet.

Stellen Sie sich einen Menschen vor, der in einem Straflager sein Essen hinunterschlingt: Mit einer Hand führt er das Essen zum Mund, mit der anderen möchte er es von den anderen abschirmen, die es ihm sofort wegschnappen, wenn er nicht aufpasst: das perfekte Bild eines Menschen, der an etwas festklammert. So macht Festklammern oder Abhängigsein von sich aus anfällig für Gefühlsausbrüche und ist immer eine Bedrohung für Ihren inneren Frieden und Ihre Ausgeglichenheit.

Anthony de Mello

Alles wird gut

Während einer schwierigen Zeit versuchte ich eines Abends, das Leben mit all seinen Phänomenen und Erscheinungen in Worte zu fassen: den Tag, die Nacht, den Mond, die Sterne, die Menschen, die Tiere, Liebe, Leid ... Es schien mir geradezu unmöglich, auch nur einen kleinen Teil des Ganzen zu benennen. Ich erkannte, dass Leben alles bedeuten kann. Alles ist und alles soll sein – das ist Leben und das ist gut.

Das war der erste Schritt. Dann versuchte ich, mich zu erinnern, in mein Leben zurückzublicken auf der Suche nach vergangenen schwierigen Zeiten. Da gab es so manches. Da war einiges, vor dem ich Angst hatte, was mich ärgerte und mich zweifeln ließ an der Gutmütigkeit des Lebens. Doch gerade jene zunächst schwierigen Situationen haben sich im Nachhinein oftmals als besonders wichtig für meinen weiteren Weg herausgestellt. So vieles macht plötzlich Sinn, so vieles ist auf einmal gut, wenn es sich im Nachhinein, aus der Distanz in all die weiteren Geschehnisse einfügt. Dies zu erkennen, darin bestand der zweite Schritt.

Anerkennen, dass im Leben alles möglich und gut ist, lässt mich heraustreten aus aller Enge und Kleinlichkeit. Wir öffnen uns für das Leben, für all die Formen seiner Erscheinungen, für die Menschen, für uns selbst und unser Schicksal. Wir werden zu einem glücklicheren Teil des Ganzen und nehmen dankbar teil an der Fülle und Vielfältigkeit der Erscheinungen.

Sascha Veitl

Loslassen und Aufwachen

Der indische Jesuit Anthony de Mello hat die Mystik des Einswerdens als Erwachen oder als »awareness« (Bewusstwerden) bezeichnet. Er meint, dass die meisten Menschen schlafen. Wir halten an unseren Illusionen fest, an der Illusion von der Bestätigung durch Menschen, die wir brauchen, und an der Illusion des lieben Gottes, der unsere Bitten erfüllt. Mystik heißt, dass wir erwachen und mit der wahren Wirklichkeit in Berührung kommen. Viele Menschen gehen zum Psychologen, um Hilfe in ihren Beziehungsproblemen zu finden. Das – so meint de Mello – schafft zwar Erleichterung, heilt aber nicht wirklich. Man muss die Abhängigkeit von der Beziehung durchschauen, um wirklich geheilt zu werden. Ich muss spüren, dass das nur ein Aspekt der Wirklichkeit ist, dass die wahre Wirklichkeit Gott ist, in den hinein ich mich loslasse. Loslassen ist dabei nicht entsagen. Wenn ich auf etwas verzichte und ein Opfer bringe, hänge ich noch daran. [...]

Wenn wir wach werden, können wir unsere Vergangenheit loslassen. Wir brauchen sie nicht mehr zu bereuen oder zu betrauern. »Zu bereuen bedeutet, wach zu werden, und nicht: ›wegen seiner Sünden zu weinen‹. Werden Sie wach, und hören Sie mit dem Weinen auf. Wachen Sie auf! Man muss alles loslassen. Es ist wohlgemerkt kein physischer Verzicht, das wäre ja einfach. Wenn Ihre Illusionen schwinden, kommen Sie schließlich zur Wirklichkeit; und Sie können mir glauben: Sie werden nie mehr einsam sein, nie mehr.«

Anselm Grün

Die Wahrheit durch Trugbilder verstellt

Wenn die Menschen nur ruhig die Wirklichkeit betrachten und sich nicht blenden lassen wollten, so würde das Leben, um es mit etwas Geläufigem zu vergleichen, wie ein Märchen scheinen, eine Geschichte aus »Tausend und einer Nacht«. Wenn wir nur das achten würden, was unvermeidlich ist und mit Recht existiert, dann würden die Straßen von Musik und Poesie erklingen. Wenn wir weise und ohne Eile sind, so erkennen wir, dass nur große und würdige Dinge ein dauerhaftes, absolutes Sein besitzen – dass kleinliche Ängste und Vergnügen nur der Schatten der Wirklichkeit sind. Darin liegt etwas ungemein Frohes und Erhabenes. [...]

Ich las einst in einem indischen Buch: »Es war einmal ein Königssohn, der in seiner Kindheit aus seiner Heimatstadt verstoßen und von einem Bewohner des Waldes aufgezogen wurde. Da er also heranwuchs, glaubte er, er sei auch einer der Wilden, unter denen er lebte. Ein Minister seines Vaters entdeckte ihn und offenbarte ihm seine Herkunft. Da wich der Irrtum von ihm, und er wusste, dass er ein Königssohn sei. So verkennt die Seele«, fährt der Hinduphilosoph fort, »durch die Umgebung, in die sie gestellt ist, sich selbst, bis ihr die Wahrheit durch einen heiligen Lehrer offenbart wird und sie erkennt, dass sie Brahman ist.«

Henry D. Thoreau

Das Leben feiern

Alles in der Welt braucht die Gewissheit, anerkannt zu werden. Es ist wahr, dass Pflanzenwesen vom Boden und der Luft genährt werden; doch man weiß auch, dass ihre Gesundheit und ihr Wohlergehen von unseren Worten abhängt. Aus diesem Grund gingen unsere Großeltern auch durch das Korn und redeten mit ihm, ermutigten es zu wachsen. Auf diese Weise ermutigt unser Geist die Geister anderer Wesen dieser Welt ...

Die Menschen, die im Einklang mit der Natur lebten, zeigten einander Anerkennung und gute Laune. Sie schenkten den Dingen, die ihnen zum Leben halfen, Grüße und Danksagungen, und aus den gleichen Gründen grüßten sie sich.

Die Menschen, die auf diese Art lebten, feierten das Leben, denn sie waren glücklich.

Solsisowah (Seneca-Indianer): Akwesasne

Die vier Feinde des Wissenden

Wenn ein Mann einmal die Furcht überwunden hat, ist er für den Rest seines Lebens frei von ihr, weil er statt der Furcht Klarheit gewonnen hat – eine Klarheit der Gedanken, die die Furcht auslöscht ... Und so hat er seinen zweiten Feind getroffen: die Klarheit! Diese Klarheit ... vertreibt die Furcht, aber sie macht auch blind. Sie zwingt den Mann, sich niemals selbst anzuzweifeln ... Er wird nichts mehr lernen oder nach irgendetwas suchen ...

Macht ist der stärkste aller Feinde ... Plötzlich wird der Mann, ohne es zu erkennen, gewiss seinen Kampf verloren haben. Sein Feind wird ihn zu einem grausamen, unberechenbaren Menschen gemacht haben ... Er muss (wenn er diesen seinen dritten Feind besiegen will) einsehen, dass die Macht, die er scheinbar gewonnen hat, niemals wirklich die seine ist. Er muss sich zu jeder Zeit selbst beherrschen und alles, was er gelernt hat, vorsichtig und ehrlich gebrauchen. Wenn er sieht, dass Klarheit und Macht ohne Selbstbeherrschung schlimmer als Fehler sind, wird er einen Punkt erreichen, wo sich ihm alles fügt. Dann wird er wissen, wann und wie er seine Macht gebraucht. Und so wird er seinen dritten Feind besiegt haben.

Der Mann wird am Ende der Reise des Lernens sein, und fast unversehens wird er dem letzten seiner Feinde begegnen: dem Alter! ... Das ist die Zeit, da ein Mann keine Furcht mehr kennt, keine ungeduldige Klarheit der Gedanken – das ist eine Zeit, da er seine ganze Macht beherrscht, aber es ist auch die Zeit, da er ein unüberwindliches Verlangen nach Ruhe hat.

Castaneda

Die Wahrheit in der Stille

Wir machen uns Illusionen über die Welt, weil wir im Grund unseres Herzens Angst haben vor ihr, Angst vor ihren Abgründen, vor ihrer Dunkelheit, Angst vor dem Schicksal, Angst vor dem Chaos, Angst vor der Bedrohung, die uns überall in dieser Welt auflauert. Ich kenne viele Menschen, die ständig auf der Flucht sind vor der eigenen Wahrheit. Sie haben Angst vor der Stille. [...]

Ich habe einmal für einen Familienkreis eine Wanderwoche veranstaltet. Ich schlug vor, wie bei den Jugendwanderungen auch hier jeweils eine Stunde am Tag schweigend zu wandern. Eine Frau wehrte sofort ab. Das würde ihr Angst machen. Da hätte sie ja nichts in der Hand. Da wüsste sie nicht, was da in ihr alles hochkommen würde. Eine andere war gegen das Schweigen, weil die Kinder es nicht aushalten würden. Aber dahinter versteckte sie nur die eigene Angst. Denn die Kinder konnten sich sehr gut auf das Schweigen einlassen. Am zweiten Tag fragten sie mich schon ganz neugierig, ob wir das wieder so machen würden »mit den schönen Gedanken«. Schweigen war für sie, sich schöne Gedanken auszudenken, den guten Gedanken, die in ihnen auftauchten, nachzugehen. – Viele sind ihr ganzes Leben lang auf der Flucht vor sich selbst. Weil sie Angst haben vor der eigenen Wahrheit, sind sie Sklaven ihrer eigenen Betriebsamkeit geworden. Das Schlimmste, das ihnen passieren kann, wäre, dass nichts los ist, dass sie nichts hätten, womit sie sich gegen die aufkommende Wahrheit wehren könnten.

Anselm Grün

Drei Wünsche

Gott Wischnu hatte die ständigen Bitten eines Anhängers so satt, dass er ihm eines Tages erschien und sagte: »Ich habe beschlossen, dir drei beliebige Dinge zu gewähren, um die du mich bittest, aber dann ist Schluss.«

Hocherfreut tat der Mann seine erste Bitte sofort. Er bat, seine Frau möge sterben, damit er eine bessere Frau heiraten könne. Die Bitte wurde umgehend gewährt.

Doch als seine Freunde und Verwandten zum Begräbnis zusammenkamen und alle die guten Eigenschaften seiner Frau wieder ins Gedächtnis riefen, merkte er, dass er vorschnell gewünscht hatte. Also bat er Wischnu, sie wieder lebendig zu machen. Nun hatte er nur noch eine Bitte frei und war fest entschlossen, dieses Mal keinen Fehler zu machen, denn es wäre nicht mehr möglich, ihn zu korrigieren. Er fragte überall um Rat. Einige Freunde rieten ihm, um Unsterblichkeit zu bitten. Aber was nützte Unsterblichkeit, wenn er nicht gesund war? Was nützte Gesundheit, wenn er kein Geld hatte? Was nützte Geld, wenn er keine Freunde hatte?

Jahre vergingen, und er konnte sich zu keinem Wunsch entschließen: Leben oder Gesundheit oder Reichtum oder Macht oder Liebe? Schließlich fragte er Wischnu: »Rate mir, worum ich bitten soll.« Als er die missliche Lage des Mannes sah, sagte Wischnu: »Bitte darum, zufrieden zu sein, was immer das Leben dir bringen mag.«

Anthony de Mello

Solidarität aller Wesen

Ich kann nur dann glücklich sein, wenn in dieser Welt eine Ordnung existiert, bei der alle Wesen die anderen mehr lieben als sich selbst. Die ganze Welt wäre glücklich, liebten alle Wesen nicht sich selbst, sondern die anderen. Ich bin ein menschliches Wesen, und die Vernunft erschließt mir das Gesetz des Glückes für alle Wesen. Ich muss dem Gesetz meiner Vernunft folgen – ich muss die anderen mehr lieben als mich selbst. Der Mensch braucht nur diese vernünftige Überlegung anzustellen, und sogleich bietet sich ihm das Leben in anderer Sicht dar als früher. Alle Wesen rotten einander aus; aber, alle Wesen lieben und helfen einander. Das Leben wird nicht durch Ausrottung, sondern durch gegenseitige Sympathie der Wesen erhalten, die sich in meinem Herzen als Gefühl der Liebe äußert. Sobald ich begonnen hatte, den Lauf der Dinge in dieser Welt zu begreifen, erkannte ich, dass einzig und allein das Prinzip der gegenseitigen Zuneigung den Fortschritt der Menschheit bedingt. Die gesamte Geschichte ist nichts anderes als die zunehmende Erkenntnis und Anwendung dieses einzigen Prinzips der Solidarität aller Wesen. Die vernünftige Überlegung wird damit durch die Erfahrung der Geschichte und die persönliche Erfahrung bestätigt.

Leo N. Tolstoi

Chaos und Ordnung (1)

Es gibt Zeiten in meinem Leben, in denen das Chaos hereinbricht. Da fällt ein Teil meiner Welt in Scherben, ich verliere den Boden unter den Füßen, falle ins Dunkle, Leere hinein. Ich bin ratlos, ohnmächtig, weiß nicht mehr weiter. Es sind Zeiten, in denen Träume nicht mehr lebendig sind und die Hoffnung mich verlassen hat. Ich bin nur noch Schmerz und Wunde, Verlassenheit und Trauer.

Manchmal sind äußere Anlässe die Ursache für solche Zeiten: eine Beziehung scheitert, ein mir nahe stehender Mensch stirbt, eine Entscheidung durchkreuzt meine Pläne.

Manchmal aber kommen solche dunklen Stunden auch aus mir heraus, ohne dass ich im Moment einen ersichtlichen Grund dafür erkennen kann. Da kriecht auf einmal die Unsicherheit in mir hoch, ich verliere mein Selbstvertrauen, fühle mich kraftlos, zu keinem Schritt mehr fähig.

In solchen Zeiten ziehe ich mich von der Welt zurück. Bildlich gesprochen, schließe ich dann die Tür hinter mir ab, mache die Fensterläden zu, lasse nichts und niemanden mehr an mich heran. Und es kostet mich viel Mühe und unsagbare Energie, dann noch halbwegs eine Ordnung aufrechtzuerhalten, die meinen Tag wenigstens ein bisschen strukturiert: einkaufen, Mittagessen kochen, das dringendst Notwendige an Arbeit tun, die Post aus dem Briefkasten holen. Eine solche Stimmung kann mich einen Abend, eine Nacht lang einholen, sie kann aber auch über Tage und Wochen hinweg andauern.

Andrea Schwarz

Chaos und Ordnung (2)

Das Chaos ist *ein* Pol des Lebens und holt mich trotz aller Ordnungsbemühungen immer wieder ein. Und vielleicht braucht es sogar das Chaos, um Wachstum und Entwicklung überhaupt erst möglich zu machen. Psychologisch gesehen, ist das Chaos die Auflösung bestehender Strukturen, ist Krise und Tod. Das macht Angst, weil man nicht mehr weiß, wie es überhaupt noch weitergehen kann, weil all das, was mich getragen und gehalten hat, verloren geht.

Das Chaos ist der Weg zwischen den Welten – ist die Dynamik zwischen der Statik festgelegter Ordnungen. Das Chaos ist der Übergang vom einen zum anderen. Chaos ist Tod und Krise und zugleich Anfang, Chance und Geburt. In ihm ist die neue Welt bereits grundgelegt. Und es ist eine bekannte Weisheit, dass man alte Welten verlassen muss, um neue entdecken zu können. Nur aus dem Chaos heraus, durch das Chaos hindurch können neue Welten entstehen. Es ist eine Phase der Umwandlung und Neustrukturierung. [...]

Das Chaos ist die Botschaft, dass mein bisheriges Verständnis, mein Selbstbild, meine Einschätzung nicht mehr trägt, nicht mehr haltbar ist. Es will mir sagen, dass es an der Zeit ist, dass eine neue Ordnung, eine neue Welt in mir entsteht. In dem Sinn ist das Chaos hilfreich. Es fordert mich dazu heraus, mich einer veränderten Situation neu anzupassen: Ich werde ohne den Partner weiterleben müssen, der durchkreuzte Plan will ersetzt werden durch neue Lebensperspektiven.

Andrea Schwarz

Chaos und Ordnung (3)

Neue Welten aber entstehen nicht dadurch, dass man das Chaos einfach Chaos sein lässt. Ich muss Formen finden, wie ich mit diesem Chaos umgehen und leben kann. Zwei Schritte scheinen notwendig zu sein: Ich muss solche dunklen Stunden in meinem Leben annehmen, mich hineinbegeben, sie zulassen und leben. Ich bin das Chaos, und das Chaos ist in mir. Dann aber muss ich dem Chaos auch gegenübertreten, es beim Namen nennen, zu begreifen versuchen. Wo kommt es her, wohin will es mich führen? Ich bemühe mich, dieses Durcheinander des Lebens neu zu strukturieren, die verschiedenen Fäden zu erkennen, die in diesem Wirrwarr miteinander verwoben sind.

Und in dem Moment, da ich zu ordnen beginne, kann Licht in die Sache kommen. So allmählich sieht man wieder klar, blickt durch, fasst Fuß, bekommt Boden unter die Füße. Eine neue Welt beginnt sich herauszukristallisieren. Die Hoffnungslosigkeit weicht, neue Träume werden wach, langsam lichtet sich das Dunkel.

Weder Chaos noch Ordnung sind ein Dauerzustand: Aus dem Chaos entsteht eine neue Ordnung, meine bestehende Ordnung wird durch ein hereinbrechendes Chaos in Frage gestellt, um sich zu einer neuen Ordnung gestalten zu lassen.

Andrea Schwarz

Entspannt

Viele meinen, wenn sie keine Sehnsüchte hätten, wären sie wie ein Stück Holz. In Wirklichkeit würden sie jedoch ihre Verspanntheit verlieren. Befreien Sie sich von Ihrer Angst zu versagen, von Ihrer Anspannung, Erfolg haben zu müssen, und Sie werden bald Sie selbst sein. Entspannt. Sie werden dann nicht mehr mit angezogener Handbremse fahren. Genau das wird geschehen.

Es gibt einen schönen Satz von Tranxu, einem großen chinesischen Weisen, den ich mir gut gemerkt habe. Er lautet: »Wenn der Bogenschütze schießt, ohne einen besonderen Preis gewinnen zu wollen, kann er seine ganze Kunst entfalten; schießt er, um eine Bronzemedaille zu erringen, fängt er an, unruhig zu werden; schießt er um den ersten Preis, wird er blind, sieht zwei Ziele und verliert die Beherrschung. Sein Können ist dasselbe, aber der Preis spaltet ihn. Er ist ihm wichtig! Er denkt mehr ans Gewinnen als ans Schießen, und der Zwang zu gewinnen schwächt ihn.«

Gilt dieses Bild nicht für die meisten Menschen?

Wenn man nicht für Erfolg lebt, verfügt man über all sein Können, besitzt man all seine Kräfte, ist man entspannt, sorgt man sich nicht, es macht einem nichts aus, ob man verliert oder gewinnt.

Anthony de Mello

Neue Augen und ein neues Herz

Schöne Dinge sehen! Das vermag nur, wer in seinem Innern offen und frei geworden ist, wer sich entspannen kann, wer zur Ruhe gekommen ist. Mit dem Fuß auf dem Gaspedal siehst du alles nur flüchtig. Den Kopf in Akten, das Herz in Begierden begraben, siehst du gar nichts mehr. Alles wird langweilig und öde.

Ferien heißt zur Ruhe kommen. Schöne Dinge sehen! Hast du je eine Birke betrachtet, ihr zartes Blatt gefühlt? Weißt du, dass keine zwei Blätter ganz gleich sind? Alles Maßarbeit, keine Massenanfertigung. Hast du schon mal über Apfelbaum und Birnbaum gestaunt, die im Garten nahe beieinander stehen? Mit ihren Füßen stecken sie im selben Boden, holen ihre Nahrung aus demselben Boden, und auf ihre Zweige scheint dieselbe Sonne. Der Apfelbaum macht daraus Äpfel und der Birnbaum Birnen, Äpfel und Birnen aus demselben Grund und Boden und doch so verschieden in Form, Farbe, Duft, Geschmack. Phantastisch! Aber wer hat Augen, das zu sehen?

Wenn das neueste Automodell auf der Straße fährt, bleiben die Leute stehen und drehen sich staunend um. Es ist höchste Zeit, dass wir andere Augen bekommen. Augen, um schöne Dinge zu sehen! Aber vielleicht muss sich dazu erst das Herz verändern. Gott, gib uns ein neues Herz und neue Augen, um die Wunder zu sehen und glücklich zu sein.

Phil Bosmans

Liebe und Angst

Es gibt nur eines auf der Welt, was von Übel ist, nämlich Angst. Es gibt nur eines auf der Welt, was gut ist, nämlich Liebe. Sie hat manchmal auch andere Namen. Manchmal nennt man sie Glück, Freiheit, Frieden, Freude, Gott oder wie auch immer. Aber das Etikett ist nicht so wichtig. Jedenfalls gibt es kein einziges Übel auf der Welt, das sich nicht auf Angst zurückführen ließe; kein einziges. – Ignoranz und Angst, Ignoranz durch Angst: Daher rührt alles Übel, daher rührt auch Ihre Gewalttätigkeit. Wer wirklich gewaltlos ist – unfähig zu Gewalt – ist ein furchtloser Mensch. Nur wer sich fürchtet, ärgert sich.

Erinnern Sie sich daran, wie Sie sich das letzte Mal geärgert haben, und suchen Sie nach der Angst, die dahinter steckte. Fürchteten Sie, etwas zu verlieren? Fürchteten Sie, man könnte Ihnen etwas wegnehmen? Daher rührt nämlich der Ärger.

Denken Sie einmal an jemanden, der verärgert ist, vielleicht an jemanden, den Sie fürchten. Merken Sie, wie viel Angst er oder sie hat? Er hat wirklich und tatsächlich Angst. Sie hat wirklich Angst, sonst wäre sie nicht so verärgert. Letztlich gibt es nur zwei Dinge: Liebe und Angst.

Anthony de Mello

Du bist keine Nummer

Mit dem ständig steigenden Wohlstand wächst unter den Menschen auch eine Art von Langeweile, von geistiger Lustlosigkeit. Überall trifft man antriebslose, müde Menschen, aber diese Müdigkeit hat nichts mit dem Leib zu tun. Es ist eine geistige Verkümmerung und Leere. Es handelt sich um einen geheimen, tiefsitzenden Pessimismus gegenüber dem Leben.

Lass deinen Kopf und dein Herz nicht im Bauch versinken. Wenn du kein höheres Ideal hast als Essen und Trinken, als Geldverdienen und Geldausgeben, dann wird die Arbeit ein notwendiges Übel und all dein Tun ein sinnloses Getue. Dann stehst du morgens auf mit einem Seufzer und ergreifst die Flucht vor allem, was Mühe macht. Dann sitzt du bis tief in die Nacht vor dem Fernseher wie eine hirnlose Mumie.

Du kannst dich selbst heilen, du musst nur aufwachen, deine Fenster aufmachen für das Licht und die Sonne, wieder an das Gute und an Gott glauben, dein Herz leer machen und neu füllen mit wahrer Liebe und gesundem Optimismus. Du bist keine Nummer in einer farblosen Masse, kein seelenloses Teilchen an einer Riesenmaschine. Du bist Mensch, geschaffen für die Freude und für das Glück.

Phil Bosmans

Königlich

Wenn Ihnen nichts mehr etwas anhaben und niemand Sie mehr verletzen kann, Sie nichts und niemanden mehr fürchten werden: Ist das nicht wunderbar? Sie werden wie ein König oder eine Königin leben. Das heißt königlich zu leben und nicht so ein Unsinn, wie Ihr Foto in der Zeitung zu sehen oder eine Menge Geld zu haben. Das ist es wirklich nicht. Sie fürchten niemand, weil Sie vollkommen damit zufrieden sind, niemand zu sein. Erfolg oder Versagen berühren Sie nicht, sie bedeuten Ihnen nichts. Ansehen oder Schande bedeuten alles nichts! Wenn Sie sich lächerlich machen, bedeutet das ebenso wenig. Ist das nicht ein wunderbarer Zustand!

Manche erreichen dieses Ziel mit Mühe und Geduld Schritt für Schritt, über Wochen und Monate des Bewusstwerdens ihrer selbst. Aber etwas kann ich Ihnen versprechen: Ich habe noch niemanden gesehen, der sich dafür Zeit genommen hat und der nach ein paar Wochen keinen Unterschied bemerkt hätte. Die Lebensqualität ändert sich und man ist nicht mehr auf Meinungen angewiesen. Man ist anders, man reagiert anders. Genauer gesagt: Man reagiert weniger und agiert mehr; man sieht tatsächlich Dinge, die man vorher nicht erkannt hat.

Man hat viel mehr Energie, viel mehr Leben.

Anthony de Mello

Glück fällt dir nicht in den Schoß

Wie willst du jemals glücklich werden, wenn du immer alles von den anderen erwartest? Wenn du bei allem, was in deinem Leben schief geht, die Schuld auf andere schiebst? Leben ist Geben und Nehmen. Aber man bringt den Menschen offenbar nur das Nehmen bei. Fordere, nimm, profitiere, lass dir nichts gefallen, protestiere! Und man fordert und nimmt und profitiert, und jeder, der im Weg steht, wird zum Feind. Es gibt Ärger, Streit, Konflikte. Man fühlt sich bedroht, und man vergisst, dass man sich die Feinde selbst gemacht hat.

Glück ist eigentlich ein anderer Name für Frieden, Zufriedenheit, Freundschaft, Freude. Diese Dinge fallen dir nicht in den Schoß. Du kannst sie nicht einfach von anderen fordern. Aber du bekommst sie gratis, wenn du deine Müdigkeit überwindest und selber etwas in die Hand nimmst, wenn du den Menschen Vertrauen entgegenbringen kannst, wenn du auch in der größten Not daran glaubst, dass alles einmal anders wird.

Du musst anfangen, nicht für dich zu nehmen, sondern für andere zu geben und dich selbst dabei zu vergessen.

Phil Bosmans

Herzensbildung

Um sich in der Fülle der täglichen Informationen und Meldungen zurechtzufinden, braucht es die Gabe der Unterscheidung. Sie weiß, was Tiefe besitzt und weiterführt, was letztlich und in Wahrheit gut ist. Nicht das Alltagswissen kann da helfen, sondern der lebendige Umgang mit den aus Erfahrungen gewachsenen Kenntnissen, mit denen wir jeden Tag mit den Wurzeln des Daseins in Beziehung setzen.

Darum geht es und wird es heute mehr und mehr gehen: um eine Bildung nicht nur des Verstandes, sondern vor allem des Herzens. So erst finden wir zu einer lebendigen Weisheit, die uns als ganzen Menschen erfüllt, uns im Innern erreicht und die Tage wärmer macht, die Hoffnung auf ein gegenseitiges Verstehen der Menschen kraftvoller und den Mut zu mehr gelebter Menschlichkeit entschlossener. Um Herzensbildung geht es heute – nicht weniger. Hier geht es um eine Überlebensfrage.

Thomas Romanus

»Es geht ja weiter!«

Wie gut, dass Hoffnung nicht zu kaufen ist
oder an den Meistbietenden versteigert wird!
Gut, dass Hoffnung nicht studiert werden kann,
um dann allen erfolgreichen Absolventen
verliehen zu werden.

Hoffnung ist nicht abhängig
von Reichtum oder Ansehen,
Begabungen oder Beziehungen.
Hoffnung ist ein Geschenk.
Sie kommt wie der junge Morgen
nach einer langen Nacht.
Sie kommt wie das erste Lächeln
nach tiefer Traurigkeit.
Sie kommt mit einem Händedruck
oder in einem gar nicht mehr erwarteten Brief.
Sie kommt nach langem Warten und Suchen
oder bei einem einfachen Gebet.
Sie kommt dann,
wenn du die Augen wieder aufschlägst
und erstaunt feststellst:
»Es geht ja weiter!«

Rainer Haak

Guter Rat

An einem Sommermorgen
Da nimm den Wanderstab,
Es fallen deine Sorgen
Wie Nebel von dir ab.

Des Himmels heitere Bläue
Lacht dir ins Herz hinein
Und schließt, wie Gottes Treue,
Mit seinem Dach dich ein.

Rings Blüten nur und Triebe
Und Halme von Segen schwer,
Dir ist, als zöge die Liebe
Des Weges nebenher.

So heimisch alles klinget
Als wie im Vaterhaus,
Und über die Lerchen schwinget
Die Seele sich hinaus.

Theodor Fontane

Ich habe gelebt!

Ein neuer Tag liegt vor mir. Und es liegt vor allem an mir, ob es ein guter oder ein schlechter Tag werden wird. Darum will ich diesen Tag aktiv mitgestalten.

Ich will mich nicht vor den Herausforderungen drücken. Ich will mich nicht zurückziehen und stets den anderen das Feld überlassen. Ich will auch nicht fragen, was die anderen tun, um es ihnen dann nachzumachen. Ich will mich nicht verstecken hinter meiner Arbeit oder hinter meiner Krankheit. Ich will mich nicht von meiner Angst und meinen Zweifeln beherrschen lassen. Und ich will meine Bequemlichkeit nicht über meine Neugier siegen lassen.

Ich sage Ja zum Leben, Ja zu mir selbst und zu meinen Mitmenschen. Ich tue, was ich für richtig halte, und gehe konsequent meinen eigenen Weg. Ich nehme die Herausforderungen dieses Tages an. Ich bin offen für alles Neue, vor allem für alles Lebendige. Und ich glaube fest daran, dass ich ein Kind des Lebens bin.

Rainer Haak

Die Kunst des Möglichen

Es ist sinnvoll und manchmal not-wendig, immer wieder den eigenen Standpunkt zu hinterfragen. Wenn Erfahrungen, die dir bisher undenkbar schienen, auf einmal wahr werden, entdeckst du neue Sichtweisen. Sie konfrontieren deine Ideale, Ideen oder Vorstellungen mit der Wirklichkeit zwar auf häufig schmerzhafte Weise. Doch im Rückblick betrachtet, erweisen sich solche Situationen als heilsam, weil sie uns vor Enttäuschungen und Illusionen bewahren.

Sich von lieb gewordenen Vorstellungen zu lösen ist oft genauso schwer wie die Trennung von Menschen oder Orten. Mit wachem Gespür wirst du diese Veränderungen allerdings wie ein Geschenk verstehen. Sie helfen, dankbar zu sein für alles, was scheinbar wie selbstverständlich dein Leben begleitet.

Das Glück ist die Kunst des Möglichen.

Thomas Romanus

Weisheit in Natur und Herz

Die Anweisungen des Schöpfers sind niedergeschrieben in unseren Herzen und Gedanken, in den heiligen Schriften der Natur, die jeder für sich selbst lesen kann tagtäglich in den kleinen Geschöpfen, in den Gräsern und Bäumen, in den wachsenden Dingen, in Wind und Donner und Regen, in den Meeren, Seen und Flüssen, in Gebirgen, Felsen und Sand, in der gewaltigen Kraft der Sonne, dem Zauber von Großmutter Mond, in den Geheimnissen der Sterne. All diese spirituellen Wesen sind unsere Lehrer.

Und auch wir haben spirituelle Wesen in uns, und sie können uns etwas von der Weisheit unserer Herzen lehren. Der Schöpfer hat uns das Wissen von Schönheit und Liebe und Freude und Frieden in unsere Herzen gegeben, damit sie uns lehren und uns den wahren Pfad des Lebens führen.

Saupaquant: Akwesasne

Worauf ich mich heute besonders freue

An jedem Tag erlebe ich schöne, interessante Augenblicke. Manchmal geschieht das völlig überraschend: Ich freue mich über den unerwarteten Anruf einer guten Freundin. Ich genieße die ersten warmen Sonnenstrahlen. Ich bin dankbar für einen Erfolg, mit dem ich nicht mehr gerechnet hatte. Ich freue mich über eine interessante Anregung in der Mittagspause.

Aber es gibt auch Augenblicke, auf die ich mich schon vorher freue: Ich denke an den Duft von frisch gebrühtem Kaffee. Ich stelle mir den überraschten Blick meiner Kollegin vor, wenn ich von meiner neuen Idee erzähle. Ich freue mich darauf, nachher in aller Ruhe über den Markt zu schlendern und den Duft von frischen Kräutern einzuatmen. Ich freue mich auf eine interessante Aufgabe im Büro. Und ich bin schon ganz außer mir, wenn ich an das Konzert heute Abend denke.

Ja, heute frage ich mich, worauf ich mich besonders freue. Und ich bin überzeugt: Es wird ein guter Tag!

Rainer Haak

Die Dinge schwingen ineinander

Es muss dies eine von jenen Tagesfrühen gewesen sein, wie es solche im Juli gibt: neue, ausgeruhte Stunden, in denen überall etwas Frohes, Unüberlegtes geschieht. Aus Millionen kleinen ununterdrückbaren Bewegungen setzt sich ein Mosaik überzeugtesten Daseins zusammen; die Dinge schwingen ineinander hinüber und hinaus in die Luft, und ihre Kühle macht den Schatten klar und die Sonne zu einem leichten, geistigen Schein.

Da gibt es im Garten keine Hauptsache; alles ist überall, und man müsste in allem sein, um nichts zu versäumen.

Rainer Maria Rilke

Das Geheimnis

Ich machte mich auf die Suche nach der Quelle des Glücks: Ich stelle mir einen glücklichen Menschen vor, der arm ist und schaue mir sein Leben genau an. Ich unterhalte mich mit ihm und versuche zu ergründen, was diesen Menschen glücklich macht …

Ich denke an einen fröhlichen Menschen mit schwacher Gesundheit … mit körperlichen Schmerzen … und komme auch mit ihm ins Gespräch, um herauszufinden, was ihn glücklich macht …

Ich mache es ebenso mit einem glücklichen Menschen, der sein Ansehen verloren hat …

Ich gehe in ein Gefängnis … und bin erstaunt, sogar hier einen glücklichen Menschen zu finden … Ich frage ihn, wie er dazu kommt …

Dann beobachte ich unglückliche Leute, die frei sind und wohlhabend … einflussreich … angesehen … Ich spreche mit ihnen – und höre mir bei der Unterhaltung ihre Klagen aufmerksam an …

Gestern hatte ich Gelegenheiten, mich zu freuen, und habe sie nicht einmal bemerkt. Jetzt erst sehe ich sie … […]

Endlich sehe ich mich selber von Stunde zu Stunde durch den heutigen Tag gehen in Dank – und Glück …

Anthony de Mello

Mein Haus sichten (1)

Ich möchte Sie anregen, auf dem Hintergrund des Gleichnisses von der verlorenen Drachme (Lukas 15,8–19) einmal Ihr Lebenshaus zu malen. Es kommt nicht darauf an, dass Sie es schön malen. Zeichnen Sie Ihr Haus mit allen Stockwerken und Zimmern.

Was ist da alles im Keller? Gibt es da verschlossene Räume, zu denen Sie gar keinen Zutritt haben? Oder Räume, vor denen Sie Angst haben, weil da vielleicht Sprengstoff lagern könnte, oder weil da viel Verdrängtes herumliegt und die Fundamente des Hauses anfrisst? Wie ist das Erdgeschoss? In welchen Räumen halten Sie sich meistens auf? Wo fühlen Sie sich am wohlsten? Wo ist es kalt in Ihrem Haus? Wo laden Sie Gäste ein? Sind Sie wirklich selbst Herr in Ihrem Haus, oder sind da Untermieter, die Ihnen das Leben schwer machen, Hausbesetzer, die Sie immer mehr herausdrängen aus Ihrem Haus? Solche Untermieter und Hausbesetzer können Ängste sein, die sich in alle Räume eingeschlichen haben, oder Sorgen, Ärger, Bitterkeit, Eifersucht. Wie ist das Obergeschoss? Welche Räume bewohnen Sie da am liebsten? Wohnt Gott in allen Räumen Ihres Hauses, oder haben Sie ihn aus manchen Zimmern herausgedrängt, weil es Ihnen unangenehm ist, wenn er sehen würde, was da drinnen ist? [...] Wenn Sie das Haus gemalt haben, dann können Sie in die einzelnen Zimmer hineinschreiben, was da an Gefühlen, Gedanken, Problemen und Sorgen wohnt.

Anselm Grün

Mein Haus sichten (2)

Fragen Sie sich, wo wohl die Drachme in Ihrem Haus liegen könnte, wo Sie sich auf die Suche machen sollten oder wo Sie Gott einlassen müssten, damit er Ihnen die Drachme zeigt.

Der deutsche Mystiker Johannes Tauler meint, in den Krisen unseres Lebens würde Gott selbst in unser Haus kommen und nach der Drachme suchen. Und er würde es wie eine Frau machen, die die Möbel umstellt, die Stühle hochhebt, um die Drachme zu finden. Vielleicht liegt die Drachme gerade dort, wo Sie sich am besten eingerichtet haben.

Wenn Sie Ihr Haus vor Gott meditiert und durchbetet haben, dann versuchen Sie einmal, eine halbe Stunde laut mit Gott zu reden. Halten Sie Ihr Haus Gott hin, und erklären Sie es ihm. Und dann fragen Sie Gott, was er wohl dazu sagen möchte.

Versuchen Sie sich vorzustellen, dass Gott jetzt wirklich da ist. Und dann sagen Sie ihm alles, was Ihnen einfällt. Aber fragen Sie sich dabei immer wieder: Was ist die eigentliche Wahrheit meines Lebens? Wie steht es eigentlich um mich? Was sollte ich diesem Gott endlich einmal sagen, was ich bisher immer geheimgehalten habe? Wo sollte ich Gott eintreten lassen, damit er alle Kammern meines Hauses mit seinem Licht durchleuchtet? [...] Wenn Sie Gott nicht spüren, drücken Sie Ihren Ärger vor Gott aus. Es ist nicht einfach, sich auf das laute Beten einzulassen. Aber vielleicht erfahren Sie dabei, dass es Sie in die Wahrheit führt. Und nur die Wahrheit wird uns frei machen.

Anselm Grün

Sich selbst lieben

Sich selbst lieben heißt sich annehmen. Auf den Rat, sich selbst anzunehmen, stößt man heute allerorten. Aber die Frage ist, wie ich das denn konkret tun soll. Lieben heißt gut haben, gut handhaben. Es hat etwas mit den Händen zu tun. Auch annehmen kann ich nur mit den Händen. Ich nehme etwas in meine Hände, es wird ein Teil von mir. Sich selbst annehmen heißt, sich selbst in seine Hände nehmen, zärtlich und gut mit sich umgehen. Liebe ist etwas Handgreifliches, etwas Leibhaftes. Ich gehe gut mit mir um, wenn ich meinen Leib gut behandle, ich soll ihn nicht verweichlichen, sondern durchsichtig machen auf Gott hin. Ich soll auf ihn hören. Durch Krankheit, durch Behinderungen, durch Schmerzen sagt er mir etwas über mich selbst. Was er mir sagt, das soll ich annehmen, in meine Hände nehmen, ein Teil von mir werden lassen, mich damit aussöhnen. Das Gleiche gilt für die Gedanken, die in mir aufsteigen. Auch sie soll ich annehmen, als einen Teil von mir akzeptieren. Aber ich soll auch unterscheiden, ob die Gedanken nicht von außen auf mich einstürmen und mich daran hindern, ich selbst zu sein.

Anselm Grün

AUGUST

Was ist eigentlich »Glück«?

DIE KUNST ZU LEBEN

Worauf es ankommt

Das Meiste von dem, was man unter Luxus versteht, und viele der so genannten Annehmlichkeiten des Lebens sind nicht nur entbehrlich, sondern geradezu Hindernisse für den Aufstieg der Menschheit. Was Luxus und Bequemlichkeit betrifft, so haben die Weisesten immer ein einfacheres und kärglicheres Leben geführt als die Armen. Niemand war ärmer an äußeren Reichtümern als die alten chinesischen, indischen, persischen und griechischen Philosophen, doch auch niemand so reich an inneren. Wir wissen nicht viel über sie. Es ist merkwürdig, wie viel wir trotzdem von ihnen wissen. Dasselbe gilt von den jüngeren Reformatoren und Wohltätern der Menschheit. Nur vom Standpunkt der freiwilligen Armut, wie wir sie nennen möchten, lässt sich das Leben unvoreingenommen und weise betrachten. Die Frucht eines Luxuslebens ist Luxus, im Ackerbau, im Handel, in der Literatur oder in der Kunst. Heutzutage gibt es Professoren der Philosophie, aber keine Philosophie. Dennoch kann man trefflich darüber dozieren, wie trefflich einst gelebt wurde. Um ein Philosoph zu sein, reicht es nicht aus, geistreiche Gedanken zu haben oder eine Schule zu begründen, sondern man muss die Weisheit so lieben, dass man nach ihr lebt, in Einfachheit, Unabhängigkeit, Großzügigkeit und Vertrauen. Man muss einige Rätsel des Lebens nicht theoretisch, sondern praktisch lösen.

Henry D. Thoreau

Von Löwen und Mäusen

Ein Löwe und eine Maus stehen sich gegenüber. Wer, denken Sie, hat eher das Bedürfnis, sich groß zu machen, viel größer, als er tatsächlich ist? Die Maus natürlich! Der Löwe ist sich seiner Bedeutung bewusst, er kennt seine Größe, seine Stärke und Macht. Er weiß schließlich, wer er ist. Die Maus, die sich ihm gegenüber sehr klein fühlt, vielleicht noch kleiner, als sie wirklich ist, ihr wird daran liegen, sich aufzubäumen, um im Angesicht des Löwen nicht ganz so mickrig zu erscheinen.

Wenn jemand sich allzu gerne künstlich in Szene setzt, wenn er etwas darzustellen versucht, dann ist dies häufig ein Zeichen dafür, dass sie all dies gar nicht sind. Jene, die groß reden, sich schmücken, sich über das Übliche hinaus zur Schau stellen, fühlen in sich nicht selten genau das Gegenteil. Und um der inneren Begrenztheit und Unzulänglichkeit entgegenzuwirken, wird außen mit Weite und Perfektion geprotzt.

Wer lässt sich allzu sehr beeindrucken von »großen Personen«, der Löwe oder die Maus? Wer weiß, wie klein sich solche »Persönchen« selbst erleben!

Ich selbst sein, Löwe oder Maus – wie auch immer ich mich fühle, gerade jetzt, heute, morgen, zu jeder Zeit: Ich akzeptiere, dass auch ich inneren und äußeren Einflüssen unterworfen bin und mal das Eine und mal das andere bin.

Sascha Veitl

Das Hemd des Zufriedenen (1)

Es war einmal ein reicher König, dem machte das Regieren so viele Sorgen, dass er darum nicht schlafen konnte die ganze Nacht. Das ward ihm zuletzt so unerträglich, dass er seine Räte zusammenberief und ihnen sein Leid klagte. Es war aber darunter ein alter erfahrener Mann, der erhob sich, da er vernommen, wie es um den König stand, von seinem Stuhle und sprach: »Es gibt nur ein Mittel, dass wieder Schlaf in des Königs Augen kommt, aber es wird schwer zu erlangen sein; so nämlich dem Könige das Hemd eines zufriedenen Menschen geschafft werden könnte und er das beständig auf seinem Leibe trüge, so halte ich dafür, dass ihm sicherlich geholfen wäre.«

Da das der König vernahm, beschloss er, dem Rate des klugen Mannes zu folgen, und wählte eine Anzahl verständiger Männer, die sollten das Reich durchwandern und schauen, ob sie nicht ein Hemd finden könnten, wie es dem Könige Not tat. Die Männer zogen aus und gingen zuerst in die schönen volkreichen Städte, weil sie gedachten, dass sie da wohl am ehesten zu ihrem Zwecke kämen; aber vergebens war ihr Fragen von Haus zu Haus nach einem zufriedenen Menschen.

Da sprachen die Männer untereinander: »Hier in der Stadt finden wir doch nimmer, wonach wir suchen; darum so wollen wir jetzunder auf das Land hinausgehen, da wird die Zufriedenheit wohl noch zu Hause sein«, sprachen's, ließen die Stadt mit ihrem Gewühle hinter sich und gingen den Weg durch das wallende Korn dem Dorfe zu. Sie fragten von Haus zu Haus, von Hütte zu Hütte. [...]

Wilhelm Busch (nach Leo N. Tolstoi)

Das Hemd des Zufriedenen (2)

Da kehrten die Männer traurig wieder um und begaben sich auf den Heimweg. Wie sie nun so in sorgende Gedanken vertieft über eine Flur dahinwandelten, trafen sie auf einen Schweinehirten, der da gemächlich bei seiner Herde lag; indem so kam auch des Hirten Frau, trug auf ihren Armen ein Kind und brachte ihrem Manne das Morgenbrot. Der Hirt setzte sich vergnüglich zum Essen, verzehrte, was ihm gebracht war, und nachdem so spielte er mit seinem Kinde. Das sahen die Männer des Königs mit Erstaunen, traten herzu und fragten den Mann, wie es käme, dass er so vergnügt wäre und hätte doch nur ein so geringes Auskommen.

»Meine lieben Herren«, sprach der Sauhirt, »das kommt daher, weil ich mit dem, was ich habe, zufrieden bin.« Da freuten sich die Männer höchlich, dass sie endlich einen zufriedenen Menschen gefunden hatten, und erzählten ihm, in welcher Sache sie von dem Könige wären ausgesandt worden, und baten ihn, dass er ihnen möchte für Geld und gute Worte ein Hemd von seinem Leibe geben. Der Sauhirt lächelte und sprach: »So gern ich Euch, meine lieben Herren, in Eurem Anliegen möchte zu Willen sein, so ist es mir doch nicht möglich; denn Zufriedenheit habe ich wohl, aber kein Hemd am Leibe.«[...] Betrübt und mit gesenkten Blicken traten sie wieder vor ihren Herrn und berichteten ihm, wie all ihr Suchen und Fragen sei vergeblich gewesen. [...] So musste denn der König seine Sorgen ferner tragen und voll Unruhe oft nächtelang auf seinem Bett liegen, ohne dass Schlaf in seine Augen kam.

Wilhelm Busch (nach Leo N. Tolstoi)

Was suchen wir?

Das Geheimnis des Glücks, nach dem jede Seele strebt, beruht auf der Kenntnis unserer Selbst. Der Mensch strebt nach Glück, nicht etwa weil Glück sein Unterhalt, sondern weil es sein ureigenstes Wesen ist. Daher sucht er sich selbst, wenn er nach Glück sucht. Die Neigung, nach dem Glück zu suchen, entspringt dem Gefühl des Menschen, etwas verloren zu haben, was ihm immer zu Eigen war, was zu ihm gehörte, was sein eigenes Selbst war, wenn er auch infolge eines Mangels an Glück, den seine Seele vom Tage ihrer Ankunft auf der Erde an empfindet und der von Tag zu Tag zunimmt, vergisst, dass sein eigenstes Wesen Glück ist. Er glaubt, Glück lasse sich erwerben. Und da er es glaubt, sucht er unablässig und in allen Richtungen danach. Schließlich findet er nach allem Suchen, dass wahres Glück nicht aus so genannten Vergnügungen besteht. Vergnügungen sind vielleicht der schwache Abglanz von wahrem Glück. Wenn ein Glück nur einen Augenblick dauert, wenn es von Dingen außerhalb von uns abhängt, ist es nur ein Vergnügen. In unserer Alltagssprache verwischen wir sehr oft den Unterschied zwischen Vergnügen und Glück. Ein Zeitvertreib, eine Unterhaltung, Belustigung, Fröhlichkeit – alles Dinge, die unsere Gedanken von unserer Verantwortung, von unseren Sorgen und Beschränkungen im Leben ablenken und uns einen Augenblick des Trostes verschaffen, lassen den Gedanken in uns aufkommen, sie seien Mittel zum Glück.

Hazrat Inayat Khan

Geheimnis des Nichtstuns

Gibt es überhaupt wahres Glück? Gibt es etwas, das unser Leben erhalten kann? Was soll ich tun und was soll ich glauben? Was soll ich meiden und wem soll ich folgen? Was soll ich annehmen und was zurückweisen? Was soll ich lieben und was soll ich hassen? Was die Welt schätzt, ist Reichtum, Rang, langes Leben und Güte. Was die Leute genießen, ist Gesundheit, gutes Essen, feine Kleidung, Schönheit und Musik. Was sie hassen, ist Armut, Niedrigkeit, jung sterben und hässliche Krankheit. Worüber sich die Leute Sorgen machen, ist, dass ihr Leib nicht gesund bleibt und dass sie nicht imstande sein könnten, schmackhafte Speisen zu genießen, feine Kleider zu tragen, schöne Dinge zu sehen und gute Musik zu hören. Wenn sie diese Dinge nicht erhalten können, verfallen sie in tiefe Trauer und Sorge. Solches Haften an Äußerlichkeiten ist wirklich töricht.

Ich betrachte Untätigkeit als das wahre Glück, während die Welt sie als großes Unglück ansieht. Es ist gesagt worden: »Vollkommenes Glück ist das Nichtvorhandensein des (Strebens nach) Glück; vollkommenes Ansehen ist das Nichtvorhanden sein (der Sorge um) Ansehen.«

Lao-tse

Drei Wege zum Glück

Ich konnte nie mehr als drei Wege, glücklicher (nicht glücklich) zu werden, auskundschaften. Der erste, der in die Höhe geht, ist: so weit über das Gewölke des Lebens hinauszudringen, dass man die ganze äußere Welt mit ihren Wolfsgruben, Beinhäusern und Gewitterableitern von weitem unter seinen Füßen nur wie ein eingeschrumpftes Kindergärtchen liegen sieht.

Der zweite ist: gerade herabzufallen ins Gärtchen und da sich so einheimisch in eine Furche einzunisten, dass, wenn man aus seinem warmen Lerchennest heraussieht, man ebenfalls keine Wolfsgruben, Beinhäuser und Stangen, sondern nur Ähren erblickt, deren jede für den Nestvogel ein Baum, und ein Sonnen- und Regenschirm ist.

Der dritte endlich – den ich für den schwersten und klügsten halte – ist der: mit den beiden anderen zu wechseln.

Jean Paul

Ein immerwährendes Sehnen

Das Geheimnis des Glücks ist unter der Hülle geistiger Erkenntnis verborgen. Und geistige Erkenntnis ist nur dies: dass im Menschenherzen ein immerwährendes Sehnen ist, etwas von seinem Ursprung zu erfahren, etwas von seinem ursprünglichen Zustand zu erleben – von dem Zustand des Friedens und der Freude, der gestört worden ist und immer wieder gestört wird und nach dem man das ganze Leben hindurch sich sehnt und sucht, nach dem zu suchen man nicht aufhören kann, bis schließlich der wahre Ursprung gefunden und verwirklicht ist. Was war es, das in der Wildnis Freude und Friede gab? Was war es, das in den Wäldern, in der Einsamkeit zu uns kam? Es war nichts anderes als die Tiefe des eigenen Lebens, die still ist wie die Tiefe des großen Meeres, so still, so ruhig. Es ist die Oberfläche des Meeres, die Wellen wirft und dröhnend brandet; die Tiefe ist ruhig, ist still. So ist auch die Tiefe unseres eigenen Wesens still.

Hazrat Inayat Khan

Wissen, was es sei – das Lebensglück

Jedermann wünscht sich ein glückliches Leben, aber wenn es zu erkennen gilt, was es sei, das das Lebensglück schaffe, dann tappen die Leute im Nebel. Vor allem muss daher unser Grundsatz sein, dass wir nicht nach Art der Tiere der vorangehenden Herde folgen und nicht den Weg einschlagen, den man geht, sondern den, den man gehen soll. Nichts verwickelt uns in größeres Unheil, als wenn wir uns nach dem Gerede der Leute richten und das für das beste Leben halten, was allgemein Beifall findet und wofür wir viele Vorbilder haben, wenn wir, anstatt vernunftgemäß, leben wie die andern. Nur wenn wir uns von der großen Menge absondern, werden wir gesund. Es steht mit den menschlichen Verhältnissen nicht so gut, dass der Mehrheit das Bessere gefiele: Die Menge ist im Gegenteil ein Beweis für das Schlimmste. Wir müssen also fragen, welche Handlungsweise die beste, nicht welche die gewöhnlichste sei.

Lucius Annaeus Seneca

Der Weg

»Wie erlangt man das Glück?«

»Durch Erlernen, mit allem, was man erhält, zufrieden zu sein.«

»Dann kann man sich nie etwas wünschen?«

»Doch, man kann«, sagte der Meister, »vorausgesetzt, man tut dies in der Einstellung jenes ängstlichen Vaters, den ich einmal in einer Entbindungsstation traf. Als die Hebamme sagte: ›Sie haben sich bestimmt einen Jungen gewünscht, es ist aber ein Mädchen‹, erwiderte der Mann: ›Ach, das macht wirklich nichts, denn ich habe mir ein Mädchen gewünscht, falls es kein Junge ist.‹»

Ein Wanderer: »Wie wird das Wetter heute?«

Der Schäfer: »So, wie ich es gerne habe.«

»Woher wisst Ihr, dass das Wetter so sein wird, wie Ihr es liebt?«

»Ich habe die Erfahrung gemacht, mein Freund, dass ich nicht immer das bekommen kann, was ich gerne möchte. Also habe ich gelernt, immer das zu mögen, was ich bekomme. Deshalb bin ich ganz sicher: Das Wetter wird heute so sein, wie ich es mag.« – Was immer geschieht, an uns liegt es, Glück oder Unglück darin zu sehen.

Anthony de Mello

Nicht im Handel

Kennst du die Formel vom Glück? Sie ist nicht zu kaufen, sonst wären alle Reichen glücklich. Ich habe oft den Eindruck, dass genau das Gegenteil zutrifft. Sie ist nicht im Handel, und man kann sie auch nicht wie eine Pille oder ein Pulver einnehmen.

Ist dir schon aufgefallen, dass die Menschen immer sagen: »Was würde ich glücklich sein, wenn ich bloß einen anderen Mann oder eine andere Frau geheiratet hätte; wenn ich mehr Geld oder ein eigenes Häuschen hätte; wenn ich weniger mit dem Rheuma zu tun hätte; wenn ...« Selten triffst du einen Menschen, der sagt: »Was bin ich doch reich, was bin ich doch glücklich! Ich habe zwei Augen, um so viel Schönes zu sehen. Zwei Füße, um zu laufen und zu springen. Ich kann singen und arbeiten, ich kann verliebt sein. Ich bin im siebenten Himmel.«

Für alles in unserer Welt haben wir eine Formel gefunden, außer für das Glück. Wäre sie auf Knopfdruck zu bekommen, dann würden wir sie schon längst haben. Die Formel des Glücks kommt allein aus dem Herzen. Aber nur aus einem Herzen, das gegen alles Gewohnte einfach und ehrlich ist, gütig und den Frieden liebend, das nicht immer fordert, aber immer bereit ist zu geben. Geh mal in dein eigenes Herz und schau nach, was dort deinem Glück im Wege steht.

Phil Bosmans

Das gehört mir!

Eine alte Frau starb, und Engel brachten sie vor den Richterstuhl. Bei Durchsicht ihrer Akte fand der Richter jedoch keine einzige barmherzige Tat, außer dass sie einmal einem hungrigen Bettler eine Karotte gegeben hatte. Eine einzige liebevolle Tat wiegt jedoch sehr viel, und so beschloss man, sie um dieser Karotte willen in den Himmel zu bringen. Die Karotte wurde dem Gericht vorgeführt und ihr übergeben. Im gleichen Augenblick, als sie sie ergriff, begann die Karotte, wie von unsichtbaren Fäden gezogen, aufzusteigen und trug die Frau mit sich gen Himmel.

Ein Bettler tauchte auf. Er klammerte sich an den Saum ihres Kleides und wurde mit ihr zusammen hochgehoben. Eine dritte Person bekam den Fuß des Bettlers zu fassen und wurde auch hochgezogen. Bald war da eine lange Menschenkette, die von dieser Karotte emporgezogen wurde. Und so seltsam es auch klingen mag, die Frau spürte das Gewicht der vielen Leute nicht, die sich an ihr festhielten; tatsächlich bemerkte sie sie gar nicht, da sie himmelwärts blickte. – Sie stiegen immer höher, bis sie beinahe das Himmelstor erreicht hatten. Da schaute die Frau zurück, um noch einen letzten Blick auf die Erde zu tun und sah das ganze Gefolge. Sie war empört! Mit einer gebieterischen Handbewegung rief sie: »Macht, dass ihr wegkommt, alle! Das ist *meine* Karotte!« Bei dieser herrischen Geste musste sie die Karotte einen Augenblick loslassen – und stürzte mit ihrem ganzen Tross in die Tiefe. – Alles Übel der Welt hat eine Ursache: »Das gehört mir!«

Anthony de Mello

Die Tiefe unseres Wesens

Das Geheimnis des Glücks ist unter der Hülle geistiger Erkenntnis verborgen. Und geistige Erkenntnis ist nur dies: dass im Menschenherzen ein immerwährendes Sehnen ist, etwas von seinem Ursprung zu erfahren, etwas von seinem ursprünglichen Zustand zu erleben – von dem Zustand des Friedens und der Freude, der gestört worden ist und immer wieder gestört wird und nach dem man das ganze Leben hindurch sich sehnt und sucht, nach dem zu suchen man nicht aufhören kann, bis schließlich der wahre Ursprung gefunden und verwirklicht ist.

Was war es, das in der Wildnis Freude und Friede gab? Was war es, das in den Wäldern, in der Einsamkeit zu uns kam? Es war nichts anderes als die Tiefe des eigenen Lebens, die still ist wie die Tiefe des großen Meeres, so still, so ruhig. Es ist die Oberfläche des Meeres, die Wellen wirft und dröhnend brandet; die Tiefe ist ruhig, ist still. So ist auch die Tiefe unseres eigenen Wesens still.

Hazrat Inayat Khan

Zuhören

Ein Mann, der die dauernden Streitigkeiten mit seiner Frau nicht länger ertragen konnte, bat den Meister um Rat und Hilfe.

»Kaum macht einer von uns den Mund auf, unterbricht ihn der andere schon. Ein Wort ergibt das andere, dann haben wir gleich wieder Streit miteinander, und jeder von uns ist mürrisch und schlecht gelaunt«, sagte der Mann. »Dabei lieben wir uns doch, aber so kann es nicht weitergehen. Ich weiß einfach nicht mehr, was ich machen soll.«

»Du mußt lernen, deiner Frau zuzuhören«, sagte der Meister. »Und wenn du sicher bist, dass du diese Regel beherrschst, dann komme wieder zu mir.«

Nach drei Monaten sprach der Mann wieder beim Meister vor und erklärte, er habe jetzt gelernt, auf jedes Wort, das seine Frau sagt, zu hören.

»Gut«, sagte der Meister mit einem Lächeln. »Wenn du in einer glücklichen Ehe leben willst, musst du jetzt noch lernen, auf jedes Wort zu hören, das sie nicht sagt.«

Norbert Lechleitner

Ich bin zu Hause zwischen Tag und Traum

Ich bin zu Hause zwischen Tag und Traum.
Dort wo die Kinder schläfern, heiß vom Hetzen,
dort wo die Alten sich zu Abend setzen,
und Herde glühn und hellen ihren Raum.

Ich bin zu Hause zwischen Tag und Traum.
Dort wo die Abendglocken klar verklangen
und Mädchen, vom Verhallenden befangen,
sich müde stützen auf den Brunnensaum.

Und eine Linde ist mein Lieblingsbaum;
und alle Sommer, welche in ihr schweigen,
rühren sich wieder in den tausend Zweigen
und wachen wieder zwischen Tag und Traum.

Rainer Maria Rilke

Der Meister nahm einen Stift ...

Zum Meister kam ein Mann und bat ihn, er möge einen Gedanken niederschreiben, der ihm und seiner Familie Anregung und Verpflichtung sein möge, damit das Glück seinem Hause gewogen bleibe.

Der Meister nickte nachdenklich. Dann nahm er einen Stift und schrieb:

Vater stirbt. Sohn stirbt. Enkel stirbt.

Das war nun gar kein so weises und glückverheißendes Motto in dem Sinne, wie es sich der Mann erhofft hatte. »Willst du mich verhöhnen?«, rief er verärgert. »Natürlich werden wir alle sterben. Aber das ist doch kein Glücksmotto, das meiner Familie hilft!«

»Ich hatte nicht die Absicht, dich zu verärgern«, sagte der Meister. »Und der Gedanke, den ich dir aufgeschrieben habe, ist tatsächlich ein Gedanke des Glücks. Denn bedenke das Unglück, wenn dein Sohn vor dir sterben würde. Wenn dein Enkel vor deinem Sohn sterben würde, wie stände es dann um euer Glück? Wenn in deiner Familie viele Generationen lang in der von mir geschriebenen Reihenfolge gestorben wird, so ist das der natürliche, von keinen schmerzlichen Verlusten erschütterte Ablauf des Lebens. Das nenne ich wahres Glück.«

Norbert Lechleitner

Das Glück ist nicht zu haben

Ganz überrascht lese ich in meinem Tagebuch folgenden Satz: »Ich bin glücklich, wenn das Unglücklichsein in meinem Leben Platz haben darf.«

Je mehr ich mich mit diesem Gedanken anfreunde, umso mehr erahne ich, was wahres Glück ist. Es ereignet sich im Genießen des Geschenkcharakters unseres Lebens und im Annehmen unserer Begrenztheit. So erfahre ich ein erfülltes und glückliches Menschsein, weil es Zeiten des Lachens und des Weinens, der Konflikte und der Versöhnung, des Hoffens und der Zweifel, des Suchens und Findens geben darf und immer geben wird.

Das Glück ist nie zu haben, es ist im Werden, jeden Tag neu.

Pierre Stutz

Stossdämpfer

Wenn alles so traurig ist, dass keiner mehr lachen kann, und alles so aussichtslos, dass es nichts mehr zu lachen gibt, dann kann allein der Humor immer noch ein Lächeln hervorzaubern. Nicht weil es Freude gibt, gibt es Humor, sondern dort, wo alle Freude gestorben ist, an den dunklen Tagen voller Ängste, gerade dort lebt der Humor. Humor trägt die Menschen durch die Wüsten des Lebens und sorgt dafür, dass sie nicht zugrunde gehen, in lauter Weh und Ach.

Humor lehrt relativieren. Humor hilft, trotz allem zu lachen. Humor findet man nicht durch krampfhaftes Suchen. Humor ist ein Geschenk. Humor lässt den Kopf lachen, während das Herz weint. Man entdeckt plötzlich, wie Elefanten Mäuschen gebären, wie aufgeblasen Menschen sind, die andere heruntermachen. Und man wird weniger empfindlich.

Wenn es im Leben kracht,
ist Humor ein guter Stoßdämpfer.

Phil Bosmans

Seltsame Sachen

Viele machen es gerade umgekehrt. Mit dem, was sie haben, sind sie unzufrieden. Deshalb kaufen sie Sachen, die sie gar nicht brauchen. Nur weil der Nachbar sie hat, weil die Reklame sie anpreist und weil sie damit gewissen Leuten imponieren möchten, die sie nicht leiden können.

Mach da nicht mit! Du hast nur etwas Überflüssiges mehr, und schon morgen sticht dir etwas Neues in die Augen. Früher oder später merkst du doch, dass alle diese seltsamen Sachen dich nicht glücklicher machen. Reich und glücklich bist du, nicht wenn du viel besitzt, sondern viel entbehren kannst. Suche nicht, Reichtum zu haben, sondern ein Reichtum zu sein – für andere.

Warum sind so viele steinreiche Menschen so unzufrieden und so unglücklich? Sie liegen festgebunden mit einer Kette, mit der sie alles für sich haben wollen. Glück hat nichts zu tun mit Besitz. Es liegt nicht an fernen Palmenstränden, es kommt auch nicht per Euroscheck. Sorge für ein zufriedenes Herz, dann wird das Glück dir folgen. Lass andere es an der Riviera suchen. [...]

Um glücklich zu sein,
ist nicht wichtig, mehr zu besitzen,
sondern weniger zu begehren.

Phil Bosmans

Glückseligkeit

Uns wurde gesagt, dass Glücklichsein gutes Aussehen ist, ein Ferienhaus zu besitzen und vieles mehr. Das ist kein Glücklichsein, aber wir haben feinsinnige Wege entwickelt, unser Glück aus anderen Dingen herzuleiten, seien sie in uns oder um uns. Wir sagen: »Ich weigere mich, glücklich zu sein, bis meine Neurose weg ist.«

Ich habe gute Nachrichten für Sie: Sie können jetzt glücklich sein, *mit* der Neurose. Möchten Sie eine noch bessere Nachricht? Es gibt nur einen Grund, weshalb Sie nicht das erfahren, was wir in Indien *anand* nennen – Glückseligkeit; nur einen Grund, weshalb Sie in genau diesem Augenblick keine Glückseligkeit erfahren, weil Sie an etwas denken oder etwas zum Mittelpunkt erheben, was Sie nicht haben. Sonst würden Sie Glückseligkeit erfahren. Sie konzentrieren sich auf etwas, was Sie nicht haben. Aber genau jetzt haben Sie alles, was Sie brauchen, um glückselig zu sein.

Jesus sprach mit gesundem Menschenverstand zu einfachen Leuten, zu Hungernden und Armen. Er verkündete ihnen die gute Nachricht: Jetzt seid ihr an der Reihe. Doch wer hört schon zu? Es interessiert ja niemand, sie schlafen weiter.

Anthony de Mello

Anders sehen Kinder die Natur

Der gewöhnliche Mensch, der mit den Menschen lebt und die Natur nur so weit sieht, als sie sich auf ihn bezieht, wird dieses rätselhaften und unheimlichen Verhältnisses selten gewahr. Er sieht die Oberfläche der Dinge, die er und seinesgleichen seit Jahrhunderten geschaffen haben, und glaubt gerne, die ganze Erde nehme an ihm teil, weil man ein Feld bebauen, einen Wald lichten und einen Fluss schiffbar machen kann.

Sein Auge, welches fast nur auf Menschen eingestellt ist, sieht die Natur nebenbei mit, als ein Selbstverständliches und Vorhandenes, das soviel als möglich ausgenutzt werden muss. Anders schon sehen Kinder die Natur; einsame Kinder besonders, welche unter Erwachsenen aufwachsen, schließen sich ihr mit einer Art von Gleichgesinntheit an und leben in ihr, ähnlich den kleinen Tieren, ganz hingegeben an die Ereignisse des Waldes und des Himmels und in einem unschuldigen, scheinbaren Einklang mit ihnen.

Rainer Maria Rilke

Glück ist Ansichtssache

Eine chinesische Geschichte erzählt von einem alten Bauern, der ein altes Pferd für die Feldarbeit hatte. Eines Tages entfloh das Pferd in die Berge, und als alle Nachbarn des Bauern sein Pech bedauerten, antwortete der Bauer: »Pech? Glück? Wer weiß?«

Eine Woche später kehrte das Pferd mit einer Herde Wildpferde aus den Bergen zurück, und diesmal gratulierten die Nachbarn dem Bauern wegen seines Glücks. Seine Antwort hieß: »Glück? Pech? Wer weiß?«

Als der Sohn des Bauern versuchte, eines der Wildpferde zu zähmen, fiel er vom Rücken des Pferdes und brach sich ein Bein. Jeder hielt das für ein großes Pech. Nicht jedoch der Bauer, der nur sagte: »Pech? Glück? Wer weiß?«

Ein paar Wochen später marschierte die Armee ins Dorf und zog jeden tauglichen jungen Mann ein, den sie finden konnte. Als sie den Bauernsohn mit seinem gebrochenen Bein sahen, ließen sie ihn zurück. War das nun Glück? Pech? Wer weiß?

Anthony de Mello

Menschen, die auf dem Kopf stehen

Vollkommenes Glück wird Erfolg genannt. Wenn die Alten von Erfolg sprachen, meinten sie nicht die Merkmale von Rang und Ehre; sie verstanden unter Erfolg den Zustand, in dem das eigene Glück vollkommen ist. Der heutige Mensch versteht unter Erfolg Rangabzeichen und Ehrenzeichen. Aber Rangabzeichen und Ehrenzeichen auf dem Leib eines Menschen haben mit seiner ursprünglichen Persönlichkeit nichts zu tun. Es sind Dinge, die ihm für einen gewissen Zeitraum geliehen sind. Man kann sie weder zurückweisen, wenn sie einem verliehen werden, noch kann man sie behalten, wenn sie einem genommen werden. Darum sollte man über solchen Abzeichen einer Befehlsgewalt sich selbst nicht vergessen, noch wegen Misserfolg und Armut das Gleiche tun, was die Welt tut.

Wer in Erfolg und Misserfolg gleich glücklich ist, ist ohne Leid. Wenn einer unglücklich ist, weil ihm erborgte Dinge genommen werden, hatte offenbar sein wahres Selbst bereits verloren, als er glücklich war. Darum heißt es: »Die, welche ihr Selbst an materielle Dinge und ihr wahres Wesen an die materiellen Werte verlieren, sind Menschen vergleichbar, die auf dem Kopfe stehen.«

Lao-tse

Sehnsucht nach dem Guten

Wünsche dir, dass du etwas vom Geheimnis des Glücks erfährst. Es ist nicht zu berechnen, aber es lässt sich ermöglichen und einladen. Wir können keinen Anspruch darauf erheben und es von anderen erwarten. Aber wir können damit anfangen, es zu verschenken und zu gestalten.

Wünsche dir, dass du die Sehnsucht nach dem Guten nie verlierst. Bleib unterwegs zu dir selbst und anderen Menschen, auch heute.

Glück ist kein Ziel, sondern eine Randerscheinung, die entdeckt werden will. Nicht ein Wegweiser, sondern ein Schritt, der erst gegangen werden muss, damit er weiterführen kann.

Glücksmomente mögest du erleben, die dich mit Leib und Seele spüren lassen, dass du auf dem richtigen Weg bist: auf deinem eigenen.

Es gibt keinen Weg zum Glück, nur das Glück am Wege. In diesem Sinne wünsche dir, dass dir dein Leben glückt, auch wenn du nicht immer nur glücklich sein kannst.

Wer sich seines Lebens freut, der kann auch andere beglücken.

Thomas Romanus

Immer häufiger stelle ich fest,
dass ich schon mit sehr wenig zufrieden
sein kann

Manche Wunschliste wird größer und größer: ein neues Auto, dreimal im Jahr eine interessante Städtereise, Kleidung nach der aktuellen Mode, Auffrischung für den Weinkeller, ein Handy der aktuellen Generation, neue italienische Möbel im Wohnzimmer, Speisen im Gourmetrestaurant, Kunst und Schmuck, mal wieder neues Reisegepäck und endlich eine Designerküche, für die ich mich nicht schämen muss, wenn ich Besuch habe.

Ich habe lange Zeit gedacht, dass der Weg zum Glück über meine Wunschliste führt. Mit jedem neuen, teuren Stück glaubte ich, mir etwas Gutes zu tun. Doch heute weiß ich, dass ich mir etwas vorgemacht habe. Verdienen und das Geld wieder ausgeben wurde für mich zum Lebenszweck.

Wie gut, dass Glück andere Gründe hat: Vertrauen, Liebe, Glauben, Verzeihen, Dankbarkeit – und die Freude an den kleinen Dingen.

Rainer Haak

Das ruhelose Rad unserer Wünsche

Wenn es einem gut geht, dann wundert man sich darüber, wie man sich verhalten würde, wenn man krank wäre; wenn man es ist, nimmt man fröhlich seine Medizin: Die Krankheit zwingt uns dazu. Man hat nicht mehr die Leidenschaften und das Verlangen nach Zerstreuung und Spaziergängen, welche die Gesundheit uns gab, und die mit den Notwendigkeiten der Krankheit unvereinbar sind. Die Natur gibt uns dann Leidenschaften und Wünsche, die dem augenblicklichen Zustand entsprechen. Nur die Ängste, die wir uns selbst bereiten, verwirren uns, und nicht die Natur; denn diese Ängste fügen zu dem Zustand, in dem wir uns befinden, die Leidenschaften des Zustandes, in dem wir uns nicht befinden.

Da die Natur uns in allen Zuständen stets unglücklich macht, schaffen sich unsere Sehnsüchte einen Zustand des Glückes; denn zu dem Zustand, in dem wir uns befinden, fügen sie die Freuden des Zustandes, in dem wir uns nicht befinden; und wenn wir diese Freuden erlangen würden, so wären wir darum nicht glücklich, weil wir dann andere Wünsche hätten, die dem neuen Zustand entsprächen.

Man muss diesen allgemeinen Satz auf das Einzelne anwenden.

Blaise Pascal

Was meine Seele wirklich braucht

Wenn es nach der Werbung geht, würde das Leben viel einfacher und zugleich aufregender sein. Dank meines Parfüms wäre ich unwiderstehlich. Mit meinem neuen Auto würde ich mich frei wie ein Vogel fühlen. Durch das richtige Reinigungsmittel wäre das Saubermachen ein Kinderspiel. Mit dem entsprechenden Getränk würde ich mich wie ein Weltenbummler fühlen. Und die richtige Versicherung würde mir die meisten meiner Probleme abnehmen.

Die Werbung spricht meine Träume und Sehnsüchte an. Doch ich weiß genau, dass sie durch die angebotenen Produkte nicht erfüllt werden! Im Gegenteil! Ich gebe viel zu viel Geld für Dinge aus, die ich nicht brauche und die mich nur davon ablenken, wirklich und intensiv zu leben.

Ich will fragen, was meine Seele wirklich braucht. Ich will ihre Sehnsucht ernst nehmen und mich nicht länger mit Ersatzlösungen zufrieden geben.

Rainer Haak

Was ist das Ich?

Wenn ein Mensch sich ans Fenster setzt, um die Vorübergehenden zu beobachten, und ich gehe an ihm vorbei, kann ich dann sagen, dass er sich ans Fenster gesetzt hat, um mich zu sehen? Nein; denn er denkt nicht an mich im Besonderen, aber der, welcher jemanden um seiner Schönheit willen liebt, liebt der ihn? Nein; denn die Blattern, welche die Schönheit töten, ohne die Person zu töten, werden bewirken, dass er ihn nicht mehr liebt.

Und wenn man mich um meines Urteils, meines Gedächtnisses willen liebt, liebt man dann mich? Nein! Denn ich kann diese Eigenschaften verlieren, ohne mich selbst zu verlieren. Wo ist also dieses *Ich,* wenn es weder im Leibe noch in der Seele ist? Und wieso liebt man den Leib oder die Seele, wenn nicht um dieser Eigenschaften willen, die nicht das sind, was das Ich konstituiert, da sie vergänglich sind? Könnte man denn die seelische Substanz einer Person abstrakt lieben und irgendwelche Eigenschaften, die sich darin befinden? Das ist unmöglich und wäre ungerecht. Man liebt also nie jemanden, sondern immer nur Eigenschaften.

Man mache sich also nicht mehr lustig über die, welche sich um ihrer Ämter und Aufgaben willen ehren lassen, denn man liebt die Menschen nur um geborgter Eigenschaften willen.

Blaise Pascal

Den Sonnenuntergang miterleben …

Eben noch war es taghell. Jetzt stehe ich mit meinen Kindern am Flussufer, und wir blicken fasziniert in die Ferne. Die Sonne nähert sich dort wie ein roter Feuerball langsam dem Horizont. Wir erleben mit, wie sich die Welt um uns verändert. Plötzlich ist es fast dunkel. Am Horizont erinnert nur noch ein schwacher, rötlicher Lichtstreifen an die Sonne, die uns heute den ganzen Tag über begleitet hat.

Wir sind noch ganz beeindruckt von dem Schauspiel, das sich uns geboten hat. Noch lange sprechen wir über die Sonne und die Erde, das Licht und die Dunkelheit, die Wärme und die Kälte. Und erst, als wir zu frieren beginnen, machen wir uns erfüllt und schweigend auf den Heimweg.

Es gibt Dinge, für die brauchen wir Zeit. Dann können wir das Staunen lernen über das Leben und die Ewigkeit. Dann erfahren wir etwas über die Liebe und die Hoffnung – und über das Glück, ein Mensch zu sein.

Rainer Haak

Eine einzige Stunde

In Stunden, da du nichts außer dir hast, das dich erfreuen oder lieblich beschäftigen könnte, kannst du, in dich selbst geschmiegt, dich mit deinen eigenen Gedanken besprechen und eine Unterhaltung in dir selbst finden, die dich den angenehmsten Umgang und die ausgesuchtesten Ergötzungen nicht vermissen lässt. Lass keine dieser glücklichen, aber geflügelten Stunden ungenossen vorbeigehen, da die Seele in einer erwünschten Einsamkeit aufgelegt ist, sich selbst glücklich zu machen.

Eine einzige solche Stunde wird einen sanften Glanz auf ganze Tage verbreiten und dir eine neue Kraft zum wahren Leben einflößen.

Christoph Martin Wieland

Was ist Glück?

Was ist Glück? Die einen meinen damit den Hauptgewinn im Lotto, die anderen verstehen darunter eine tiefe Zufriedenheit. Für den einen hat Glück etwas mit Erfolg zu tun, für den anderen mit der großen Liebe.

Es gibt viele Menschen, die felsenfest der Meinung sind, dass das Glück einen großen Bogen um sie macht. Obwohl sie sich die größte Mühe geben, will nichts in ihrem Leben so richtig gelingen. Weder begegnet ihnen die große Liebe noch sind sie beruflich erfolgreich. Stattdessen wird direkt vor ihrer Wohnung eine Durchgangsstraße gebaut oder verlieren ihre Aktien ständig an Wert.

Ob sie wirklich glücklicher wären, wenn sie mehr Geld verdienen würden? Ob sie zufrieden wären, wenn die Straße doch nicht gebaut würde? Und ob die große Liebe halten und das Glück garantieren würde?

Vielleicht kommt das Glück auch noch zu ihnen. Es muss ja nicht der Hauptgewinn sein, es kann auch einfach das Gefühl sein, gerne zu leben.

Rainer Haak

SEPTEMBER

Der Himmel ist ganz nah

GESCHWISTER:
GLÜCK UND SPIRITUALITÄT

Stilles Glück

Monatelang bewarb sich ein Freier erfolglos um ein Mädchen und litt schreckliche Qualen, dass er abgewiesen wurde. Schließlich gab die Liebste nach. »Komm dann und dann dort und dorthin«, sagte sie zu ihm.

Endlich saß also der Freier zur festgesetzten Zeit am festgesetzten Ort neben seiner Liebsten. Er griff in die Tasche und zog ein Bündel Liebesbriefe heraus, die er ihr in den letzten Monaten geschrieben hatte. Es waren leidenschaftliche Briefe, die von seinem Schmerz sprachen und von dem brennenden Wunsch, die Wonnen der Liebe und Vereinigung zu kosten. Er begann, sie seiner Liebsten vorzulesen. Stunden vergingen, und er las immer weiter.

Schließlich sagte die Frau: »Was bist du doch für ein Narr! Diese Briefe handeln alle von mir und deiner Sehnsucht nach mir. Nun sitze ich doch hier neben dir, und du liest weiter deine dummen Briefe vor.«

»Hier sitze ich neben dir«, sagte Gott zu seinem eifrigen Anhänger, »und du zerbrichst dir den Kopf weiter über mich, bemühst deine Zunge, um über mich zu reden, und Bücher, um über mich zu lesen. Wann wirst du endlich still und spürst mich?«

Anthony de Mello

»Wähle!«

Gott hatte einmal Erbarmen mit einem Menschen, der sich über sein zu schweres Kreuz beklagte. Er führte ihn in einen Raum, wo alle Kreuze der Menschen aufgestellt waren, und sagte zu ihm: »Wähle!«

Der Mensch machte sich auf die Suche. Da sah er ein ganz dünnes Kreuz, aber dafür war es sehr lang und größer als sein eigenes. Er sah ein ganz kleines, aber als er es aufheben wollte, war es schwer wie Blei. Dann sah er eins, das gefiel ihm, und er legte es auf seine Schultern. Doch gerade an der Stelle, wo es auf der Schulter auflag, hatte es eine scharfe Spitze, die ihm wie ein Dorn ins Fleisch drang.

So hatte jedes Kreuz etwas Unangenehmes, und als er alle Kreuze angesehen hatte, hatte er noch immer nichts Passendes gefunden.

Dann entdeckte er eins, das hatte er übersehen, weil es so versteckt stand. Es war nicht zu schwer, nicht zu groß, so richtig handlich, wie geschaffen für ihn. Dieses Kreuz wollte er in Zukunft tragen.

Und als er näher hinschaute, merkte er, dass es sein Kreuz war, das er bisher getragen hatte.

Adalbert von Chamisso

Der Himmel ist mir ganz nah

Es gibt Zeiten, in denen kommt es mir vor, ich würde durch die Hölle gehen: Ein geliebter Mensch stirbt, oder ich glaube, selbst dem Tod ganz nahe zu sein. Ich halte die Schmerzen nicht aus oder traue mich vor lauter Angst nicht mehr aus dem Haus. Ich mag mich selbst nicht mehr. Ich leide unter der Lieblosigkeit oder Brutalität meiner Mitmenschen.

Zum Glück geschieht das aber nicht oft. Zum Glück lebe ich meistens sehr gern. Zum Glück freue ich mich immer wieder meines Lebens. Zum Glück hält keine Enttäuschung und kein Schmerz auf Dauer an. Zum Glück überwinde ich irgendwann meine Angst. Zum Glück mag ich mich meistens und lerne immer wieder sehr liebevolle, freundliche Menschen kennen.

Manchmal kommt es mir sogar so vor, als würde mir der Himmel ganz nah sein. Ich erlebe, wie Menschen sich gegenseitig verzeihen. Ich erfahre von einer Welle der Hilfsbereitschaft. Ich spüre, wie der Mut in mir wächst. Und mir wird deutlich, wie sehr ich die Menschen und das Leben liebe.

Rainer Haak

Was das Leben zum Leuchten bringt

Eine Kerze kann ein schönes Sinnbild sein. Sie brennt still und langsam, erfüllt den sie umgebenden Raum mit Licht und einer Atmosphäre, die vieles atmet, was sich nicht sehen oder selten Worte finden lässt. Aber sie brennt nicht nur für andere, sie verzehrt sich auch für das Licht. Sie fragt nicht nach dem Sinn, sondern ist einfach da und verschenkt Helligkeit an jeden, der in ihre Nähe kommt. Sie erschafft einen eigenen Lebensraum, setzt ihre kostbare Flamme dem Wind aus und riskiert zu verlöschen, bevor ihre Kraft am Ende ist. Solange sie brennt und dabei immer kleiner wird, gibt sie uns die Möglichkeit zu erfahren, was unser Leben zum Leuchten bringen kann.

Wünsche dir, dass du wie eine Kerze dein Licht teilst und weiterreichst, dass du von deinem Licht verschenkst, ohne selbst dabei ärmer zu werden.

Thomas Romanus

Es gibt noch Engel

Sie leben und arbeiten für Menschen, die weniger Glück hatten. Sie zählen die Stunden nicht, und ihre Liebe zu den Menschen ist größer als ihr Streben nach Geld und Besitz. Sie reichen ihnen die Hände und bieten ihre Freundschaft an. Sie machen Zimmer sauber und decken den Tisch. Sie gehen mit Einsamen spazieren. Sie kümmern sich um Arbeitsplätze. Sie gehen in Gefängnisse. Sie sorgen für eine warme Wohnung. Sie streichen an und reparieren. Wenn sie nicht wären, würden viele keinen Tisch, kein Bett, keine Hilfe und keine Freundschaft gefunden haben. Viele Herzen wären vor Kälte gestorben.

Es gibt noch Engel – mitten unter uns. Sie haben keine Flügel, aber ihr Herz ist ein sicherer Hafen für alle, die in Not geraten sind durch die Stürme des Lebens.

Phil Bosmans

Stelle dir dein Wesen vor

Stelle dir dein Wesen als einen tiefen See mit kleiner Oberfläche vor. Die Oberfläche ist das Bewußtsein. Dort ist es hell, dort geht das vor sich, was wir denken heißen. Der Teil des Sees aber, der diese Oberfläche bildet, ist ein unendlich kleiner. Er mag der schönste, der interessanteste Teil sein, denn in der Berührung mit Luft und Licht erneuert, verändert, bereichert sich das Wasser. Aber die Wasserteile selbst, die an der Oberfläche sind, wechseln unaufhörlich. Immer steigt es von unten, sinkt von oben, immer geschehen Strömungen, Ausgleichungen, Verschiebungen, jeder Teil Wassers will auch einmal oben sein. – Wie nun der See aus Wasser, so besteht unser Ich oder unsre Seele (es ist nichts an den Worten gelegen) aus tausend und Millionen Teilen, aus einem stets wachsenden, stets wechselnden Gut von Besitz, von Erinnerungen, von Eindrücken. Was unser Bewußtsein davon sieht, ist die kleine Oberfläche. Den unendlich größeren Teil ihres Inhalts sieht die Seele nicht. Reich und gesund nun und zum Glück fähig scheint mir die Seele, in der aus dem großen Dunkel nach dem kleinen Lichtfelde hin ein beständiger, frischer Zuzug und Austausch vor sich geht.

Hermann Hesse

Das Glück der anderen

Wenn du selbst glücklich bist,
dann ist das einzige, was dir fehlt:
das Glück der anderen. [...]
Ich bin kein Theoretiker.
Das Buch, das ich gelesen,
die Universität, an der ich gelernt habe,
ist der lebendige Mensch.

Mensch, du bist nicht gemacht
für Industrie und Produktion,
für Konto und Konsum.
Du bist gemacht, um »Mensch« zu sein.
Du bist geschaffen für das Licht,
für die Freude, um zu lachen und zu singen,
um zu leben in Liebe und um da zu sein
für das Glück der Menschen um dich herum.

Du bist geschaffen nach dem Bild eines Gottes,
der Liebe ist.
Mit Händen, um zu geben,
mit einem Herzen, um zu lieben,
und mit zwei Armen, die sind gerade so lang,
einen anderen zu umarmen.

Phil Bosmans

Einfach aufgeben

Wie können Sie von einem Menschen, der an etwas krampfhaft festhält, erwarten, dass er sich auf das weite Meer des Glücks hinauswagt, das Reich Gottes heißt? Genauso gut kann man von einem Kamel erwarten, dass es durch ein Nadelöhr geht!

Das Tragische an solchem Festhalten ist freilich, dass es unglücklich macht, sobald man nicht bekommt, woran man sich klammert. Und bekommt man es, macht es ebenso wenig glücklich – es verschafft uns nur das schnelle Vergnügen, den Genuss, gefolgt vom Überdruss und seinem selbstverständlichen Begleiter: der Angst, es wieder zu verlieren.

Sie werden sagen: »Darf ich denn mein Herz nicht an ein einziges hängen?« Selbstverständlich! An so vieles, wie Sie möchten. Doch jede einzelne Abhängigkeit kostet Sie ein Stück Ihres Glückes. Denken Sie daran: Abhängigkeiten sind von Natur aus so, dass noch so viele an einem einzigen Tag befriedigte Sie nicht glücklich machen können, wenn eine einzige offen bleibt, die Ihnen keine Ruhe lässt und Sie unglücklich macht. Es gibt keinen Weg, den Kampf gegen Abhängigkeiten zu gewinnen. Genauso gut können Sie nach trockenem Wasser suchen wie nach einer Abhängigkeit, die nicht unglücklich macht. Noch niemand hat jemals ein Patentrezept dafür gehabt, das, woran man hängt, ohne Kampf, Angst, Zittern und – früher oder später – ohne Niederlage zu behalten. Nur so ist der Kampf gegen Abhängigkeiten zu gewinnen: Geben Sie sie einfach auf.

Anthony de Mello

Loslassen

Wer über das Leben nachdenkt, stößt unvermeidlich auf die Machtlosigkeit des Menschen. Täglich passieren viele Dinge, an denen du nichts machen kannst. Du kannst sie nicht verhindern, ob du viel oder wenig Geld hast, ob du ein einsamer Mensch bist und viel Kummer hast oder ein Glückspilz, dem im Leben scheinbar alles gelingt.

Du bist als Mensch ein Verlierer. Du kannst nichts festhalten. Am Ende rinnt dir alles durch die Finger. Du träumst, du planst und baust, du feierst Erfolge. Und auf einmal kommt das Leid, die Enttäuschung, die Nacht. Manchmal plötzlich wie ein Blitz kommt Unfall, Krankheit, Tod. Du kennst solche Menschen, jung und alt, die weggehen und nie mehr zurückkommen, nahe stehende liebe Menschen. Du möchtest sie festhalten, wie dich selbst. Du möchtest, dass ein schöner Tag niemals zu Ende geht. Und musst doch loslassen, jeden Abend einen Tag loslassen und eines Tages alles. [...]

Dann bekommt alles Sinn und Ziel: deine Angst, dein Leid, dein Gesundsein und dein Kranksein, dein Leben und dein Sterben. Erst wenn kein Gott da wäre, keine unsterbliche Liebe am anderen Ufer, erst dann wird alles sinnlos und vollkommen absurd.

Phil Bosmans

Die Stille der Nacht

Der Schlaf ist nicht nur die nötige Erholung für den Leib, sondern auch für die Seele. Im Schlaf regt sich die Seele in einer anderen Weise. Das Unbewusste wird aktiv, es meldet sich in den Träumen. Und die Traumrealität ist genauso wirklich wie die Realität des wachen Bewusstseins. Wenn wir gesund leben wollen, müssen wir daher auch die Traumrealität beachten. Wir sollen auf unsere Träume hören. In den Träumen deutet und kommentiert unser Unbewusstes die Tagesereignisse und unseren momentanen Zustand auf unserem Weg der Selbstwerdung. [...]

Im Schlaf tauchen wir nach dem jüdischen Denker Weinreb in die eigentliche Wirklichkeit ein. Wir werden angeschlossen an das göttliche Leben. Im Traum spricht Gott zu unserem Herzen. Wir schwingen ein in den göttlichen Intimbereich. Daher halten die Mönche das *silentium nocturnum* so hoch. Das nächtliche Schweigen gibt dem Schlaf und dem Traum den heilenden und heiligen Raum, den Raum, den die Antike im Tempelschlaf geschaffen hatte. Die Stille der Nacht täte uns allen gut. Mitten im Schweigen der Nacht steigt das göttliche Wort hernieder, um an unser inneres Ohr zu dringen. Die Weihnachtsliturgie sieht dieses nächtliche Schweigen als den Ort, an dem Christus aus dem Himmel herabkam, um Mensch zu werden.

Anselm Grün

Fügung

Ich stelle mir vor, ich hätte noch sechs Wochen zu leben ... Ich sehe die Umstände lebhaft vor mir: wie alt ich bin ... und wo ... woran ich sterben werde ...

Ich erfahre den Schmerz, von meinem Leben und von allem und jedem, was ich geliebt und gehasst habe, Abschied zu nehmen ... Ich nehme zur Kenntnis, wie die Leute die Nachricht von meinem bevorstehenden Tod aufnehmen ... Ich überlege, was jeder von ihnen wohl mit mir verliert ...

Nach dem Tod stehe ich vor Gott. Ich spreche mit ihm über mein Leben: über das, was mir am liebsten war, was ich am meisten bereue ...

Nun höre ich Gott sagen, dass er gedenkt, mich auf die Erde zurückzuschicken. Er stellt mir frei, die Form meiner Reinkarnation zu wählen: Welches Land wähle ich? Welches Geschlecht? Was für ein Mensch möchte ich sein?

Ich wähle meinen Charakter ... meine Talente ... meine Stärken und Schwächen ... die Erfahrungen, die ich in meinem neuen Leben machen möchte ... [...]

Nun höre ich, wie Gott mir erklärt, warum er mir genau das Leben in all seinen Einzelheiten gegeben hat, das ich jetzt habe ...

Anthony de Mello

Staunen

Eine wichtige geistliche Übung ist, über Dinge staunen zu können, sich der Dinge um einen herum bewusst zu sein. Dann werden sich die Wörter und Begriffe hoffentlich verlieren, Sie werden sehen und den Kontakt zur Wirklichkeit finden. Das ist auch die Kur gegen Einsamkeit.

Gewöhnlich versuchen wir, unsere Einsamkeit dadurch zu heilen, dass wir unsere Gefühle von anderen abhängig machen, dass wir Geselligkeit und Lärm suchen. Das ist keine Heilung. Kehren Sie zu den Dingen zurück, kehren Sie zur Natur zurück, gehen Sie in die Berge. Dann werden Sie erfahren, dass Ihr Herz Sie in die weite Wüste der Abgeschiedenheit gebracht hat, wo niemand mehr an Ihrer Seite ist, absolut niemand.

Zuerst wird Ihnen das unerträglich erscheinen. Aber nur deshalb, weil Sie das Alleinsein nicht gewohnt sind. Wenn Sie es schaffen, dort eine Weile zu bleiben, wird die Wüste mit einem Mal in Liebe erblühen. Ihr Herz wird von Freude erfüllt sein und singen. Es wird für immer Frühling sein; die Droge wird verbannt sein: Sie sind frei. Dann werden Sie verstehen, was Freiheit ist, was Liebe ist, was Glück ist, was die Wirklichkeit ist, was die Wahrheit ist, was Gott ist. Sie werden sehen, Sie werden mehr erfahren als Begriffe, Voreingenommenheit, Abhängigkeit und an etwas zu hängen.

Anthony de Mello

Mystiker mitten in der Welt

Viele Menschen erleben immer wieder einmal Augenblicke »reinen Bewusstseins«. Sie erfahren, dass ihr Ich zurücktritt und sie einfach da sind, dass sie aufwachen aus ihrem Schlaf und auf einmal ganz bewusst sind, ganz eins mit sich selbst und eins mit der Welt. In diesem Einssein erahnen sie auch die Einheit mit Gott, dem Grund allen Seins. Es gibt heute mehr Mystiker, als viele denken, Mystiker mitten in der Welt. Marsha Sinetar hat in ihrem Buch »Die Sehnsucht, ganz zu sein« solche Mystiker beschrieben, die mitten in der Welt leben und dort ihre Sehnsucht nach dem Unendlichen leben.

Ein Schreiner beschreibt seine Sehnsucht so: »Es gibt eine Konstante in meinem Leben, nämlich diesen allumfassenden Wunsch, diese Sehnsucht danach, mit der Einheit des Universums in Verbindung zu bleiben. Wahrscheinlich würden Sie das Gott nennen. Das gibt meinem Leben Wert und Sinn und die Kraft zum Weiterleben« (Marsha Sinetar). Die Mystiker innerhalb der Welt streben »nach einer neuen Art des Sehens und Hörens«. Eine Frau beschreibt ihre Erfahrung so: »Manchmal fühle ich mich wie in Ekstase. Stellen Sie sich vor, Sie sind zum ersten Mal verliebt. Sie merken, dass da etwas Wundervolles passiert, etwas sehr Ungewöhnliches. Sie können das spüren, dieses Gefühl von Liebe, das Ihrem Inneren entspringt und sich ausbreitet und nach innen und nach außen strahlt. Dann wieder ist es ein unermessliches Glücksgefühl, das mein ganzes Sein erfasst. Es ist so furchtbar schwierig, das anderen zu erklären.«

Anselm Grün

Alles wird schön

»Warum ist hier jeder glücklich außer mir?«

»Weil sie gelernt haben, überall Güte und Schönheit zu sehen«, sagte der Meister.

»Warum sehe ich nicht überall Güte und Schönheit?«

»Weil du draußen nicht etwas sehen kannst, was du in deinem Inneren nicht siehst.« –

Stellen Sie sich vor, Sie fühlen sich nicht wohl und sind schlechter Laune. Dabei werden Sie durch eine wunderbare Landschaft gefahren. Die Gegend ist herrlich, aber Sie sind nicht in der Stimmung, etwas aufzunehmen. Ein paar Tage später kommen Sie wieder an diesem Ort vorbei und rufen aus: »Nicht zu glauben! Wo war ich nur, dass ich das alles nicht gesehen habe?«

Alles wird schön, wenn Sie selbst sich ändern. Oder Sie schauen durch regennasse Fensterscheiben auf Wälder und Berge, und alles sieht verschwommen und formlos aus. Am liebsten würden Sie hinausgehen und diese Bäume und Berge verändern. Doch warten Sie, untersuchen wir erst einmal Ihr Fenster. Wenn der Sturm sich legt und der Regen nachlässt, und Sie durch das Fenster schauen, stellen Sie fest: »Alles sieht auf einmal anders aus.«

Wir sehen Menschen und Dinge nicht so, wie sie sind, sondern wie wir sind. Darum ist es auch zweierlei, wenn zwei Menschen ein Ding oder einen anderen Menschen betrachten. Wir sehen Dinge und Menschen nicht, wie sie sind, sondern wie wir sind.

Anthony de Mello

Vor dir bestehen können

Es kann die Ehre dieser Welt
Dir keine Ehre geben,
Was dich in Wahrheit hebt und hält,
Muss in dir selber leben.

Wenn's deinem Innersten gebricht
An echten Stolzes Stütze,
Ob dann die Welt dir Beifall spricht,
Ist all dir wenig nütze.

Das flücht'ge Lob, des Tages Ruhm
Magst du dem Eitlen gönnen,
Das aber sei dein Heiligtum:
Vor dir bestehen können.

Theodor Fontane

Humor – Sprache der Transzendenz

Eine Spiritualität, die sich von der Demut leiten lässt, führt nicht zu einem Menschen, der sich künstlich klein macht, der sich dafür entschuldigt, dass er überhaupt auf der Welt ist. Vielmehr wird die Demut zu innerer Wahrhaftigkeit führen, zur Gelassenheit und zum Humor. Im Humor steckt die Ahnung, dass alles in uns sein darf, dass wir von der Erde genommen sind und daher vor nichts Irdischem zurückschrecken dürfen. Humor ist die Aussöhnung mit unserer Menschlichkeit, Erdhaftigkeit, Hinfälligkeit. Im Humor steckt das Einverstandensein mit mir, so wie ich bin. Der Soziologe Peter L. Berger nennt den Humor ein »Zeichen der Transzendenz«. Im Humor wird eine widrige Situation überstiegen und spirituell bewältigt, indem man sich einerseits damit aussöhnt, sie andererseits von Gott her relativiert und übersteigt. [...]

Humor ist zuerst die Selbstentlarvung, in der man sich von der Sucht befreit, sich als Denkmal zu fühlen. Im Humor findet man das rechte Maß für sich selbst. »Der Mensch, der lachend seine eigenen Fehler sieht, und der Mensch, der lachend sich in die dumpfe Materie verstrickt weiß, sind beide auf dem Weg zum Humor; beide erkennen scharfsinnig das Unvollkommene der Welt, aber nicht trotzend, nicht verzweifelt, nicht mürrisch, nicht kalt, sondern trotz allem diese schöne Erde liebend und von der geheimen Überzeugung beseelt, dass auch das Unvollkommene irgendwie in Ordnung ist.«

Anselm Grün

Mit Leib und Seele

Es war einmal ein Gaukler, der tanzend von Ort zu Ort zog, bis er des unsteten Lebens müde war. Da trat er in ein Kloster ein. Aber das Leben der Mönche war ihm fremd. Als er sah, wie jedermann des Gebetes kundig schien und im Chor die Messe sang, stand er beschämt dabei und sprach zu sich: »Was tu ich hier? Ich weiß nicht zu beten und bin der Kutte nicht würdig, in die man mich kleidete.« In seinem Gram flüchtete er in eine abgelegene Kapelle. »Wenn ich schon nicht mitbeten kann, so will ich doch tun, was ich kann.« Rasch streifte er das Mönchsgewand ab und stand da in seinem bunten Röckchen, in dem er als Gaukler herumgezogen war. Und während vom hohen Chor die Psalmengesänge herüberwehten, begann er mit Leib und Seele zu tanzen. Mal ging er auf seinen Händen durch die Kapelle, mal überschlug er sich in der Luft und sprang die kühnsten Sprünge, um Gott zu loben.

Ein Mönch hatte durch ein Fenster die Tanzsprünge mit angesehen und den Abt geholt. Am andern Tag ließ dieser den Bruder zu sich rufen. Der Arme erschrak zutiefst und glaubte, er sollte des verpassten Gebetes wegen gestraft werden. Er fiel vor dem Abt nieder und sprach: »Ich weiß, Herr, dass hier meines Bleibens nicht ist. So will ich in Geduld die Unrast der Straße wieder ertragen.« Doch der Abt neigte sich vor ihm, küsste ihn und bat ihn, für ihn und alle Mönche bei Gott einzustehen: »In deinem Tanze hast du Gott mit Leib und Seele gerühmt. Uns aber möge er alle Worte verzeihen, die über die Lippen kommen, ohne dass unser Herz sie sendet.«

Französische Legende

Der unerkannte Gast

Es war einmal eine alte Frau, der hatte der liebe Gott versprochen, sie heute zu besuchen. Darauf war sie nun nicht wenig stolz. Sie scheuerte und putzte, buk und tischte auf. Und dann fing sie an, auf den lieben Gott zu warten.

Auf einmal klopfte es an die Tür. Geschwind öffnete die Alte, aber als sie sah, dass draußen nur ein armer Bettler stand, sagte sie: »Nein, in Gottes Namen, geh heute deiner Wege! Ich warte gerade auf den lieben Gott, ich kann dich nicht aufnehmen.« Und damit ließ sie den Bettler gehen und warf die Tür hinter ihm zu. Zwei weitere Bettler, die bei ihr anklopften, schickte sie ebenfalls weg: »Ich warte auf den lieben Gott. Ich kann euch nicht aufnehmen.« Und die Alte fing aufs Neue an zu warten.

Die Zeit ging hin, Stunde um Stunde. Es ging schon auf den Abend zu, und immer noch war der liebe Gott nicht zu sehen. Wo mochte er nur geblieben sein?

Zu guter Letzt musste sie betrübt zu Bett gehen. Bald schlief sie ein. Im Traum erschien ihr der liebe Gott. Er sprach zu ihr: »Dreimal habe ich dich heute aufgesucht, und dreimal hast du mich nicht empfangen.«

Zigeunermärchen

Die Welt mit guten Augen sehen

Glauben heißt, die Deutung des Lebens und der Welt durch Jesus zu übernehmen. Das bedeutet, die Welt mit guten Augen ansehen, sie gutheißen, sie annehmen als Welt des guten Gottes. Die Welt wird dann nicht als das Fremde und Bedrohliche erfahren, sondern als Schöpfung Gottes. Sie wird durchlässig für Gott. Sie spiegelt Gottes Herrlichkeit wider. Diese neue Sicht lässt mich anders mit der Natur umgehen und gibt mir ein anderes Gefühl. Es ist keine Naturschwärmerei, sondern eine Sicht, die in der Natur Gottes Geist am Werk sieht. Wenn ich mit diesem Blick durch die Natur gehe, so erscheint sie mir in einer ganz neuen Dimension. Sie wird mir vertraut. Ich fühle mich eins mit ihr. Sie ist Werk Gottes, meines Schöpfers. Gott hat mich aus dem gleichen Stoff gemacht wie sie. Das Leben, das ich in ihr spüre, ist auch mein Leben. Es ist Gottes Leben.

Und dann wird alles durchlässig für Gott. Die Blume spiegelt Gottes Schönheit wider. Die Sonne lässt mich seine Wärme und Liebe spüren. Im Wind durchweht mich Gottes Geist, er rüttelt mich durch im Sturm, er reinigt mich, indem er mich durchbläst, und er streichelt mich zärtlich im Säuseln. Ich brauche den Dingen nur auf den Grund zu gehen, mich ganz in die Dinge hineinzuspüren, dann entdecke ich auf ihrem Grund Gott. Diese neue Sicht der Natur lässt mich nie zu Ende kommen mit ihr. [...] Und diese Sicht führt auch zu einem neuen Erleben meiner selbst. Ich fühle das Leben Gottes, das in der Natur um mich herum mannigfaltig sich regt, auch in mir.

Anselm Grün

Die Löffel

Ein frommer Mensch kommt zu Gott und bittet: »Herr, ich möchte die Hölle sehen und den Himmel.«

»Nimm Elia als Führer«, spricht Gott, »er wird dir beides zeigen.«

Der Prophet führt den Frommen in einen großen Raum. Ringsum Menschen, die große Löffel mit langen Stielen in den Händen haben. In der Mitte, auf einem Feuer kochend, ein Topf mit einem köstlichen Gericht.

Alle schöpfen mit ihren langen Löffeln aus dem Topf, aber sie sehen mager aus, blass, elend. Kein Wunder: Ihre Löffel sind zu lang. Sie können sie nicht zum Mund führen, das herrliche Essen nicht genießen.

»Welch seltsamer Raum war das?«, fragt der Mensch beim Hinausgehen. »Die Hölle«, antwortet der Prophet.

Sie betreten einen anderen Raum. Alles ist genauso wie im ersten. Ringsum Menschen mit langen Löffeln. in der Mitte, auf einem Feuer kochend, ein Topf mit einem köstlichen Gericht. Alle schöpfen mit ihren langen Löffeln aus dem Topf. Die Menschen sehen gesund aus, gut genährt und glücklich.

Der Besucher wundert sich und schaut genau hin. Da sieht er, wie die Menschen sich gegenseitig die Löffel in den Mund schieben. Sie geben einander zu essen, einer füttert den anderen. Und der Mensch weiß: Das ist der Himmel.

Russisches Märchen

Der versteckte Gott

Rebbe Baruchs Enkel Jechiel kam in Tränen aufgelöst in die Lehrstube des Meisters gerannt.

»Jechiel, Jechiel, warum weinst du?«

»Mein Freund ist gemein! Er ist unfair! Er hat mich ganz allein gelassen, darum weine ich!«

»Willst du mir das nicht von Anfang an erzählen?«

»Sicher, Großvater. Wir haben Verstecken gespielt. Ich musste mich verstecken, und er war dran, mich zu suchen. Aber ich hatte mich so gut versteckt, dass er mich nicht finden konnte. Da hat er aufgegeben, er hörte einfach auf, mich zu suchen, und das ist unfair.«

Reb Baruch begann, Jechiels Gesicht zu streicheln, und ihm selbst traten Tränen in die Augen. »So ist es auch mit Gott, Jechiel«, flüsterte er leise. »Stell dir seinen Schmerz vor: Er hat sich versteckt, und die Menschen suchen ihn nicht. Verstehst du, Jechiel? Gott versteckt sich, und der Mensch sucht ihn nicht einmal!«

Elie Wiesel

Die Spur

Ein Mann hatte einen Traum. Er träumte, dass er mit Gott an einem Strand entlang spazieren ginge. Am Himmel zogen Szenen aus seinem Leben vorbei, und für jede Szene waren Spuren im Sand zu sehen.

Der Mann bemerkte manchmal zwei Spuren und manchmal nur eine Spur. Er bemerkte weiter, dass sich zu Zeiten größerer Not nur eine Spur zeigte. Deshalb fragte er den Herrn: »Herr, ich habe bemerkt, dass zu den traurigsten Zeiten meines Lebens nur eine Spur zu sehen ist. Du hast mir aber versprochen, stets bei mir zu sein. Ich verstehe nicht, warum du mich da, wo ich dich am nötigsten brauchte, allein gelassen hast!«

Da antwortete ihm Gott: »Mein Freund, in den Tagen, in denen du am meisten gelitten hast, mich am nötigsten gebraucht hast, da, wo nur eine Spur im Sand zu sehen war, da habe ich dich getragen.«

Verfasser unbekannt

Vier Schritte zur Weisheit (1)

Das Erste, was Sie tun müssen, ist, mit den negativen Gefühlen, derer Sie sich nicht bewusst sind, in Beziehung zu kommen. Viele Menschen haben negative Gefühle und sind sich dessen nicht bewusst. Viele Leute sind frustriert und sind sich ihrer Frustration nicht bewusst. Erst wenn sie die Freude kennen gelernt haben, geht ihnen auf, wie frustriert sie waren. Unentdeckten Krebs kann man nicht behandeln. Kornwürmer lassen sich nicht aus einer Scheune vertreiben, wenn nicht bekannt ist, dass es sie dort gibt.

Zuerst muss man sich also seiner negativen Gefühle bewusst werden. Was sind das für negative Gefühle? Schwermütigkeit zum Beispiel. Sie sind verzweifelt und niedergeschlagen; Sie können sich selbst nicht mehr leiden oder fühlen sich schuldig. Sie meinen, das Leben sei witzlos, es habe einfach keinen Sinn; Ihre Gefühle wurden verletzt, Sie fühlen sich nervös und angespannt. Werden Sie sich zuerst über solche Gefühle klar.

Der zweite Schritt (es geht hier um ein Vier-Schritte-Programm) ist zu verstehen, dass das Gefühl in Ihnen ist und nicht in der Wirklichkeit. Das ist etwas ganz Selbstverständliches, aber denken Sie nicht, dass es allgemein bekannt ist. Das ist es tatsächlich nicht. Auch noch so gebildete Menschen haben das nicht verstanden. Niemand hat mir in der Schule beigebracht, wie ich leben soll, wie viel anderes ich auch gelernt haben mag. So sagte jemand: »Ich habe eine hervorragende Ausbildung genossen. Ich brauchte Jahre, um darüber hinwegzukommen.«

Anthony de Mello

Vier Schritte zur Weisheit (2)

Die negativen Gefühle gibt es nur in Ihnen, nicht in der Wirklichkeit. Hören Sie ruhig damit auf, die Wirklichkeit ändern zu wollen. Hören Sie damit auf, andere ändern zu wollen. Wir verwenden unsere ganze Zeit und Kraft auf den Versuch, äußere Umstände verändern zu wollen: unsere Ehefrauen, Chefs, Freunde, Feinde – eben die anderen – umzukrempeln. Wir müssen nichts ändern. Die negativen Gefühle gibt es nur in Ihnen. Niemand auf der Welt hat die Macht, Sie unglücklich zu machen. Es gibt nichts auf der Welt, das die Macht besäße, Ihnen zu schaden oder Sie zu verletzen: kein Ereignis, keine Umstände, keine Situation, auch kein anderer Mensch. Aber niemand hat es Ihnen gesagt; vielmehr erzählte man Ihnen das Gegenteil. [...]

Angenommen, ein Gartenfest fällt buchstäblich ins Wasser. Wer fühlt sich dann negativ? Der Regen? Oder Sie? Was verursacht das negative Gefühl? Der Regen oder Ihre Reaktion? Wenn Sie mit dem Knie an den Tisch stoßen, macht das dem Tisch nichts. Er bleibt das, was er sein soll – ein Tisch. Der Schmerz ist in Ihrem Knie, nicht im Tisch.

Die Mystiker wollen uns sagen, dass die Wirklichkeit schon in Ordnung ist; die Wirklichkeit ist nicht problematisch. Probleme gibt es nur in den Köpfen der Menschen. Genauer gesagt: in dummen, schlafenden Köpfen. Die Wirklichkeit ist nicht problematisch. Gäbe es keine Menschen mehr auf diesem Planeten, würden das Leben und die Natur in all ihrer Schönheit und Grausamkeit weitergehen. Wo läge dann das Problem?

Anthony de Mello

Vier Schritte zur Weisheit (3)

Der dritte Schritt: Identifizieren Sie sich niemals mit diesem Gefühl; es hat nichts mit dem »Ich« zu tun. Definieren Sie Ihr eigentliches Selbst nicht in diesen Denkkategorien. Sagen Sie nicht: »Ich bin frustriert.« Wenn Sie sagen wollen, es gibt hier Frustration, oder es gibt hier Schwermut, dann ist das in Ordnung. Aber sagen Sie nicht: Ich bin trübsinnig. Damit definieren Sie sich in diesen Kategorien. Das ist Ihre Illusion; das ist Ihr Fehler. Mag es hier auch Frustration oder verletzte Gefühle geben – lassen Sie sie sein, lassen Sie sie in Ruhe. Es wird vorbeigehen. Alles geht vorbei, alles. Ihre Frustrationen und Nervenkitzel haben nichts mit Glück zu tun. Es sind die Ausschläge des Pendels. Wenn Sie Spannung und Nervenkitzel suchen, machen Sie sich auf Frustration gefasst. Möchten Sie Ihre Droge? Dann machen Sie sich schon auf den Katzenjammer gefasst. Das Pendel schwingt hin und her.

Das hat nichts mit dem »Ich« zu tun oder mit Glück. Es ist das »Mich«. Wenn Sie daran denken, wenn Sie sich das tausendmal sagen, wenn Sie diese drei Schritte tausendmal tun, dann schaffen Sie es. Vielleicht müssen Sie sie gar nicht dreimal tun. Dafür gibt es keine Regel. Doch tun Sie sie tausendmal, und Sie werden die größte Entdeckung in Ihrem Leben machen: weg mit der Goldmine in Alaska! Was wollen Sie denn mit dem Gold anfangen? Wenn Sie nicht glücklich sind, können Sie nicht leben. Sie haben also Gold gefunden. Na und? Sie sind ein König; Sie sind eine Prinzessin. Sie sind frei; es kümmert Sie nicht, ob Sie akzeptiert oder abgewiesen werden, es ist belanglos.

Anthony de Mello

Vier Schritte zur Weisheit (4)

Einer meiner Freunde erzählte mir, es gebe einen afrikanischen Stamm, bei dem Kapitalverbrechen mit Verbannung bestraft würden. Wenn man Sie aus New York, oder wo auch immer Sie wohnen, hinauswürfe, würden Sie nicht sterben. Wie kam es also, dass das afrikanische Stammesmitglied starb? Weil es sich an der gemeinsamen Dummheit der Menschheit beteiligte. Er glaubte, er könnte nicht leben, wenn er zu niemandem mehr gehört. Unterscheidet er sich in diesem Punkt wirklich so sehr von den meisten Leuten? Er ist davon überzeugt, dass er zu jemandem gehören muss. Doch muss man weder zu irgendwem noch zu irgendetwas gehören. Man muss nicht einmal verliebt sein.

Wer hat Ihnen gesagt, dass man das muss? Was Sie wirklich brauchen, ist, frei zu sein und zu lieben. Das ist alles, das ist Ihre Natur. Doch was Sie mir da erzählen, heißt, dass Sie begehrt sein möchten. Sie möchten Applaus, möchten attraktiv sein, und dass alle hinter Ihnen herlaufen. Sie vergeuden Ihr Leben. [...] Sie können ohne all das glücklich sein.

Ihre Gesellschaft wird nicht sehr erfreut sein, so etwas zu hören, denn Sie werden zum Schrecken, wenn Sie die Augen öffnen und das verstehen. Wie lässt sich ein solcher Mensch noch kontrollieren? Er braucht einen nicht; er fürchtet keine Kritik, es ist ihm egal, was man über ihn denkt oder was man von ihm sagt. Er hat all diese Fesseln durchgeschnitten; er ist keine Marionette mehr.

Anthony de Mello

Vier Schritte zur Weisheit (5)

Kein Ereignis rechtfertigt ein negatives Gefühl. Es gibt keine Situation auf der ganzen Welt, die der Grund für ein negatives Gefühl sein könnte. Das haben uns auch alle unsere Mystiker immer wieder nahe zu bringen versucht. Aber niemand hört zu. Das negative Gefühl ist in Ihnen. In der Bhagavad-Gita, dem heiligen Buch der Hindus, sagt Krishna zu Arjuna: »Stürze dich in die Hitze der Schlacht und lege dein Herz zu den Lotosfüßen des Herrn.« Ein wunderbarer Satz.

Um das Glück zu erlangen, müssen Sie gar nichts tun. Von Meister Eckhart stammt das schöne Wort: »Gott lässt sich nicht dadurch erreichen, dass man seiner Seele etwas hinzufügt, sondern indem man etwas abzieht.« Sie tun nichts, um frei zu sein, sondern lassen etwas. Dann sind Sie frei.

Das erinnert mich an die Geschichte von einem irischen Gefangenen, der einen Tunnel unter der Gefängnismauer ins Freie gegraben hatte, durch den er entkommen konnte. Mitten auf einem Schulhof, auf dem kleine Kinder spielten, kroch er aus dem Tunnel ans Tageslicht. Übermütig sprang er umher und rief: »Ich bin frei, ich bin frei!« Ein kleines Mädchen schaute ihn verächtlich an und sagte: »Das ist doch gar nichts. Ich bin vier.«

Anthony de Mello

Vier Schritte zur Weisheit (6)

Der vierte Schritt: Wie ändert man etwas? Wie ändert man sich selbst? Es gibt vieles, was Sie hierbei verstehen müssen, oder besser gesagt: eines, das man auf verschiedene Weise ausdrücken kann. Stellen Sie sich einen Patienten vor, der zum Arzt geht und ihm sagt, woran er leidet. Der Arzt sagt: »Ja, Ihre Symptome kenne ich sehr gut. Wissen Sie, was ich jetzt tun werde? Ich verschreibe Ihnen eine Arznei für Ihren Nachbarn.« Der Patient erwidert: »Vielen Dank, Herr Doktor, das wird mir sehr helfen.«

Ist das nicht absurd? Aber so handeln wir alle. Derjenige, der schläft, denkt immer, es würde ihm besser gehen, wenn ein anderer sich ändert. Sie leiden, weil Sie schlafen, aber Sie denken sich: »Wie schön könnte das Leben sein, wenn die anderen sich ändern würden; wie schön könnte das Leben sein, wenn mein Nachbar sich änderte oder meine Frau oder mein Chef.«

Wir möchten immer, dass jemand anderer sich ändert, damit es uns gut geht. Doch sind Sie noch nie auf den Gedanken gekommen, dass selbst dann, wenn sich Ihre Frau oder Ihr Mann ändert, Ihnen nicht viel geholfen wäre? Sie sind genauso verwundbar wie vorher, genauso ein Narr wie vorher, schlafen genauso wie vorher. Sie sind derjenige, der sich ändern muss, der die Arznei zu schlucken hat. Doch Sie bestehen darauf. »Ich fühle mich gut, weil die Welt in Ordnung ist.« Irrtum! Die Welt ist in Ordnung, weil ich mich gut fühle. Das ist die Botschaft, die uns alle Mystiker verkünden.

Anthony de Mello

Aufgabe einer Religion

Jemand kann einer Religion angehören und doch nicht zur Erkenntnis der Wahrheit gelangen, aber welchen Nutzen hat seine Religion für ihn, wenn er nicht glücklich ist? Religion bedeutet nicht Niedergeschlagenheit und Traurigkeit. Der Geist der Religion sollte glücklich machen. Gott ist Glück. Er ist vollkommene Liebe, Harmonie und Schönheit. Ein religiöser Mensch sollte darum glücklicher sein als ein nicht religiöser. Wenn jemand, der sich zu einer Religion bekennt, immer melancholisch ist, macht er seiner Religion Schande; die Form wurde erhalten, aber der Geist ging verloren. Wenn das Studium von Religion und Mystik nicht zu echter Freude und wahrem Glück führt, kann man es genauso gut lassen, denn dann hilft es nicht, den Zweck des Lebens zu erfüllen. Die Welt leidet heutzutage an den Folgen furchtbarer Kriege. Diejenige Religion, die Antwort geben kann auf die Frage des Lebens von heute, ist eine Religion, die den Seelen Kraft und Leben gibt, die das Herz des Menschen erhellt mit dem göttlichen Licht, das immer da ist; nicht notwendigerweise durch irgendeine äußere Form – obwohl eine Form für manche hilfreich sein mag –, es ist die Religion, die das Glück zeigt, nach dem jede Seele sich sehnt.

Hazrat Inayat Khan

Den Freuden des Himmels nahe

Wie sehr lebendiges Vertrauen auf Gott als unsern Vater unser Herz veredle und es über Freuden erhebe, denen es an Schuldlosigkeit und Dauer gebricht, wie eben diese Reinigkeit des Herzens den Menschen für Freuden empfänglich mache, die vielleicht nahe grenzen an die Freuden des Himmels, kann nur der begreifen, der es erfährt.

Auch vermag bei einem solchen Vertrauen keine Sorge, keine fehlgeschlagene Hoffnung, keine unverdiente Misshandlung den Geist niederzudrücken, denn jenes Vertrauen gibt uns die Überzeugung, dass die Vorsehung durch jede Lage, die uns treffen kann, die wohltätigsten Zwecke entweder in Rücksicht auf uns oder auf unsere Mitmenschen bewirke.

Ebenso mächtigen Einfluss auf unsre Glückseligkeit hat die gewisse Hoffnung eines bessern Lebens. Der Gedanke gibt unaussprechlichen Mut, dass jede Kraft in uns, alles, was wir erduldeten und taten, fortwirke, dass, wenn einst die Harmonie der seelenlosen Natur aufgelöst ist, die viel höhere Harmonie der sittlichen Welt beginnen werde.

Friedrich Hölderlin

OKTOBER

Hat alles einen Sinn?

ANLEITUNG ZUM UNGLÜCKLICHSEIN

Der einzige Schlüssel

Liebe ist der einzige Schlüssel,
der zu den Türen des Paradieses passt.
Es liegt ein Stückchen Paradies
in jedem Lächeln, in jedem guten Wort,
in der Zuneigung, die du verschenkst.
Es liegt ein Stückchen Paradies in jedem Herzen,
das für einen Unglücklichen
zum rettenden Hafen wird,
in jedem Zuhause mit Brot und Wein
und mit menschlicher Wärme.
Es liegt ein Stückchen Paradies in jeder Oase,
wo Liebt blüht und Menschen
Mensch geworden sind,
füreinander Brüder und Schwestern.
Gott hat seine Liebe in deine Hände gelegt
wie einen Schlüssel zum Paradies.

Es gibt Menschen, die haben ein Herz aus Gold.
Alles, was sie tun, ist geprägt von ihrer Herzlichkeit.
Und es gibt Menschen, in denen tief das Misstrauen sitzt.
Nie tun sie, was das Herz ihnen eingibt.
Die Stimme ihres Herzens ist verstummt.

Phil Bosmans

Geschafft!

Gewöhnlich drehen sich Ihre Sorgen um die Karriere: Ein Geschäftsmann um die Fünfzig, der kaum Zeit hat, trinkt in einer Bar ein Bier und sagt: »Schau dir doch mal meine alten Klassenkameraden an, die haben es wirklich geschafft.« – Dieser Narr! Was meint er damit: »Sie haben es geschafft?« Vielleicht stehen ihre Namen in der Zeitung. Heißt das wohl, es zu »schaffen«? Einer ist Fabrikdirektor, ein anderer wurde Richter; einer wurde dies, ein anderer das. Narren, alle miteinander!

Direktor einer Firma zu sein hat nichts damit zu tun, erfolgreich zu leben. Einen Haufen Geld zu haben hat nichts damit zu tun, ob man ein gelungenes Leben führt. Ihr Leben gelingt, wenn Sie wach werden! Dann müssen Sie sich bei niemand mehr entschuldigen, brauchen niemand mehr etwas erklären, es ist für Sie nicht wichtig, was jemand von Ihnen denkt oder über Sie erzählt. Nichts kann Sie mehr quälen; Sie sind glücklich. *Das* heißt für mich, erfolgreich zu sein. Ein guter Posten und Berühmtheit haben absolut nichts mit Glück oder Erfolg zu tun. Das ist völlig unwichtig.

In Wirklichkeit plagt unseren Mann in der Bar die Frage, was seine Kinder, seine Nachbarn, seine Frau von ihm halten. Er hätte berühmt werden sollen. Unsere Gesellschaft und Kultur hämmern es ihm Tag und Nacht ein. Leute, die es geschafft haben! Was geschafft? Er hat seine ganze Energie auf etwas Wertloses gerichtet. Er ist ständig ängstlich und unruhig. Nennen Sie das menschlich?

Anthony de Mello

Ein sonderbarer Zustand ...

Allgemein ist die Hast, weil jeder auf der Flucht vor sich selbst ist, allgemein auch das scheue Verbergen dieser Hast, weil man zufrieden scheinen will und die scharfgesichtigeren Zuschauer über sein Elend täuschen möchte, allgemein das Bedürfnis nach neuen klingenden Wort-Schellen, mit denen behängt das Leben etwas Lärmend-Festliches bekommen soll. Jeder kennt den sonderbaren Zustand, wenn sich plötzlich unangenehme Erinnerungen aufdrängen und wir dann durch heftige Gebärden und Laute bemüht sind, sie uns aus dem Sinne zu schlagen: Aber die Gebärden und Laute des allgemeinen Lebens lassen erraten, dass wir uns alle und immerdar in einem solchen Zustande befinden, in Furcht vor der Erinnerung und Verinnerlichung.

Was ist es doch, was uns so häufig anficht, welche Mücke lässt uns nicht schlafen? Es geht geisterhaft um uns zu, jeder Augenblick des Lebens will uns etwas sagen, aber wir wollen diese Geisterstimme nicht hören. Wir fürchten uns, wenn wir allein und stille sind, dass uns etwas in das Ohr geraunt werde, und so hassen wir die Stille und betäuben uns durch Geselligkeit. Dies alles begreifen wir, wie gesagt, dann und wann einmal und wundern uns sehr über alle die schwindelnde Angst und Hast und über den ganzen traumartigen Zustand unseres Lebens, dem vor dem Erwachen zu grauen scheint und das um so lebhafter und unruhiger träumt, je näher es diesem Erwachen ist.

Friedrich Nietzsche

Aufhören zu grübeln

»Sein Leben grübelt er seitdem:
warum ihm dies geschah von wem.«

Christian Morgenstern

Im Grübeln beschäftigen wir uns scheinbar – und auf eine oberflächliche Art und Weise – eingehend und fortwährend mit bestimmten Dingen, indem wir sie wieder und immer wieder hinterfragen. Muster von Gedankenabläufen werden aufgebaut und erneut zum x-ten Male einem Thema übergestülpt, ohne jemals wirklich ein Ergebnis aufzuweisen, ohne jemals eine adäquate Antwort auf die gestellte Frage zu erhalten.

Besonders gern wird über Vergangenes gegrübelt, Vergangenes, was nicht mehr zu verändern ist. »Warum?« »Wieso?« »Weshalb?« »Wer?« »Wann?« ... Aber auch Eventualitäten und Möglichkeiten von Entwicklungen bieten sich dem Grübler ebenso an: »Könnte es nicht sein, dass ...?« »Wenn aber ...?« »Wenn nur nicht ...?« »Was dann ...?«

Fragen über Fragen – keine Antworten. Grübeln kostet Zeit und Nerven und führt zu gar nichts. Grübeln macht Falten und verbissen. Grübeln engt ein und verhindert, das Leben frei fließen zu lassen, willkommen zu heißen.

Sascha Veitl

Trost

Tröste dich, die Stunden eilen,
Und was all dich drücken mag,
Auch das Schlimmste kann nicht weilen,
Und es kommt ein andrer Tag.

In dem ew'gen Kommen, Schwinden,
Wie der Schmerz liegt auch das Glück,
Und auch heit're Bilder finden
Ihren Weg zu dir zurück.

Harre, hoffe. Nicht vergebens
Zählest du der Stunden Schlag:
Wechsel ist das Los des Lebens,
Und – es kommt ein andrer Tag.

Theodor Fontane

Quellen des Leidens

Ansprüche sind eine Quelle des Leidens, und die Zeit des wirklichen Lebensglücks beginnt erst, wenn wir keine mehr stellen. Ist eine Frau noch hübsch, wenn ihre Schönheit zu welken beginnt? Ihre Ansprüche machen sie lächerlich oder unglücklich; zehn Jahre später, älter und hässlicher geworden, ist sie auch ruhig und heiter. In dem Alter, in dem man bei Frauen Erfolg hat oder nicht, setzt sich der Mann Unannehmlichkeiten und sogar Beleidigungen aus; scheidet er aus dem Spiel, gibt es keine Ungewissheit mehr, und er ist ruhig.

Überhaupt kommt das Übel daher, dass unsre Ideen unbeständig, unbestimmt sind. Besser nicht viel sein, aber das Wenige, das man ist, unbestritten sein.

Nicolas Chamfort

Ich muss nicht immer glücklich sein

Die Werbung verspricht es mir. Bunte Magazine laden mich dazu ein. Der Zeitgeist säuselt es mir ins Ohr: Moderne Menschen sind erfolgreich und glücklich. Und das Glück ist endlich machbar. Ich muss nur die richtigen Dinge kaufen. Ich muss nur die entsprechenden Anleitungen beachten. Ich muss nur den richtigen Trends folgen.

Ich habe vieles versucht, um glücklich zu sein. Und trotzdem musste ich Niederlagen einstecken, war mit dem Leben unzufrieden und fühlte mich zu manchen Zeiten ziemlich unglücklich. Aber ich machte weiter auf der Suche nach dem Glück. Und wenn ich meinte: »Jetzt habe ich es ganz sicher!«, dann war es schon wieder verschwunden.

Ich will mir keinen Druck mehr machen. Ich will nicht länger an das Märchen vom ständigen Glück glauben. Und wenn ich glücklich bin, dann will ich es intensiv genießen.

Rainer Haak

Geheimnis eines zufriedenen Menschen

»Hab' lang und glücklich gelebt,
hab' an wenig genug gehabt,
hab' nichts verlangt und viel bekommen.«

Das stand auf dem Totenzettel von Stijn Streuvels, dem von vielen geliebten flämischen Dichter (1871–1969). Er wurde in einem weißen Wagen der Freude zu Grab gefahren. In dem kleinen, von ihm selbst geschriebenen Satz liegt eine Botschaft für uns alle. Es ist das Geheimnis eines zufriedenen Menschen, der jedem Tag den rechten Platz zu geben wusste und der durch das, was verhüllt ist, hindurchschauen konnte.

Die Menschen muss man lange suchen, die das heute noch können. Und doch liegt hier der Schlüssel für eine Menge Probleme in einer Zeit, die so überreizt und mit den Nerven fertig ist. Wenn du dich mit wenig zufrieden geben kannst, wirst du mehr bekommen, als du erwartest, und alles, was du bekommst, wird für dich eine freudige Überraschung sein, eine Art Wunder, wodurch du das Leben gern haben kannst. Wenn du dagegen immer haben und alles besitzen willst, wirst du niemals satt und immer unzufrieden sein. So kann dir das Leben keine Freude bringen. Dann bist du ein Vogel mit zu schweren Flügeln. Du wirst niemals zur Sonne fliegen können.

Phil Bosmans

Unfähig, selbst zu leben

Eine Frau erzählte mir von einem Mann, von dem sie nicht loskam, obwohl er sie ständig verletzte. Er habe sie so tief getroffen, weil er für sie »die Leichtigkeit des Seins« verkörperte. Sie, die bisher immer ihre Pflichten erfüllt hat, die für ihre Familie gekämpft und gesorgt hat, war so fasziniert von dieser Leichtigkeit des Lebens, dass sie sich von diesem Mann auch nicht distanzieren konnte, als er eine andere Freundin hatte. Gegen solche Abhängigkeiten kann man sich oft kaum wehren. Sie zeigen, dass eine wichtige Seite in uns getroffen worden ist. Und diese Seite müssen wir versuchen zu leben und in unsern Lebensentwurf zu integrieren. Dann werden wir innerlich freier werden. Aber es braucht oft lange Zeit, bis wir diese innere Freiheit gefunden haben. Doch wenn wir die Leichtigkeit nur spüren, wenn der andere da ist, sind wir abhängig von ihm. Wenn wir uns nur lebendig fühlen, wenn der andere in unserer Nähe ist, dann ist das gegen unsere Würde. Wir leben dann nicht aus uns heraus, sondern von der Gnade eines anderen. Vom anderen beschenkt zu werden, ist wunderschön. Aber sich unfähig zu fühlen, selbst zu leben, und immer nur danach Ausschau zu halten, dass der andere kommt, damit wir uns selbst fühlen, das führt in eine totale Abhängigkeit. Und solche Abhängigkeit ärgert uns, weil sie uns unsere Würde nimmt. Allerdings braucht es auch viel Geduld mit uns und unseren Gefühlen. Denn solche Freiheit lässt sich nicht mit einem bloßen Willensentschluss erringen. Sie steht vielmehr am Ende eines langen Prozesses.

Anselm Grün

Herbst

Die Blätter fallen, fallen wie von weit,
als welkten in den Himmeln ferne Gärten;
sie fallen mit verneinender Gebärde.

Und in den Nächten fällt die schwere Erde
aus allen Sternen in die Einsamkeit.

Wir alle fallen. Diese Hand da fällt.
Und sieh dir andre an: Es ist in allen.

Und doch ist Einer, welcher dieses Fallen
unendlich sanft in seinen Händen hält.

Rainer Maria Rilke

Wer bin ich?

Eine Frau lag im Koma. Plötzlich hatte sie das Gefühl, sie käme in den Himmel und stände vor dem Richterstuhl.

»Wer bist du?«, fragte eine Stimme.

»Ich bin die Frau des Bürgermeisters«, erwiderte sie.

»Ich habe nicht gefragt, wessen Ehefrau du bist, sondern wer du bist.«

»Ich bin die Mutter von vier Kindern.«

»Ich habe nicht gefragt, wessen Mutter du bist, sondern wer du bist.«

»Ich bin Lehrerin.«

»Ich habe nicht nach deinem Beruf gefragt, sondern wer du bist.«

Und so ging es weiter. Alles, was sie erwiderte, schien keine befriedigende Antwort auf die Frage zu sein: »Wer bist du?«

»Ich bin eine Christin.«

»Ich fragte nicht, welcher Religion du angehörst, sondern wer du bist.«

»Ich bin die, die jeden Tag in die Kirche ging und immer den Armen und Hilfsbedürftigen half.«

»Ich fragte nicht, was du tatest, sondern wer du bist.«

Offensichtlich bestand sie die Prüfung nicht, denn sie wurde zurück auf die Erde geschickt. Als sie wieder gesund war, beschloss sie, herauszufinden, wer sie war. Und darin lag der ganze Unterschied.

Anthony de Mello

Ein Stück vom Glück

»Haben Sie gut geschlafen?«, fragte ich. »Nein«, war die Antwort. »Ich brauche Schlaftabletten. Ich halte es nicht mehr aus. Der Krach, wissen Sie, der Lärm – es ist schrecklich. Das Radio von oben, der Fernseher von nebenan, die Disco von gegenüber. Erst um drei schlief ich ein, aber um vier ließ ein Nachbar sein Motorrad an, um fischen zu gehen, und brauste ab mit dem Krach von einem Düsenjäger. In meiner Not bin ich dann am Nachmittag in einen stillen Wald gezogen, aber kaum war ich da, ließ sich neben mir eine Gruppe junger Leute nieder mit einem tragbaren Radioapparat, voll aufgedreht.«

Noch nie gab es so viel überreizte Menschen, so viele Kranke an Herz, Seele und Nerven. Wir haben in dieser modernen Zeit den Sinn für die Stille verloren. Und doch haben wir die Stille so dringend nötig, nicht nur, um zur Ruhe zu kommen, sondern um auch wieder Mensch zu werden statt ein überdrehtes Rädchen in einem großen Räderwerk.

Liebe die Stille, suche die Stille!
Es liegt darin ein Stück von deinem Glück.

Phil Bosmans

Bedingungslos

Wir ... wollen gar nicht glücklich sein, oder sagen wir es etwas genauer: Wir wollen nicht bedingungslos glücklich sein. Ich bin bereit, glücklich zu sein, vorausgesetzt, ich habe dieses und jenes und wer weiß was noch. Doch das ist dann so, als sagten wir zu unserem Freund oder zu unserer Freundin, zu Gott oder zu wem auch immer: »Du bist mein Glück. Wenn ich dich nicht bekomme, weigere ich mich, glücklich zu sein.«

Dies zu verstehen, ist sehr wichtig. Wir können uns gar nicht vorstellen, ohne solche Bedingungen glücklich zu sein. Es wurde uns beigebracht, unser Glück auf Bedingungen zu setzen. Wichtig sei, respektiert, geliebt und geschätzt zu werden, angesehen und bedeutend zu sein. [...]

Geben Sie diese Illusion auf, und Sie werden zum Glück finden. Wir haben einen natürlichen Drang, frei zu sein, zu lieben, aber nicht geliebt zu werden. Immer wieder stoße ich bei psychotherapeutischen Gesprächen auf ein weit verbreitetes Problem: »Niemand liebt mich; wie kann ich da glücklich sein?« Ich erkläre ihm oder ihr: »Soll das heißen, Sie hätten nie Momente, in denen Sie vergessen, dass Sie nicht geliebt werden, und einfach gelöst und glücklich sind?« Natürlich haben Sie solche Augenblicke.

Anthony de Mello

Die drei Herzen (1)

Drei Sorten von Menschen sind in der Welt anzutreffen: der Mensch, dessen Herz einem Geschwür gleicht; der Mensch, dessen Herz dem Blitz gleicht; und der Mensch, dessen Herz dem Diamanten gleicht.

Wer ist der Mensch, dessen Herz einem *Geschwür* gleicht? Das ist der Mensch, der jähzornig ist und sich maßlos aufregt. Wenn man ihm auch nur das Geringste sagt, steigen in ihm Ärger und Erregung, er zeigt Verstimmung, verhält sich eigensinnig, wird zornig, hasserfüllt und misstrauisch. Gleich einem schlimmen Geschwür, das, mit einem Span oder einer Scherbe angestoßen, noch mehr Eiter absondert, ist der Mensch, der jähzornig ist und sich maßlos aufregt. Wenn man ihm auch nur das Geringste sagt, steigen in ihm Ärger und Erregung auf, er zeigt Verstimmung, verhält sich eigensinnig, wird zornig [...]

Wer ist der Mensch, dessen Herz dem *Blitz* gleicht? Das ist der Mensch, der zur wahren Erkenntnis gelangt ist: »Dies ist das Leiden; dies ist die Entstehung des Leidens; dies ist die Aufhebung des Leidens; dies ist der Pfad zur Aufhebung des Leidens.« So wie ein Mensch, der in der Dunkelheit und der Finsternis der Nacht wandert, beim plötzlichen Aufleuchten des Blitzes mit bloßen Augen die Dinge erkennen kann, so gelangt jener Mensch zur wahren Erkenntnis: »Dies ist das Leiden; dies ist die Entstehung des Leidens; dies ist die Aufhebung des Leidens; dies ist der Pfad zur Aufhebung des Leidens.«

Gautama Buddha

Die drei Herzen (2)

Wer ist der Mensch, dessen Herz dem *Diamanten* gleicht? Das ist der Mensch, der durch Versiegen der Triebe noch bei Lebzeiten die Befreiung von den Trieben, die Erlösung des Gemüts und die erlösende Weisheit erlangt; er erkennt sie und erreicht sie. So wie es nichts gibt, was der Diamant nicht scheiden könnte, weder Perlen noch Steine, so erlangt jener Mensch durch Versiegen der Triebe noch bei Lebzeiten die Befreiung von den Trieben, die Erlösung des Gemüts und die erlösende Weisheit; er erkennt sie und erreicht sie. Einen solchen Menschen bezeichnet man als einen, dessen Herz dem Diamanten gleicht.

Gautama Buddha

Die Kunst des Loslassens

Wir verbauen uns unser Glück, weil wir uns Tag für Tag vorstellen, wie sich unser Leben abspielen sollte. Meistens kommt es jedoch anders, und wir sind enttäuscht oder frustriert. Wir stellen feste Erwartungen vor uns hin und stehen dadurch unserem Glück selber im Wege.

Glücklich wird, wer offen ist für die Überraschungen des Lebens und wer der Kraft des Augenblicks traut. Glück ereignet sich im alltäglichen Einüben des Loslassens.

Echtes Loslassen wird allerdings nur möglich, wenn ich mich einlasse: auf das Leben, wie es mir im Hier und Jetzt entgegenkommt.

Pierre Stutz

Ich habe kein Glück

Das Leben ist wie eine Lotterie, meinen viele Leute, sie hätten nur nicht das richtige Los gezogen. Sie sind überzeugt – was noch schlimmer ist –, der Nachbar, der fröhliche, der mehr feiert, der hätte das viel bessere Los bekommen. Doch so ganz verschieden sind die Lose nicht. Der Unterschied liegt im Wie, wie man es ansieht, wie man es annimmt. Und das liegt bei einem jeden selbst.

Ich habe viele Menschen getroffen, jeder anders, alle verschieden. Ich habe auf ihre tiefsten Geheimnisse gehört. Keiner war dabei mit dem großen Los, dem makellosen Glück. Irgendetwas hatten alle, ein Missgeschick, eine Last, eine Wunde. Die Gläubigen nennen es: Kreuz. Die anderen sagen dazu: Ich habe kein Glück. Manche waren dabei, die sind bei allem Leid doch glückliche, fröhliche Menschen geblieben. Andere resignierten, wenn es schwierig wurde, wenn etwas schief ging. Oft hatten sie genau das Gleiche durchgemacht; heraus kam etwas ganz Verschiedenes.

Das Leben ist wie eine Lotterie.
Aber da lässt sich viel machen
von uns selber.

Phil Bosmans

Schöner Tag ein schlechter Tag

Der Meister behauptete, dass der Hauptgrund für vieles Unglück in der Welt auf die geheime Befriedigung der Menschen zurückzuführen ist, sich schlecht zu fühlen.

Er erzählte von einem Freund, der zu seiner Frau sagte: »Warum lässt du nicht alles stehen und liegen und machst dir einen schönen Tag, meine Liebe?«

»Ach, du weißt doch genau, mein Lieber, dass ich mich niemals dabei wohl fühlen würde, mir einfach einen schönen Tag zu machen«, gab sie gereizt zur Antwort.

Anthony de Mello

Nichts ist ohne Sinn

Meine Augen sind da für das Licht, für das Grün des Frühlings, für das Weiß des Schnees, für das Grau der Wolken und das Blau des Himmels, für die Sterne in der Nacht und für das unglaubliche Wunder, dass es so viel wunderbare Menschen um mich gibt.

Mein Mund ist da für ein liebes Wort, auf das ein anderer wartet. Meine Lippen sind da für einen Kuss und meine Hände, um zärtlich und sanft zu sein, um Leidenden zu helfen. Meine Füße sind da, um zum Nächsten zu gehen. Und mein Herz ist da, um Menschen, die in Einsamkeit und Kälte leben, Nähe, Wärme und Liebe zu schenken.

Ohne Leib bin ich nirgends.
Ohne Sinn ist nichts.
Alles hat seine tiefe Bedeutung.
Warum bin ich dann nicht glücklich?
Sind meine Augen blind?
Sind meine Hände ohne Feingefühl?
Oder ist mein Herz ausgetrocknet?
Weiß ich denn nicht,
dass ich für die Freude gemacht bin?

Phil Bosmans

Tausend und eine Nichtigkeit

Weißt du, dass du ein Wunder bist? Ein Wunder, das lebt, das es wirklich gibt? Du bist einmalig, einzigartig, nicht zu verwechseln. Weißt du das? Warum staunst du nicht, warum freust du dich nicht über dich selbst und über alle anderen Menschen um dich? Oder ist es für dich selbstverständlich und findest du nichts dabei, dass du lebst, dass du leben darfst, dass du Zeit bekommst, um zu singen und zu tanzen, Zeit, um glücklich zu sein?

Warum denn Zeit verlieren mit der Jagd nach immer mehr Geld? Warum sich endlos Sorgen machen um Dinge von morgen und übermorgen? Warum so giftig und gereizt, warum so schlecht gelaunt? Warum so viel Hektik und warum schlafen, wenn die Sonne scheint? Mach dein Herz frei von tausendundeiner Nichtigkeit. Davon lass deine Lebensfreude nicht abhängig sein. Nimm dir ruhig Zeit, um glücklich zu sein: heute!

Zeit ist keine Schnellstraße zwischen Wiege und Grab,
sondern Platz zum Parken in der Sonne.
Heute leben! Heute lächeln!
Heute glücklich sein!

Phil Bosmans

Überdruss als Lebensziel

Was tun denn die Menschen ihr ganzes Leben lang? Sie kämpfen ständig, kämpfen und kämpfen. Das nennen sie dann überleben. Wenn der Durchschnittsamerikaner sagt, er oder sie würde seinen oder ihren Lebensunterhalt verdienen, unterhalten sie nicht ihr Leben, o nein! Sie haben viel mehr, als sie zum Leben brauchen.

Man braucht nicht all die Autos, um leben zu können, genauso wenig wie einen Fernsehapparat. Man braucht nicht die vielen Kosmetika, um zu leben, und auch keinen vollen Kleiderschrank. Aber versuchen Sie einmal, einen Durchschnittsamerikaner davon zu überzeugen: Sie wurden so beeinflusst, programmiert. Sie arbeiten und mühen sich ab, das ersehnte Gut zu bekommen, das ihr Glück bedeutet.

Denken Sie über die folgende bedrückende Geschichte etwas nach – es ist Ihre Geschichte, meine Geschichte, die Geschichte aller: »Solange ich das nicht erreicht habe (Geld, Freundschaft, irgendetwas), bin ich nicht glücklich; ich werde alles tun, um es zu bekommen, und wenn ich soweit bin, werde ich alles tun, um es mir zu erhalten. Ich habe einen kurzen Nervenkitzel. Ich bin begeistert, dass ich es habe!«

Aber wie lange hält es an? Ein paar Minuten, vielleicht ein paar Tage. Wenn Sie Ihr nagelneues Auto in Empfang nehmen, wie lange hält Ihre Begeisterung darüber an? Bis zum nächsten Wunsch, an den Sie Ihr Herz hängen!

Anthony de Mello

Es gibt so wenig glückliche Menschen

Ich habe jahrelang unglücklichen Menschen zugehört, Gebrochenen und Verstoßenen, Entwurzelten und unter die Räder Gekommenen, Kranken, Alten, Einsamen. Ich habe Menschen zugehört, die alles hatten, was sie sich wünschten, und die sich kaufen konnten, wovon sie träumten, und die todunglücklich sagten: »Das gibt mir alles nichts mehr. Ich habe alles satt.«

Ich bin nur ein kleiner Kobold
mit einem kleinen Saatkorn in der Hand,
um es in dein Herz zu legen, so
wie ein Bauer an das Saatkorn glaubt,
das er in gutes Erdreich sät.
Es kommt Regen, und es kommt Sonne.
Es kommt Unwetter, und es kommt Sturm.
Das Saatkorn wird nie die Ähre sehen.
Aber ich glaube an den Unsichtbaren,
der aus einem Korn tausend Körner macht.

Menschen glücklich machen,
das ist der Traum glücklicher Menschen.

Phil Bosmans

Einsamkeit

Du lebst wie auf einer Insel, ohne Verbindung mit dem Festland, wo Menschen sind. Es sind keine Brücken da, keine Schiffe, die regelmäßig fahren, mit Freunden an Bord. Du hast zwar den Hauswirt, der vielleicht wegen der Miete kommt. Du hast den Bäcker, der Milchmann, die Verkäuferin an der Kasse im Kaufladen, um nicht vor Hunger zu sterben. Du hast den Briefträger mit deiner Rente und mit den Rechnungen für Gas und Strom. Aber du hast keine Freunde.

Vielleicht war es früher anders. Du warst geborgen unter lieben Menschen, in der Ehe, in der menschlichen Wärme einer Familie, im geselligen Kreis von Freunden. Aber die Brücken der Liebe sind nicht selten gläserne Brücken, die leicht zu Bruch gehen.

Dennoch: Du magst zwar allein sein und allein bleiben, aber du sollst nicht einsam sein. Oder besser: Die Einsamkeit darf keine tödliche Wunde in deinem Herzen sein. Du musst selbst etwas tun. Du musst mit deiner eigenen Liebe, deiner eigenen Güte und Hingabe selber Brücken bauen zu anderen Menschen. Ein bisschen guter Wille genügt nicht. Das reicht nur für eine Notbrücke, die bei der kleinsten Belastung zerbricht. Brücken der Liebe brauchen viel Geduld. Aber sie sind der Mühe wert. Auf ihnen liegt dein Glück.

Phil Bosmans

Das Glück kommt immer wieder einmal auch zu mir

Ich habe fast nie einen Grund mich zu freuen? Ich habe immer Pech? Bei mir läuft alles schief? Ich weiß gar nicht mehr, wie das ist, glücklich zu sein? Ich warte und warte und nichts geschieht? Ich bin wirklich kein Glückskind?

Ich kann mir auch selbst etwas einreden. Ich kann mich als Pechvogel bezeichnen, und meine Erwartungen werden sich erfüllen. Ich kann davon überzeugt sein, kein Glück zu haben, und werde wahrscheinlich Recht behalten. Ich kann mich selbst daran hindern, glücklich zu sein. Ich will an das Auf und Ab in meinem Leben glauben. Ich will damit rechnen, dass ich genauso oft glücklich bin wie die meisten anderen Menschen. Ich will etwas für mein Glück tun. Ich will an das Glück glauben. Und ab und zu, da bin ich mir ganz sicher, werde ich richtig glücklich sein.

Rainer Haak

Nicht am anderen Ufer

Warum siehst du immer auf die andere Seite? Warum denkst du immer, dass die anderen, Freunde, Bekannte, Nachbarn, viel mehr Glück haben? Du sagst so leicht: Anderen geht es viel besser. Und ich tu' mein Bestes und komme doch zu nichts.

Das andere Ufer ist immer schöner. Es liegt weiter weg, und du starrst wie versteinert nach dem schönen Schein. Hast du je daran gedacht, dass auch die am anderen Ufer auf dich schauen und denken, du hättest viel mehr Glück, denn auch sie sehen nur deine Schokoladenseite. Deine kleinen und großen Sorgen, die kennen sie nicht.

Glücklich leben ist eine große Kunst.
Dazu gehört Zufriedenheit.
Dein Glück liegt nicht am anderen Ufer.
Es liegt in dir.

Phil Bosmans

Das Leben schon heute geniessen

Ich denke oft an die Zukunft. Schließlich arbeite ich jetzt vor allem deshalb so viel, damit es uns später gut geht und wir uns keine Sorgen machen müssen. Ich denke darüber nach, wie ich irgendwann einmal das Haus umbauen lassen kann, damit wir uns hier wohler fühlen. Ich nehme mir vor, später mehr für meine Gesundheit zu tun, damit ich lange fit bleibe. Ich denke an die Zeit, wenn ich nicht mehr arbeiten muss und tun kann, was ich gern möchte.

Doch ich lebe nicht irgendwann in der Zukunft. Ich lebe in der Gegenwart. Ich lebe immer wieder heute. Und heute möchte ich glücklich sein. Heute möchte ich tun, was mich begeistert und was mir wichtig ist. Heute möchte ich das Leben genießen. Und später? Später wird es mir sicherlich besser gehen, wenn ich heute schon gut zu mir bin.

Rainer Haak

Regenwolken gehören in die Sonne

Bist du glücklich? So richtig von Herzen glücklich? Dann behalte dein Glück nicht für dich allein, sondern teile es mit anderen. Sonst geht es verloren.

Bist du unglücklich? Lachst du selten oder nie? Fühlst du dich unzufrieden? Dann denkst du wahrscheinlich zu viel an dich selbst, an dein Geld, an deine Gesundheit, an deine kleinen Interessen. Wer sich unentwegt mit sich selbst beschäftigt, kann nicht glücklich sein, weil er nicht mehr lieben kann. Und nicht mehr lieben können, das ist das Ende jeder Freude und der Anfang der Hölle.

Probier es mit Freundlichkeit. Versuche, dein Ich zu vergessen, und zeige dein wahres Herz. Sei liebevoll zu jedem. Über einem Streit lass die Sonne nicht untergehen. Denn Ärger, der im Innern frisst, macht schneller alt und hässlich.

Hänge deine Regenwolken
zum Trocknen in die Sonne.

Phil Bosmans

Nicht länger danach fragen, was andere über mich denken

Ich war noch ein Kind, als ein lauter Schrei von mir und ein dumme Scherz von dem Ausruf meiner Eltern begleitet wurde: »Was sollen denn die Nachbarn von uns denken?!« Das habe ich später wohl so sehr verinnerlicht, dass ich viel zu oft nach der Meinung der anderen fragte: »Ich muss unbedingt den Rasen mähen. Die Nachbarn gucken schon so komisch.« – »O wie peinlich! Keiner trägt hier so bunte Kleidung wie ich.« – »Was wohl meine Kollegen dazu sagen?« – »Hoffentlich kriegt niemand mit, dass wir in diesem Sommer nicht verreisen können!« – »Wenn sich das herumspricht!«

Ich will nicht länger die Verwandtschaft, die Nachbarn oder meine Arbeitskollegen über mein Leben entscheiden lassen. Ich will meine Entscheidungen nicht von der Meinung meiner Mitmenschen abhängig machen. Ich will endlich selber entscheiden, wie ich mein Leben gestalte und was ich für wichtig halte.

Rainer Haak

Mein Glück nicht ständig auf morgen verschieben

Ich habe erkannt, dass ich für mein Glück verantwortlich bin und niemand sonst. Ich kann mit der Suche nach Schuldigen aufhören, denn damit lenke ich mich nur von meiner Verantwortung ab.

Ich habe erkannt, dass ungelöste Probleme meinem Glück im Weg stehen. Wenn ich aufhöre, vor meinen Problemen die Augen zu verschließen oder davonzulaufen, sondern mich ihnen vielmehr mutig stelle, habe ich bereits viel für mein Glück getan.

Ich habe erkannt, dass einige Veränderungen in meinem Leben nötig sind, bevor das Glück häufiger bei mir zu Gast sein wird. Vielleicht soll ich mich von negativen Angewohnheiten oder Sichtweisen trennen, vielleicht soll ich weniger trinken oder arbeiten und mehr lachen.

Ich habe es erkannt, aber bin noch nicht glücklicher geworden. Ich habe es erkannt, aber nicht in die Tat umgesetzt. Ich mache es so wie mit vielen Dingen in meinem Leben: Ich schiebe sie auf morgen. Aber immer nur morgen glücklich sein ist mir zu wenig!

Rainer Haak

Alles hat seinen Sinn

Meine Augen sind da für das Licht der Sonnenstrahlen, für das Grün des Frühlings, für das Weiß des Schnees, für das Grau der Wolken und das Blau des Himmels, für die Sterne in der Nacht und für das unglaubliche Wunder, dass es so viel wunderbare Menschen um mich gibt.

Mein Mund ist da für das Wort, für ein gutes Wort, auf das ein anderer wartet. Meine Lippen sind da für einen Kuss und meine Hände, um zärtlich und sanft zu sein, um einem Armen Brot und Trost zu geben. Und meine Füße, um den Weg zum Nächsten zu gehen. Mein Herz ist da für die Liebe, für die Wärme, für jene, die in Einsamkeit und Kälte leben.

Alles hat seinen Sinn. Warum bin ich dann nicht glücklich? Sind meine Augen zu? Ist mein Mund bitter? Sind meine Hände herzlose Greifer? Oder ist mein Herz vertrocknet? Weiß ich denn nicht, dass ich für die Freude gemacht bin?

Phil Bosmans

Endlich die Entscheidung treffen, glücklich zu sein

Wenn ich einem Menschen begegne, der mit seinem Leben unzufrieden ist, frage ich ihn gern, ob er denn glücklich sein will. Dann höre ich fast immer die gleiche Antwort: »Natürlich will ich glücklich sein! Das ist doch gar keine Frage!«

Ich bin da nicht so sicher. Warum? Es geht hier um eine Entscheidung. Und bei einer Entscheidung sage ich Ja zu einem Weg und Nein zu einem anderen Weg, Ja zu einer Sache und Nein zu einer anderen. Ich kann nicht Ja zu diesem Lebenspartner sagen und Ja zu jenem, Ja zum Urlaub und zur gleichen Zeit Ja zur Arbeit, Ja zum Glücklichsein und Ja zum Unglücklichsein.

Die meisten unglücklichen Menschen hängen an ihrem Unglück, leider! Da wissen sie, was sie haben. Daran haben sie sich gewöhnt. Dafür werden sie geschont und bemitleidet. Wenn sie sich wirklich für ihr Glück entscheiden würden, müsste sich vieles in ihrem Leben ändern. Sie müssten Konsequenzen ziehen, die wehtun. Und wer will das schon?

Rainer Haak

NOVEMBER

Dunkelstunden nicht überspringen

AUCH DAS SCHWERE LIEBEND LEBEN

Ich liebe meines Wesens Dunkelstunden

Ich liebe meines Wesens Dunkelstunden,
in welchen meine Sinne sich vertiefen;
in ihnen hab ich, wie in alten Briefen,
mein täglich Leben schon gelebt gefunden
in frommen Worten, sanft und überwunden.

Aus ihnen kommt mir Wissen: dass ich Raum
zu einem zweiten zeitlos-breiten Leben habe.

Und manchmal bin ich wie der Baum,
der, reif und rauschend, über einem Grabe,
Den Traum erfüllt, den der vergangne Knabe,
um den sich seine warmen Wurzeln drängen,
verlor in Traurigkeiten und Gesängen.

Rainer Maria Rilke

Der verhüllende Schleier

Wer die Staffel hinauf will, muss eben von unten an dienen. Und soviel bleibt, es birgt sich in ihr die Lösung jeder Frage, die jetzt die Welt bewegt. Demütig sein heißt christlich sein, christlich in meinem, vielleicht darf ich sagen in unserem Sinne. Demut erschrickt vor dem zweierlei Maß. Wer demütig ist, der ist duldsam, weil er weiß, wie sehr er selbst der Duldsamkeit bedarf; wer demütig ist, der sieht die Scheidewände fallen und erblickt den Menschen im Menschen.

Der Mann, der bis in die Dunkeltiefen des Herzens blickt, schließt seine Geheimnisse auf, löste seine Verworrenheiten. Eine Aufgabe, nicht dankbar immer, vielleicht verwerflich, gewiss gefährlich; es frommt nicht, der Gorgo ins Antlitz zu schauen oder die Rätsel der Sphinx zu lösen. Ein Letztes, Tiefstes soll den verhüllenden Schleier tragen.

Theodor Fontane

Was ist Leid?

Wenn es kein Leid gäbe, könnte man auch nicht die Erfahrung der Freude machen. Es ist das Leid, das uns hilft, die Freude zu erleben. Alles wird durch sein Gegenteil erkannt, wer den Schmerz tief erlebt, kann auch die Freude stärker ausdrücken. Wenn es kein Leid gäbe, wäre das Leben höchst uninteressant; denn wenn das Leid uns durchdringt, ist die Empfindung nach dem Leid eine tiefere Freude. Ohne Leid hätten die großen Musiker, Erfinder und Denker nicht jene Stufe erreicht, auf der sie in der Welt Erfolg hatten. Wenn sie immer nur Freude erfahren hätten, könnten sie nicht die Tiefe des Lebens ermessen! Denn was ist Leid? Leid ist im wahren Sinne des Wortes die tiefste Freude. Wenn wir Vorstellungskraft haben, erfreuen wir uns an der Tragödie mehr als an der Komödie: Die Komödie ist für Kinder, die Tragödie für den reifen Menschen. Nur durch Schmerz wird jemand zu dem, was wir eine alte Seele nennen, zu einem, der zwar jung sein mag, aber dessen Gedanken in die Tiefe gehen.

Hazrat Inayat Khan

In meinen Wunden wachsen Perlen

»Verwundete Austern lassen aus blutigen Wunden eine Perle entstehen. Den Schmerz, der sie zerreißt, verwandeln sie in einen Juwel« (Richard Shanon). In meinen Wunden wachsen die Perlen. Sie können in mir aber nur entstehen, wenn ich mich mit meinen Wunden aussöhne. Wenn ich die Zähne zusammenbeiße, um meine Wunden krampfhaft zu verschließen, kann darin nichts wachsen. Es tut oft weh, mit meiner Wunde in Berührung zu sein. Da spüre ich die Ohnmacht, sie loszuwerden. Sie wird immer in mir sein, selbst wenn sie vernarbt ist. Aber wenn ich meine Wunde annehme, dann kann sie sich zu einer Quelle von Leben und Liebe verwandeln.

Dort, wo ich verwundet bin, bin ich auch lebendig, dort spüre ich mich, dort spüre ich die andern. Da kann ich die anderen eintreten lassen in meine Wunde, da wird Begegnung und Berührung möglich, die auch den anderen zu heilen vermag. Nur der verwundete Arzt kann heilen, so sagen die Griechen. [...]

Wir leben oft in der Illusion, dass all unsere Wunden heilen können. Wir benutzen dann Gott dazu, dass er unsere Wunden heilen soll. Unter Heilung verstehen wir, dass die Wunden sich schließen und wir sie nicht mehr spüren. [...] Erst wenn wir bereit sind, uns mit unserer Wunde auszusöhnen, kann sie für uns zum Tor nach innen werden, zum Tor in den unverwundeten und heilen Raum, in dem Gott selbst in uns wohnt.

Anselm Grün

Im Dunkel hat das Lächeln einen Sinn

Denken Sie: Ist die Kindheit nicht schwer in all ihrem unerklärten Zusammenhang? Sind die Mädchenjahre nicht schwer, – ziehen sie nicht wie langes schweres Haar das Haupt in die Tiefe großer Traurigkeit? Und es soll nicht anders werden; wenn für viele das Leben dann auf einmal leichter wird, leichtsinniger und froher, so ist es nur, weil sie aufgehört haben, es ernst zu nehmen, es in Wirklichkeit zu tragen und mit ihrem eigensten Wesen zu fühlen und zu erfüllen.

Das ist kein Fortschritt im Sinne des Lebens. Das ist eine Absage aller seiner Weiten und Möglichkeiten. Was von uns verlangt wird, ist, dass wir das *Schwere* lieben und mit dem Schweren umgehen lernen.

Im Schweren sind die freundlichen Kräfte, die Hände, die an uns arbeiten. Mitten im Schweren sollen wir unsere Freuden haben, unser Glück, unsere Träume: Da, vor der Tiefe dieses Hintergrunds, heben sie sich ab, da sehen wir erst, wie schön sie sind.

Und nur im Dunkel der Schwere hat unser kostbares Lächeln einen Sinn; da leuchtet es erst mit seinem tiefen, träumenden Licht, und in der Helligkeit, die es für einen Augenblick verbreitet, sehen wir Wunder und Schätze, von denen wir umgeben sind.

Rainer Maria Rilke

Enttäuschungen als Chance wahrnehmen

Immer wieder enttäuscht uns das Leben. Wir sind enttäuscht über uns selbst, über unser Versagen und Scheitern. Wir sind enttäuscht von unserem Beruf, von unserem Ehepartner, von der Familie, vom Kloster, von der Pfarrei. Manche reagieren resigniert auf die Enttäuschung. Sie finden sich halt ab mit dem Leben, wie es ist. Aber in ihrem Herzen stirbt jede Lebendigkeit ab, jede Hoffnung. Die Träume vom Leben werden begraben. Auch die Enttäuschung könnte mich zum Schatz führen. Vielleicht will sie mich von den Illusionen befreien, die ich mir über mich und meine Zukunft gemacht habe. Vielleicht habe ich alles mit einer rosaroten Brille angeschaut, und jetzt reißt mir die Enttäuschung die Brille aus dem Gesicht und zeigt mir die Wahrheit meines Lebens.

Die Enttäuschung entlarvt die Täuschung, der ich bisher verfallen war, und hebt sie auf. Sie zeigt mir, dass mein Selbstbild nicht gestimmt hat, dass ich mich falsch eingeschätzt habe. So ist die Enttäuschung die Chance, das wahre Selbst zu entdecken, das Bild, das Gott sich von mir gemacht hat. Natürlich tut die Enttäuschung erst einmal weh. Aber durch den Schmerz hindurch kann ich lernen, mich mit der Realität auszusöhnen und so realistisch und angemessen zu leben.

Anselm Grün

Mangel an Geduld

Die Weisen haben immer die Zufriedenheit gelehrt. »Widerstrebt nicht dem Übel!«, heißt es in der Bibel. Und doch, wie viele geben dem Übel nach! Die eigentliche Meinung der Heiligen Schrift ist folgende. Angenommen, jemand sei böse mit uns. Lehnen wir uns dagegen auf, so nehmen wir teil an seinem Ärger; dem Feuer, das in unserem Gemüt entzündet wird, erlauben wir zu entflammen. Widersteht dem Übel nicht auf diese Weise! Nehmt nicht teil am Übel des anderen! Ist man aber ruhig und gelassen, so wird die Ruhe und Sanftmut eine größere Wirkung auf den anderen ausüben als sein Zorn. Der wahre Widerstand ist also eine Übung der Geduld. Geduld ist die beste Eigenschaft, die der Mensch entwickeln kann. Wir sind immer geneigt, aufgeregt oder verärgert zu werden, wenn andere uns nicht verstehen. Warum denn sich aufregen, falls es anderen nicht möglich ist, uns zu verstehen? Durch die Erregung machen wir diejenigen, die dumm oder ungeschickt sind, nur noch dümmer und ungeschickter. Wir können ihnen auf diese Weise nicht helfen, sondern haben teil an ihrer Art, indem wir ihnen widerstehen. Wenn wir innerlich ruhig wären, wenn wir Geduld hätten, dann wären wir in Harmonie. Harmonie ist das Größte, was wir im Leben zu lernen haben. Alle Misshelligkeiten in der Ehe, zwischen Freunden und Geschäftspartnern und in der Politik entstehen aus Mangel an Geduld.

Hazrat Inayat Khan

Die Wunde hält uns wach

Da ist eine Frau, die als kleines Mädchen von drei Jahren von ihrer Mutter mit dem Stock auf den nackten Hintern verprügelt worden ist, ohne dass ihr der Grund dafür klar war. Unwillkürlich machte sich das Mädchen ganz steif, um sich in ihrer Ohnmacht und Wut dagegen zu wehren. Mit fünfzig Jahren hat sie starke Rückenschmerzen. In der therapeutischen und geistlichen Begleitung wird ihr bewusst, dass sie sich mit ihrem harten Rücken gegen alle Verletzungen wehrte, die ihr das Leben immer wieder schlug. Aber die Erkenntnis der Ursache nimmt die Rückenschmerzen noch nicht weg. Erst als sie sowohl im Gespräch als auch in der Massage mit ihrer Wunde in Berührung kommt, kann sie die Verkrampfung lassen. Da beginnen ihre Gefühle in ihrem Rücken zu fließen, und es strömt eine wohlige Energie in ihr. Sie blüht auf, freut sich an ihrer neu gefundenen Lebendigkeit. Und sie erkennt, dass es für sie lebensnotwendig war, sich so zu verkrampfen. Aber jetzt ist das Sichverschließen keine angemessene Verhaltensweise mehr, es würde ihre Rückenschmerzen nur noch verstärken. Jetzt ist sie so stark, dass sie sich dem Schmerz der Kindheit neu stellen kann, dass sie auch die Wut auf ihre Mutter zulassen kann.

Der Dialog mit ihren Rückenschmerzen und das Anschauen ihrer Lebenswunde hat neues Leben in ihr aufblühen lassen. Sie kann sich aussöhnen mit ihrer Vergangenheit, die sie nun realistisch betrachten kann, mit ihren Wunden, aber auch mit ihren guten Erfahrungen. Und sie spürt, dass das Leben in ihr wieder fließt, dass sie richtig Lust bekommt zu leben.

Anselm Grün

Alles in uns tritt zurück

Ich glaube, dass fast alle unsere Traurigkeiten Momente der Spannung sind, die wir als Lähmung empfinden, weil wir unsere befremdeten Gefühle nicht mehr leben hören. Weil wir mit dem Fremden, das bei uns eingetreten ist, allein sind; weil uns alles Vertraute und Gewohnte für einen Augenblick fortgenommen ist; weil wir mitten in einem Übergang stehen, wo wir nicht stehen bleiben können. Darum geht die Traurigkeit auch vorüber:

Das Neue in uns, das Hinzugekommene, ist in unser Herz eingetreten, ist in seine innerste Kammer gegangen und ist auch dort nicht mehr – ist schon im Blut. Und wir erfahren nicht, was es war. Man könnte uns leicht glauben machen, es sei nichts geschehen, und doch haben wir uns verwandelt, wie ein Haus sich verwandelt, in welches ein Gast eingetreten ist. Wir können nicht sagen, wer gekommen ist, wir werden es vielleicht nie wissen, aber es sprechen viele Anzeichen dafür, dass die Zukunft in solcher Weise in uns eintritt, um sich in uns zu verwandeln, lange bevor sie geschieht. Und darum ist es so wichtig, einsam und aufmerksam zu sein, wenn man traurig ist: weil der scheinbar ereignislose und starre Augenblick, da unsere Zukunft uns betritt, dem Leben so viel näher steht als jener andere laute und zufällige Zeitpunkt, da sie uns, wie von außen her, geschieht. – Je stiller, geduldiger und offener wir als Traurige sind, umso tiefer und umso unbeirrter geht das Neue in uns ein, umso besser erwerben wir es.

Rainer Maria Rilke

Von einer schweren Last befreit!

Wenn mir Menschen aus ihrem Leben erzählen und ausführlich schildern, welch schwere Lasten sie zu tragen haben, fühle ich meist intensiv mit ihnen. Besonders bedrückend finde ich es, wenn diese Lasten eigentlich nicht sein müssten: Jemand lebt seit Jahren mit einem Partner zusammen, der ihm das Leben zur Hölle macht. Jemand macht sich Sorgen über die längst erwachsenen Kinder, obwohl er damit nichts an der Situation der Kinder ändert. Jemand kann wegen finanzieller Probleme nicht mehr schlafen und lebt trotzdem weiter über seine Verhältnisse. Jemand klagt über Langeweile und sitzt den ganzen Tag zu Hause vor dem Fernsehapparat.

Ich freue mich, wenn so ein Mensch erkennt, dass es an ihm selbst liegt, ob er glücklich ist oder nicht. Ich freue mich, wenn er die notwendigen Konsequenzen zieht und etwas in seinem Leben verändert. Ich freue mich, wenn er sich von einer schweren Last befreit und endlich wieder lachen kann.

Rainer Haak

Unglück mit Würde tragen

Das möchte ich: der Klippe gleichen, an der sich ständig die Wogen brechen; sie aber steht fest, und die ringsum tobende See beginnt sich zu legen! »Ich Unglücklicher, dass mir das widerfahren musste!«

Nicht so, lieber Freund, sondern: Wie glücklich bin ich, dass ich unbekümmert wie zuvor lebe, obwohl mir das zustieß, und weder an der Gegenwart zerbreche noch die Zukunft fürchte. Denn ein Unglück wie dieses konnte jeden treffen, aber nicht jeder wäre dabei in seiner Seele unverwundet geblieben. Warum willst du nicht lieber darin einen beglückenden Erfolg sehen als in dem Ereignis selbst ein Missgeschick? Kannst du überhaupt etwas als Missgeschick für einen Menschen bezeichnen, was gar kein Misserfolg der menschlichen Seele ist? Glaubst du, ein solcher Misserfolg liege vor, wo gar nichts gegen die Absichten seiner Seele geschieht? Wie? Du kennst doch ihre Absichten! Hindert dich dies »unglückliche« Ereignis daran, gerecht, hochherzig, beherrscht, verständig, im Urteil besonnen, wahrhaftig, ein sittlich fein empfindender und unabhängiger Charakter zu sein usw., also Tugenden zu haben, mit deren Bewährung die menschliche Natur ihre Bestimmung erfüllt? – Denk bei allem, was dich betrüben will, daran, den Grundsatz zu befolgen: Dies ist kein Unglück für mich, wohl aber ist es ein Glück, es mit Würde tragen zu können.

Marc Aurel

Unglück verschmilzt im Glück

Wir müssen versuchen, uns an das Leben anzupassen; es ist nicht Sache des Lebens, sich an uns anzupassen. Seien wir weder zu leer noch zu erfüllt.

Ist es unsere Bestimmung, uns zu langweilen, so sollten wir uns darauf verstehen und deswegen das Vergnügen, das wir einbüßen, richtig einschätzen und dem, das wir uns verschaffen können, seine Bedeutung nicht nehmen.

Als ich erblindete, begriff ich zunächst, dass ich mich darein schicken würde, blind zu sein.

In den meisten unglücklichen Situationen – so kann man annehmen – kommt es darauf an, dass man sich zu helfen weiß.

Ist man dazu imstande, so fügt sich die unglückliche Lage meist in den Plan eines glücklichen Lebens ein. Es ist sehr leicht, sich durch ein wenig Nachdenken von traurigen Affekten zu befreien.

Rousseau hat sehr gut gesagt: »Ich habe erlebt, dass es leichter war zu dulden als sich zu rächen.«

Charles de Montesquieu

Es kommt alles noch herrlicher wieder

Man muss nie verzweifeln, wenn einem etwas verloren geht, ein Mensch oder eine Freude oder ein Glück; es kommt alles noch herrlicher wieder. Was abfallen muss, fällt ab; was zu uns gehört, bleibt bei uns, denn es geht alles nach Gesetzen vor sich, die größer als unsere Einsicht sind und mit denen wir nur scheinbar im Widerspruch stehen. Man muss in sich selber leben und an das ganze Leben denken, an alle seine Millionen Möglichkeiten, Weiten und Zukünfte, denen gegenüber es nichts Vergangenes und Verlorenes gibt.

Rainer Maria Rilke

Pflicht ist, das Schwere zu lieben

Steh froh auf zu deinem Werktage, wenn du es kannst. Und kannst du es nicht, was hindert dich daran? Ist da etwas Schweres im Wege? Was hast du gegen das Schwere? Dass es dich töten kann. Es ist also mächtig und stark. Das weißt du von ihm. Und was weißt du vom Leichten? Nichts. An das Leichte haben wir gar keine Erinnerung. Selbst wenn du also wählen dürftest, müsstest du nicht eigentlich das Schwere wählen? Fühlst du nicht, wie verwandt es mit dir ist? [...] Und bist du nicht im Einklang mit der Natur, wenn du es wählst? Meinst du, dem Keim wäre es nicht leichter, in der Erde zu bleiben? – Es gibt gar nicht ein Leichtes und ein Schweres. Das Leben selbst ist das Schwere. Und leben willst du doch? Du irrst also, wenn du das Pflicht nennst, dass du das Schwere auf dich nimmst. Es ist Selbsterhaltungstrieb, was dich dazu drängt. Was aber ist denn Pflicht? Pflicht ist, das Schwere zu lieben [...]; du musst da sein, wenn es dich braucht.

Rainer Maria Rilke

Die einzige Chance

Wenn das Leid dich trifft, werde nicht rebellisch. Sage nicht: »Unmöglich! Alles, nur das nicht. Das kann ich nicht annehmen. Das ist zu schwer und zu ungerecht. Das habe ich nicht verdient.«

Das Leid ist ein Geheimnis. Es schlägt plötzlich zu, brutal und ohne Mitleid: ein Unfall, eine Krankheit, eine Behinderung, Abwege, auf die ein Kind gerät, der Tod eines geliebten Menschen ... Du erstickst fast vor Kummer und möchtest alles hinwerfen, alles aufgeben. Aber das ist Verzweiflung, und die macht alles nur noch schlimmer.

Versuche anzunehmen. Vielleicht kannst du ein neuer Mensch werden, innerlich tiefer und reicher, gütiger, einfühlsamer in die Lage anderer. Versuche anzunehmen. Das ist deine einzige Chance. Das Leid macht dein Herz größer und weiter und öffnet es für nie gekannte Freuden. Durch eigenes Leid erfahren, kannst du ein rettender Hafen werden für Menschen in großer Not.

Phil Bosmans

Ins Dunkel fallen ... (1)

Ein früher Novemberabend, ich bin zuhause. Tagsüber wollte es nicht hell werden, die zwei Gespräche, die ich heute führte, haben mich sehr angestrengt. Ich sitze an meinem Schreibtisch, habe die kleine Kerze angezündet, im Hintergrund Musik.

Ich fühle mich müde, aber von einer solchen Müdigkeit, die der Schlaf nicht stillen kann. Ich bin lustlos, obwohl so viel Arbeit zu erledigen wäre. Ich sitze da und warte, warte darauf, dass irgendetwas geschieht. Ich weiß noch nicht einmal, worauf ich warte – einen Anruf fände ich jetzt eher lästig, Besuch eher mühsam. Nein, es ist wohl nichts, das von außen kommt, worauf ich warte. Da ist etwas in mir – und es drängt zum Leben, will gelebt sein. Jetzt etwas anderes zu tun, dies zu überdecken, wäre Verrat an mir selbst. Und gleichzeitig habe ich Angst vor dem, was da in mir ist, habe ich Angst vor dem Dunkel ...

Ich selbst kann nichts, aber auch absolut nichts datan tun, dass dieses »Irgendetwas« in mir geschieht. Ich kann nur dasitzen und warten, muss die Leere, die Müdigkeit zulassen, darf nicht in billige Aktivitäten flüchten. [...]

Voller Sehnsucht warte ich, horchend, hoffend, schauend. Ich suche nach den kleinsten Zeichen der Veränderung – und finde doch nur Leere. Fragen tauchen in mir auf, aber wem soll ich sie stellen?

Andrea Schwarz

Ins Dunkel fallen ... (2)

Ich zögere – wenn jetzt jemand hier wäre und fragen würde, Zeit zum Zuhören hätte, mich in den Arm nehmen würde, vielleicht könnte ich dann ganz tastend suchen nach dem, was in mir ist, es zulassen, mich vielleicht auch davon überwältigen lassen. Es ist niemand da, ich bin ganz alleine mit mir ...

Da ist so viel Sehnsucht in mir – und zugleich dieses Wissen um Unerfüllbarkeit ... Manchmal zerreißt mich diese Spannung schier. Da halte ich all diese Lebendigkeit fast nicht aus – und spüre, dass genau dieses Nicht-mehr-aushalten-Können wiederum zur Lebendigkeit gehört.

Es zerreißt mich – herausgefordert zum Leben leide ich zugleich daran. Ich kann und will nicht mehr. Ich will endlich meine Ruhe haben.

Da ist eine ungeheure Sehnsucht in mir, eine Sehnsucht, die kein Gesicht, keinen Namen hat. Und in den kurzen Momenten, wo sie Gesicht und Namen bekommt, weiß ich schon wieder, das stimmt so nicht ...

Aber wo soll ich denn hin mit dieser Sehnsucht??

Sie fällt ins Leere, ins Dunkle, ins Namenlose – und ich falle mit ins Leere, Dunkle, Namenlose hinein ...

So bleibe ich stumm und warte voll Sehnsucht – aber ich bleibe ...

Andrea Schwarz

Die vier edlen Wahrheiten (1)

Dies sind die vier edlen Wahrheiten, das ist die Lehre, die ich verkündet habe, die einwandfrei, makellos, über jeden Vorwurf erhaben ist und die von keinem Asketen, Priester und Verständigen getadelt worden ist. Worauf bezieht sie sich? Abhängig von den sechs Elementen entsteht die Empfängnis des Embryos. Wo aber eine Empfängnis stattfindet, da gibt es Geistiges und Körperliches. Abhängig vom Geistigen und Körperlichen sind die sechs Sinnesorgane, abhängig von den Sinnesorganen sind die Sinneseindrücke, abhängig von den Sinneseindrücken ist das Gefühl. Und gerade im Hinblick auf den Gefühlsbegabten lehre ich, was Leiden ist, was die Entstehung des Leidens ist, was die Aufhebung des Leidens ist, was der Pfad zur Aufhebung des Leidens ist.

Was ist aber die edle Wahrheit vom Leiden? Geburt ist Leiden, Alter ist Leiden, Krankheit ist Leiden, Sterben ist Leiden; Sorge, Kummer, Schmerz, Trübsal und Verzweiflung, all das ist Leiden; nicht erlangen, was man begehrt, ist Leiden. Kurz, die fünf Daseinsfaktoren sind Leiden. Das bezeichnet man als die edle Wahrheit vom Leiden.

Gautama Buddha

Die vier edlen Wahrheiten (2)

Was ist aber die edle Wahrheit von der Entstehung des Leidens? Die Unwissenheit führt zur Bildung der Früchte des Tatenvergeltungsgesetzes (Karman); die Karman-Kräfte bedingen den Willen zur Wiedergeburt; der Wille zur Wiedergeburt führt zur Bildung von Geistigem und Körperlichem; das Geistige und Körperliche bedingt die Entstehung der sechs Sinnesorgane; die sechs Sinnesorgane führen zur Entstehung von Sinneseindrücken; die Sinneseindrücke führen zur Entstehung der Empfindungen; die Empfindungen führen zur Entstehung des Begehrens; das Begehren führt zur Entstehung des Anhaftens; das Anhaften lässt den Werdeprozess weiterlaufen; der Werdeprozess führt zur Wiedergeburt; die Geburt bedingt die Entstehung von Alter und Sterben, von Sorge, Kummer, Schmerz, Trübsal und Verzweiflung. So kommt es zur Entstehung dieser ganzen Leidensfülle. Das bezeichnet man als die edle Wahrheit von der Entstehung des Leidens.

Gautama Buddha

Die vier edlen Wahrheiten (3)

Was ist aber die edle Wahrheit von der Aufhebung des Leidens? Durch die restlose Aufhebung und Beseitigung der Unwissenheit erlöschen die Karman-Kräfte; durch das Erlöschen der Karman-Kräfte erlöscht der Wille zur Wiedergeburt; durch das Erlöschen des Willens zur Wiedergeburt erlöscht das Geistige und Körperliche; durch das Erlöschen des Geistigen und Körperlichen erlöschen die sechs Sinnesorgane; durch das Erlöschen der sechs Sinnesorgane erlöschen die Sinneseindrücke; durch das Erlöschen der Sinneseindrücke erlöschen die Empfindungen; durch das Erlöschen der Empfindungen erlöscht das Begehren; durch das Erlöschen des Begehrens erlöscht das Anhaften; durch das Erlöschen des Anhaftens erlöscht der Werdeprozess; durch das Erlöschen des Werdeprozesses erlöscht die Wiedergeburt; durch das Erlöschen der Wiedergeburt erlöschen Altern und Sterben, Sorge, Kummer, Schmerz, Trübsal und Verzweiflung. So kommt es zur Aufhebung dieser ganzen Leidensfülle. Das bezeichnet man als die edle Wahrheit von der Aufhebung des Leidens.

Was ist aber die edle Wahrheit vom Pfad zur Aufhebung des Leidens? Das ist der edle achtgliedrige Pfad: rechte Ansicht, rechte Gesinnung, rechtes Reden, rechtes Tun, rechte Lebensweise, rechte Anstrengung, rechte Konzentration, rechte Versenkung. Das ist die edle Wahrheit vom Pfad zur Aufhebung des Leidens.

Gautama Buddha

Versöhne dich mit dem Leben

Wieder sah ich einen Mann schrecklich leiden unter dem unwiderruflichen Verlust seiner Frau. Er erinnerte mich an einen anderen, der vor einiger Zeit bei mir saß wie ein Granitblock, mit versteinertem Gesicht. Die Worte, die er mit Pausen hervorstieß, klangen wie ein Fluch: »Das darf nicht wahr sein: meine Frau – tot. Verunglückt. Es geht nicht ohne sie. Ich kann nicht. Ich mache Schluss.« – »Versuche dich zu versöhnen«, sagte ich leise. »Ich will nicht, ich kann nicht, ich mache Schluss.«

Manchmal kann Leben für Menschen entsetzlich sein. Arthur Miller schreibt in einem seiner Theaterstücke: »Ich träumte. dass mein Leben ein Kind von mir war. Aber es war verunstaltet, mongoloid, und ich lief weg. Immer wieder kroch es mir auf den Schoß, bis ich dachte: Wenn ich es küssen kann, kann ich vielleicht schlafen. Und ich bog meinen Kopf über sein verzerrtes Gesicht, es war schrecklich ... aber ich küsste es.«

Ja, ich glaube: Am Ende musst du dein Leben in die Arme nehmen, so wie dein Leben ist, und musst dich damit versöhnen, so hart und schwer das auch ist. Aber wenn du es geküsst hast, wird es anders, erträglicher. Mach dir keine Illusionen. Glück ist keine Dauervorstellung im Theater des Lebens. Tiefes Glück kommt und geht und dauert meist nicht lang. In der übrigen Zeit heißt es: daran denken und darauf warten! Versöhne dich mit dem Leben, so wie es ist. Heute. Jetzt. Um das bisschen Glück, das auf dich wartet, nicht zu verfehlen.

Phil Bosmans

Eigentlich bin ich ein ganz glücklicher Mensch

Den größten Teil meines Lebens habe ich als Flüchtling außerhalb meines eigenen Landes verbracht. Viele Tibeter vertrauen mir, sie haben große Erwartungen, und meine Aufgabe und Verantwortung sind sehr groß. Es gab und gibt immer noch sehr viele Schwierigkeiten. Trotz zahlloser Bedrängnisse und Probleme über diesen ganzen Zeitraum hinweg scheint mir dennoch, dass, wenn ich meine Erfahrungen und Erlebnisse mit denen anderer vergleiche, ich eigentlich ein ganz glücklicher Mensch bin.

Wenn mich schlechte Nachrichten erreichen, oder es geschieht etwas Schreckliches oder Tragisches, erlebe natürlich auch ich Momente der Angst, Traurigkeit und Entmutigung, die aber nicht lange andauern. Trotz der gegebenen Umstände bleibt mein Geist relativ stabil und ruhig. Für mich bedeutet das eine große Hilfe und trägt dazu bei, dass meine Intelligenz und Klugheit mich nicht im Stich lassen und ohne größere Störungen normal funktionieren, so dass ich mühelos ruhig schlafen kann. [...]

Gleichgültig ob man gläubig ist oder nicht, durch eine entsprechende Praxis kann man seine innere geistige Haltung und Einstellung zu Dingen und Ereignissen ändern, was dazu führt, dass man ruhiger wird und mehr mit sich in Frieden und Einklang lebt, und damit ist man auch eher in der Lage, heikle und drängende Probleme, ja sogar komplizierteste Dinge zu meistern und zu bewältigen.

Dalai Lama

Schatten sind unsere Begleiter

Wohin du dich auch wendest, dein Schatten wird dich nicht verlassen. Er gehört zu dir wie ein unverwechselbares Gesicht. Wünsche dir Gelassenheit, dich selbst mit all deinen Eigenschaften annehmen zu können, um auch andere mit ihren guten und schwierigen Seiten zu akzeptieren. Alles, was lebt, – das Ich und das Du – wirft seinen eigenen Schatten. Er kann wie ein wunderbarer Wegweiser zum Licht werden. Wie hell es ist, liegt auch daran, ob wir uns gegenseitig in den Schatten stellen oder uns gegenseitig zum Lichtblick werden.

Kennst du Momente, in denen tief in dir etwas von jenem Geheimnis aufleuchtet, das uns am Leben hält? Situationen, aus denen heraus sich das Unfassbare widerspiegelt, das uns wie Licht umgibt, klar und geheimnisvoll zugleich? Wie die Sonnenstrahlen im Wasser oder durch Glas gebrochen werden, so kann uns eine andere, zweite Wirklichkeit durch ungewöhnliche Ereignisse erreichen, die uns an Leib und Seele berühren.

Glanz entsteht nicht nur an der Oberfläche, er verweist auf eine innere Glut.

Thomas Romanus

Wenn es kein Leid gäbe

Wenn es kein Leid gäbe, könnte man auch nicht die Erfahrung der Freude machen. Es ist das Leid, das uns hilft, die Freude zu erleben. Alles wird durch sein Gegenteil erkannt; wer den Schmerz tief erlebt, kann auch die Freude stärker ausdrücken. Wenn es kein Leid gäbe, wäre das Leben höchst uninteressant, denn wenn das Leid uns durchdringt, ist die Empfindung nach dem Leid eine tiefere Freude. Ohne Leid hätten die großen Musiker, Erfinder und Denker nicht jene Stufe erreicht, auf der sie in der Welt Erfolg hatten. Wenn sie immer nur Freude erfahren hätten, könnten sie nicht die Tiefe des Lebens ermessen! Denn was ist Leid? Leid ist im wahren Sinne des Wortes die tiefste Freude. Wenn wir Vorstellungskraft haben, erfreuen wir uns an der Tragödie mehr als an der Komödie: Die Komödie ist für Kinder, die Tragödie für den reifen Menschen. Nur durch Schmerz wird jemand zu dem, was wir eine alte Seele nennen, zu einem, der zwar jung sein mag, aber dessen Gedanken in die Tiefe gehen.

Hazrat Inayat Khan

Von der Kraft des Wünschens (1)

Wenn Menschen vom Dunkel umfangen sind, scheinen sie oft kraft- und antriebslos zu sein. Meist aber täuscht dieser Eindruck. Selbst im größten Unglück, in tiefster Dunkelheit, haben Menschen in aller Regel noch ein Bild, eine Ahnung davon, wie es denn sein könnte, wenn es all dieses Leid nicht mehr gäbe. Wenn sich ein solches Ahnen auch vielleicht nur in der resignativen Aussage »Wenn doch nur erst alles vorbei wäre!« zeigen mag – trotzdem. Es gibt noch eine Vorstellung davon, wie es denn über den jetzigen Zustand hinaus noch sein könnte. Wirklich resigniert hat erst der, der keine Wünsche mehr hat. [...]

Aber so einfach ist das manchmal mit dem Wünschen gar nicht. Davon weiß schon ein altes Märchen zu erzählen: Da kommt überraschend eine Fee zu einem älteren Ehepaar und eröffnet ihnen, dass sie drei Wünsche frei hätten. Sehr spontan sagt die Frau den Gedanken, den sie gerade im Kopf hatte, bevor die Fee kam: »Ach, ich hätte so gerne eine Bratwurst mit Kartoffelbrei!« und, kaum hast du dich versehen, steht auch schon ein Teller mit der Wurst und dem Kartoffelbrei vor ihr.

Der Mann, wütend darüber, wie die Frau den ersten Wunsch regelrecht verschleudert hat, sagt zornig und wohl etwas unüberlegt: »Ach, würde doch die Wurst an deiner Nase hängen!« – und, kaum ausgesprochen, hängt die Wurst auch schon tatsächlich an der Nase seiner Frau. Den beiden bleibt nichts anderes übrig, als den dritten Wunsch dafür einzusetzen, die Wurst von der Nase wieder wegzuzaubern – und so haben sie ihre drei Wünsche leichtfertig vertan.

Andrea Schwarz

Von der Kraft des Wünschens (2)

Dies ist eine Botschaft dieser und vieler anderer Märchen: Da kommt jemand, mitten in meinen Alltag hinein, und sagt: Du hast drei Wünsche frei. Gelegentlich brauche ich einen Anstoß, den »Kick« von außen, um mich überhaupt erst wieder auf die Kraft des Wünschens zurück zu besinnen.

Richtig wünschen zu können aber ist eine Kunst, die wir Erwachsenen oft verlernt haben. Und es würde sich lohnen, hier wieder einmal bei den Kindern in die Lehre zu gehen. Die können das noch: kraftvoll wünschen und sehnsüchtig hoffen, dass der Wunsch in Erfüllung geht. Wir Großen haben uns manchmal schon so mit dem Alltag und seinen Gegebenheiten arrangiert, dass wir gar nicht mehr auf die Idee kommen, uns noch etwas zu wünschen.

Man darf sich etwas wünschen – das ist zutiefst christlich und menschlich. Aber, und auch dies ist eine Botschaft dieses Märchens: Es gibt solche und solche Wünsche. Natürlich kann ich mir das Feuerzeug, das Buch, den Pullover wünschen, und möglicherweise liegt das dann auch auf dem Gabentisch – aber brauche ich das wirklich? Oder bleibt nicht doch trotz vieler Geschenke und erfüllter Wünsche manchmal eine seltsame Leere zurück? Stillt das Gewünschte meine Sehnsucht? Die Frau und der Mann in dem Märchen geben ihren spontanen Bedürfnissen nach, als die Fee sie nach ihren Wünschen fragt – sehr zufrieden dürften sie selbst mit der Erfüllung dieser Wünsche im Nachhinein nicht gewesen sein.

Andrea Schwarz

Von der Kraft des Wünschens (3)

Sich etwas zu wünschen, das ist mehr als nur etwas zu benennen, was ich geschenkt bekommen möchte, das ist mehr als ein momentanes Bedürfnis zu stillen. Kraftvolle Wünsche kommen aus der Tiefe und entspringen einer Sehnsucht, die zugleich das Bild einer anderen Wirklichkeit zeigt.

Wenn ich solche Wünsche bei mir entdecken will, dann muss ich zunächst einmal auf mein Leben genauer hinschauen. Da gibt es Dunkelheiten, da sind Tränen und Leere, da ist Gebrochenheit, nicht gelebtes Leben. Indem ich mich diesen Dunkelheiten stelle, kann mir bewusst werden, unter welchem Mangel ich eigentlich wirklich leide: ein Mangel an Beziehung und Freundschaft, ein Mangel an Sinnerfüllung, ein Mangel an Möglichkeiten, mir selbst zu begegnen, ein Mangel an Gott, ein Mangel an Lebendigkeit. Aus einem solchen Ahnen oder Wissen um das Dunkle in mir wird dann die Sehnsucht wachsen, eine tiefe Sehnsucht, die mich unruhig macht und umhertreibt. Ich habe Sehnsucht, ja ich bin Sehnsucht – das ist Wünschen.

Meine Sehnsucht malt Bilder einer anderen Wirklichkeit. Ich stelle mir vor, wie es denn besser, schöner, lebendiger sein könnte – und bringe dies durch meinen Wunsch in Worte. Jeder Wunsch erzählt damit gleichzeitig vom Dunkel in mir, von der daraus erwachenden Sehnsucht und von einer anderen Wirklichkeit – und in dieser Spannung zwischen Realität und Vision kann das Leben wachsen.

Andrea Schwarz

Von der Kraft des Wünschens (4)

Solche Wünsche sind kraftvoll, sie erzeugen in mir selbst Energie, weil sie sozusagen mit »Sehnsucht aufgeladen« sind. Sie wirken auf mich selbst zurück, weil ich mich meinem Dunkel stelle, mich mit der Realität allein nicht abfinden kann. Bereits das verändert mich.

In mir selbst entsteht ein neues Bild einer anderen Wirklichkeit. Ein solches Bild kann mir dabei helfen, die eigenen Schritte an diesem Ziel auszurichten – ich ahne, wo ich hin möchte, und deshalb lässt sich beurteilen, ob ein bestimmter Schritt, eine Handlung, eine Entscheidung zielfördernd oder zielhemmend ist.

Wünsche, die einer tiefen Sehnsucht entspringen, tragen Kraft in sich – und vielleicht ist gerade deshalb in vielen Märchen die Zahl der Wünsche auf drei begrenzt: Es gilt, die Kräfte zu zentrieren, sich nicht zu verzetteln, Ordnung in meine Wünsche zu bringen.

Diese Kraft, die in mir liegt, kann ich leichtfertig vertun, indem ich meinen spontanen Bedürfnissen nachgebe, ohne dabei auf meine Situation und das, was ich wirklich brauche, hinzuschauen. Ich kann diese Energie aber auch kraftvoll einsetzen, indem ich das Dunkel in mir annehme, die Sehnsucht wachsen lasse und mit ganzem Herzen und voller Leidenschaft meinen Wünschen einen Namen gebe – und meine Schritte, mein Handeln genau daran ausrichte.

Andrea Schwarz

Von der Kraft des Wünschens (5)

Zugegeben: Es mag sein, dass allein deshalb meine Wünsche noch lange nicht erfüllt werden, meine Träume nicht Wirklichkeit werden. Das mag schmerzen und vielleicht sogar dazu verführen, sich lieber gar nichts mehr zu wünschen, als etwas, was dann nicht in Erfüllung geht. Es gibt Wünsche, die so unrealistisch sind, dass sie sozusagen überhaupt erst die Probleme verursachen. Vielleicht habe ich mir dann ein falsches Bild vor Augen gestellt: eine Beziehung, in der es keine Konflikte gibt, ein Leben ohne Sorgen und Probleme, eine Kirche, in der jeder jeden versteht. Erfüllt sich ein Wunsch auf Dauer nicht, so wäre eine Überprüfung meines Bildes sicher angebracht und hilfreich. [...]

Advent ist die Zeit des Wünschens. Es ist eine Zeit, mich auf mich selbst zurück zu besinnen, Einkehr bei mir zu halten. Statt vorschnell Lichter anzuzünden, wäre es jetzt eher an der Zeit, sich den Dunkelheiten zu stellen und sie anzunehmen und auszuhalten. Dann kann daraus die Sehnsucht wachsen, die Sehnsucht nach einer anderen und besseren Welt. Eine solch tiefe Sehnsucht aber wird mich selbst nicht unberührt lassen, sie wird mich umtreiben, unruhig machen, bis ich schließlich selbst den Aufbruch wage, einen Aufbruch in das Ungewisse hinein, nur einen Stern vor Augen, eine Verheißung in den Ohren – das ist Advent.

Andrea Schwarz

Von der Kraft des Wünschens (6)

Und das ist ein anderer Advent. Nicht die Jagd nach Geschenken in den Kaufhäusern ist gemeint, nicht das Schreiben ungezählter Pflichtweihnachtsgrüße, nicht der häusliche Weihnachtsputz, nicht die kraftzehrenden Vorbereitungen, damit alles möglichst schön und nett ist – nein. Das Dunkel aushalten, die Sehnsucht wachsen lassen, damit kraftvolle Visionen entstehen können, Visionen, wie wir sie in diesen Tagen auch in den offiziellen Kirchentexten immer wieder hören:

Dann wohnt der Wolf beim Lamm, der Panther liegt beim Böcklein. Kalb und Löwe weiden zusammen, ein kleiner Knabe kann sie hüten. Kuh und Bärin freunden sich an, ihre Jungen liegen beieinander. Der Löwe frisst Stroh wie das Rind. Der Säugling spielt vor dem Schlupfloch der Natter, das Kind streckt seine Hand in die Höhle der Schlange. Man tut nichts Böses mehr und begeht kein Verbrechen auf meinem ganzen heiligen Berg (Jesaja 11,6–9a).

Andrea Schwarz

DEZEMBER

Offen für alles, was kommt

DIE WUNDERBARE KRAFT
DER VISIONEN

Advent – Aufbruch ins Abenteuer (1)

Vor kurzem machte mich ein Freund darauf aufmerksam, dass das deutsche Wort »Advent« ganz ähnlich klingt wie das englische Wort »adventure«, also »Abenteuer«. Ich weiß nicht, ob es tatsächlich der gleiche Wortstamm ist, aus dem heraus sich die beiden Wörter jeweils entwickelt haben – überrascht hat mich diese Übereinstimmung schon. Aber wenn ich näher hinschaue – Abenteuer Advent, warum eigentlich nicht?

Abenteuer – bei diesem Wort denke ich an Aufbruch, Wagnis, Mut. Da zieht einer los, verlässt das Bekannt-Vertraute, macht sich auf den Weg ins Unbekannte. Da unternimmt jemand etwas, dessen Ausgang offen ist. Da bleibt einer nicht in aller Ruhe am warmen Kachelofen sitzen – sondern da bewegt sich etwas, passiert etwas. Manchmal mag das gar nicht so ungefährlich sein. Und vielleicht liegt gerade darin der ganz eigene Reiz eines solchen Abenteuers, seine Faszination.

Advent ist die Einladung zum Leben – und Jesus ist die menschgewordene Einladung Gottes. Er gesellt sich zu den Menschen, um sich mit ihnen neu auf den Weg zu machen, auf einen Weg, der das mögliche Ziel nur ahnt. Wer sich auf eine solche Einladung zum Leben einlässt, wer sich auf den Weg macht – mit dem geschieht etwas, der bleibt nicht unberührt. [...]

Andrea Schwarz

Advent – Aufbruch ins Abenteuer (2)

Mich lockt das Leben! Ich habe die Einladung gehört und will sie nicht abschlagen. Dieses Leben ist mir geschenkt – und ich will leben! Ich will das Leben auskosten, verschmecken, mit allen Sinnen, mit all seinen dunklen und hellen Seiten, mit Freude und Lachen, mit Tränen und Protest, mit Zuversicht und Hoffnungslosigkeit. Ich will das Leben, was menschenmöglich ist.

Ich will nicht vor dem Leben kneifen, weil es Unruhe in meinen gewohnten Tagesablauf hineinbringen kann. Wenn das Leben auch die Unordnung, das Chaos ist, dann sollen auch sie einen Platz in meinem Leben haben.

Weihnachten ist die Botschaft, dass mich dieser Gott zu einem solchen Weg einlädt – und dass er mich auf diesem Weg nicht allein lässt. Gott wird Mensch – und lässt sich auf all das Menschenmögliche ein. Nichts, was ich erlebe, erleide, an dem ich mich erfreue, ist ihm fremd. Er geht mit – und entzieht sich auch den dunklen Stunden nicht.

Gott lädt ein zum Abenteuer Leben – und mitten im Aufbruch weiß ich mich geborgen.

Andrea Schwarz

Ich lebe mein Leben in wachsenden Ringen

Ich lebe mein Leben in wachsenden Ringen,
die sich über die Dinge ziehn.
Ich werde den letzten vielleicht nicht vollbringen,
aber versuchen will ich ihn.

Ich kreise um Gott, um den uralten Turm,
und ich kreise jahrtausendelang;
und ich weiß noch nicht: Bin ich ein Falke, ein Sturm
oder – ein großer Gesang.

Rainer Maria Rilke

Friede im Herzen

In den Sternen sind Vergangenheit und Zukunft in unserer Gegenwart präsent. Ihr Licht braucht schier endlos viele Jahre, um uns zu erreichen. So wird unsere irdische Existenz in einen viel größeren Rahmen gefügt. Zeit und Raum sind Größen, die wir nie zu erfassen vermögen. Trotz allen Fortschritts bleiben wir den maßlosen Naturkräften ausgeliefert und stellen selber nur einen winzig kleinen Teil des Universums dar. Doch sind wir der Erde besonders verbunden. Sie ist der Ort, auf dem und von dem wir leben und für dessen Wohl und Wehe jeder Mensch mitverantwortlich ist, unserer Heimat.

Augenblicke wünsche dir, aus denen dir das unendliche Geheimnis des Lebens ahnend aufleuchtet, das uns mit der Kraft seines Lichtes durchdringt und erfüllt, aber doch wahrlich unerreichbar und unnachahmlich für uns bleibt. Es lässt uns ahnen, woran zu glauben sich lohnt und was uns inneren, weiten Frieden schenkt.

Wenn wir uns ergreifen lassen von jener Energie, die Ursprung, Ziel und Weg zugleich ist, strahlt etwas auf von der zeitlosen Gegenwart des Lichtes.

Thomas Romanus

Weisheit der Indianer

Zuletzt machte Manitu den Menschen. Obwohl er der letzte und von allen Wesen das hilfloseste war, empfing der Mensch die größte Gabe – die Fähigkeit zu träumen.

Johnston, Manitu

Ihr weißen Menschen verlangt von uns, dass wir die Erde pflügen, dass wir Gras schneiden und daraus Heu machen und es verkaufen, damit wir reich werden. Ihr weißen Männer kennt nur die Arbeit. Ich will nicht, dass meine jungen Männer euch gleich werden. Menschen, die immer nur arbeiten, haben keine Zeit zum Träumen, und nur wer Zeit zum Träumen hat, findet Weisheit.

Smohalla

Wer Glück und Erfolg hat, muss von etwas geträumt haben. Nicht weil er ein guter Arbeiter ist, hat er Glück, sondern weil er geträumt hat.

Last Star

Manchmal betrachte ich die Welt um mich herum und staune

Es gibt ein Staunen, das oberflächlich bleibt. Das gilt zum Beispiel, wenn ich die großartige Landschaft nur im Fernsehen oder aus dem Auto heraus betrachte. Das gilt, wenn ich mir zu wenig Zeit oder mich von anderen Dingen ablenken lasse. Oberflächliches Staunen kann mir Kommentare entlocken wie »Großartig!« oder »Einmalig!«, doch es dringt nicht wirklich zu mir durch und wühlt mich nicht auf.

Wirkliches Staunen kann ich erst erfahren, wenn ich auch innerlich angekommen bin, dort am Meeresufer, auf dem Berg, bei dem kleinen Käfer, bei der zarten Blüte. Wirkliches Staunen wühlt mich zutiefst auf und lässt mich zuerst einmal völlig verstummen. Ein Gefühl durchströmt mich, das in diesem Augenblick alles andere in den Schatten stellt.

Wirkliches Staunen verändert mich. Es schenkt mir eine innige Verbindung zu dieser Erde und eine Sehnsucht nach dem Himmel. Und plötzlich spüre ich, dass mein Herz Flügel hat.

Rainer Haak

Was stark macht

Ein Mensch konnte nichts Schönes und Gesundes ertragen. Als er in einer Oase einen jungen Palmbaum im schönsten Wuchs fand, nahm er einen schweren Stein und legte ihn der jungen Palme mitten in die Krone. Mit einem Lachen ging er weiter.

Die Palme versuchte, die Last abzuwerfen. Sie schüttelte und bog sich. Vergebens. Sie krallte sich tiefer in den Boden, bis ihre Wurzeln verborgene Wasseradern erreichten. Diese Kraft aus der Tiefe und die Sonnenglut aus der Höhe machten sie zu einer königlichen Palme, die auch den Stein hochstemmen konnte.

Nach Jahren kam der Mann wieder, um sich an dem Krüppelbaum zu erfreuen. Da senkte die kräftige Palme ihre Krone, zeigte den Stein und sagte: »Ich muss dir danken. Deine Last hat mich stark gemacht.«

Aus Tunesien

Ein Gespür für Unsichtbares

Bewahre dir ein Verständnis für all das, was im Leben scheinbar nichts einbringt: was sich nicht messen lässt in Geld, Erfolg oder Ansehen.

Wer zu spielen nicht verlernt, kann das Leben neu gewinnen. Der Sinn des Daseins liegt ja nicht nur in Arbeit und Leistung, sondern auch in der Freude am äußerlich Zwecklosen, im Verständnis für Poesie und im Glauben an die Kraft der Fantasie.

Wünsche dir, dass du staunen kannst über all die Dinge und Begebenheiten, die dich überraschen und die nicht selbstverständlich sind.

Wer sich zu wundern vermag, hat den Glauben an das Gute nicht aufgegeben. Er ist offen für die Wunder des Alltags. Sie sind kein überirdischer Zauber, sondern ein Lichtblick, der die jeweilige Situation ausleuchtet und tief in uns hineinstrahlt.

Glücksmomente zu erkennen und erleben, hängt davon ab, auch ein Gespür für das Unsichtbare wach zu halten, das uns umgibt.

Thomas Romanus

Was Menschen brauchen

Ein König hatte zwei Söhne. Als er alt wurde, wollte er einen der beiden zu seinem Nachfolger bestellen. Er versammelte die Weisen seines Landes und rief seine Söhne herbei.

Er gab jedem der beiden fünf Silberstücke und sagte: »Füllt für dieses Geld die Halle in unserem Schloss bis zum Abend. Womit, das ist eure Sache.«

Der Älteste ging davon und kam an einem Feld vorbei. Dort waren die Arbeiter dabei, das Zuckerrohr zu ernten und in einer Mühle auszupressen. Das ausgepresste Zuckerrohr lag nutzlos umher. Er dachte sich: »Das ist eine günstige Gelegenheit, mit diesem nutzlosen Zeug die Halle zu füllen.«

Bis zum Nachmittag war es geschafft. Der älteste Sohn ging zu seinem Vater und sagte: »Ich habe deine Aufgabe erfüllt. Auf meinen Bruder brauchst du nicht zu warten. Mach mich zu deinem Nachfolger.« Der Vater antwortete: »Es ist noch nicht Abend. Ich werde warten.«

Bald darauf kam auch der jüngere Sohn. Er bat darum, das Zuckerrohr wieder aus der Halle zu entfernen. Nachdem das geschehen war, stellte er mitten in die Halle eine Kerze und zündete sie an.

Ihr Schein füllte die Halle bis in die letzte Ecke.

Der Vater sagte: »Du sollst mein Nachfolger sein. Du hast nicht einmal ein Silberstück gebraucht und hast sie mit Licht gefüllt. Das ist es, was Menschen brauchen.«

Von den Philippinen

Er kehrte mit seinem Vater um ...

In Mazedonien war es in früheren Zeiten üblich, dass die alten Menschen, wenn sie krank und gebrechlich waren, auf den Bergen ausgesetzt wurden.

Eines Tages trug ein junger Bauer seinen alten Vater ins Gebirge. Als er ihn dort absetzen wollte, bat der Vater, ihn noch ein Stück weiter hinaufzutragen. Auf die Frage, warum ihm der Ort nicht gefalle, meinte der Alte: »Bis hierher habe ich meinen Vater getragen, und ich möchte gern an einem anderen Ort sterben.«

Da fiel dem jungen Bauern ein, dass es ihm in etwa dreißig Jahren ebenso ergehen werde. Er kehrte mit seinem Vater um und verbarg ihn zu Hause.

Aber nun fiel den Nachbarn auf, dass der Hof dieses jungen Bauern aufblühte, und sie überlegten, dass da doch jemand da sein müsse, der den Jungen mit Erfahrungen und Ratschlägen unterstütze. Sie fragten nach, und als sie die Wahrheit erfuhren, machten sie es ihm nach.

Aus Jugoslawien

Das Geheimnis der Brücke

An einem Fluss wohnten zwei Bauern, der eine am rechten, der andere am linken Ufer. Die Bauern waren neidisch aufeinander. Wenn sie morgens pflügten, schimpfte der eine, weil sein Feld im Schatten lag, das des Nachbarn aber in der Sonne. Und wenn sie abends Holz hackten, schimpfte der andere, weil sein Haus jetzt im Schatten, das des Nachbarn aber in der Sonne lag. [...]

Die beiden Kinder der Bauern aber saßen in der Mittagszeit am Wasser und langweilten sich. Doch eines schönen Tages war der Wasserspiegel gesunken, und aus dem Wasser ragten so viele große Steine, dass die Kinder hinüberhüpfen konnten. Sie trafen in der Mitte zusammen. Sie setzten sich auf einen großen Stein und fingen an, sich Geschichten zu erzählen, und sie hüpften nun jeden Mittag über die Steine, um sich in der Mitte zu treffen.

Die Eltern aber wunderten sich, woher ihre Kinder plötzlich Dinge wussten, von denen sie selbst noch nie gehört hatten. Doch eines Tages, nach einem langen Regen, hörten die Kinder auf, Geschichten zu erzählen, zu lachen, zu singen. Das Wasser im Fluss war wieder angestiegen und die Kinderbrücke verschwunden. Da erfuhren die Eltern endlich das Mittagsgeheimnis ihrer Kinder, und sie fingen an nachzudenken. Als sie lange nachgedacht hatten, beschlossen sie, mit ihren Kindern aus den übrig gebliebenen Steinen eine Brücke zu bauen.

Aus der Tschechoslowakei

Buch des Todes – Buch des Lebens

Zwei Schiffe segeln im Meer: Das eine verlässt den Hafen, das andere fährt gerade in den Hafen ein. Eine fröhliche Gesellschaft bereitet dem hinausfahrenden einen festlichen Abschied: Händeklatschen und Freudengeschrei begleiten die Abreise. Das Schiff, das gerade einfährt, beachtet niemand.

Ein verständiger Mann, der diese Szene beobachtet hat, sagt: das hier ist eine verkehrte Welt: wer abreist, wird gefeiert, dem Zurückkehrenden begegnet Gleichgültigkeit. Arme Toren! Feiert lieber das Schiff, das die Reise glücklich vollendet hat und aus den Gefahren, denen es ausgesetzt gewesen war, errettet ist, und weint über das Schiff, das abfährt und den Stürmen des Meeres entgegensegelt.

So machen es die Menschen: Wird einer geboren, feiern sie ein Fest, stirbt er, so weinen sie. Sie sollten weinen, wenn einer geboren wird, weiß doch niemand, ob er in den Gefahren und Verführungen des Lebens bestehen wird; und lachen sollte man, wenn einer stirbt, der einen guten Namen hinterlässt. Wird ein Mensch geboren, so wird er ins Buch des Todes eingetragen; stirbt ein Mensch, wird er ins Buch des Lebens eingetragen.

Altjüdische Überlieferung

Der Zauber des Advent (1)

Die Wochen des Advents sind Wochen, in denen ich oft meine, in einer erhöhten »Sinnlichkeit« zu leben, empfindsamer zu sein. Ich rieche mehr, ich höre anderes, ich schaue aus einem anderen Blickwinkel, bin behutsamer, nehme anders wahr, bin offener als sonst für Zeichen und Symbole.

Es liegt für mich eine Art von Zauber über diesen Wochen, den alle raue und harte Realität nicht durchbrechen kann – im Gegenteil: Manchmal meine ich fast, dass dieser Zauber auch die brutale Wirklichkeit umfasst und verändert. Von diesen Tagen und Wochen scheint etwas auszugehen, das auch die hartgesottensten Herzen »aufweicht«.

Oder sind es womöglich doch nur die langen Nächte der Dunkelheit, die die Sehnsucht nach dem Licht wachsen lassen?

Jedenfalls – ich weiß nicht, warum oder wozu es bei mir so ist, aber es ist so: Zur Adventszeit gehören für mich unabdingbar Mandarinen, Nüsse und Weihnachtsplätzchen, Kerzen und Geschenkpapierrascheln, der Duft von Tannennadeln und das leise, fast unhörbare Geräusch fallenden Schnees, ich schreibe Karten mit dem Gruß »Frohe Weihnacht!«, bekomme Weihnachtsgrüße – diese Wochen sind für mich irgendwie anders. Manchmal kommt es mir vor, als klinge da leise, ganz im Hintergrund, eine Melodie, die verzaubert, die mich vielleicht ein wenig neu zum Kind werden lässt, die mich das Staunen, das Offen-Sein lehrt – Advent muss ich hören, fühlen, sehen, riechen, empfinden, greifen können ...

Andrea Schwarz

Der Zauber des Advent (2)

Mag sein, dass ich gerade in diesen eher dunklen Wochen, in denen »draußen« so wenig »Sichtbares« geschieht, meine Aufmerksamkeit eher nach innen, auf mich hin ausrichte. Die vielfältigen Sinneseindrücke von außen nehmen ab, um den Eindrücken in mir Platz und Raum zu schaffen. Bei aller Hektik – so verlangsamt sich doch das Leben in mir. Advent und Weihnachten kann bei mir nicht nur mit dem Kopf stattfinden – ich brauche auch etwas für Herz und Hand. Manche mögen das sentimental nennen, für mich heißt es Sinnlichkeit. Und vielleicht ist es gerade eine solche Zeit, in der man, im Sinne von Saint-Exupéry, mit dem »Herzen gut sieht«.

Dass sich die Werbung und die Wirtschaft genau dieses zu ihrem eigenen Nutzen zugute macht, kann man ihr fast nicht vorwerfen - offen bleibt dagegen die Frage, ob ich vor lauter Herz und Hand nicht manchmal vielleicht auch den Kopf ausschalte ... ob ich nicht unbewusst so sehr wieder Kind sein will, dass ich in kindliche Verhaltensweisen zurückfalle – und mein Erwachsen-Sein auf Urlaub schicke.

Es ist ein Zauber, von dem diese Tage und Nächte vor der Wintersonnenwende umgeben sind – und ich darf mich in diesen Zauber hineinbegeben, mich verzaubern lassen, wenn ich zugleich nicht die Radikalität und Existentialität dieser Tage und ihrer Botschaft dabei vergesse.

Andrea Schwarz

Die Kraft der Visionen

Sind die großen Visionen vom ewigen Frieden unter allen Völkern und der ewigen, göttlichen Harmonie der ganzen Schöpfung nur utopische Märchen? Nein, durchaus nicht! Sie entsprechen dem tiefsten Verlangen des menschlichen Herzens und weisen auf die Wahrheit hin, die darauf wartet, jenseits allen Lugs und Trugs offenbart zu werden. Diese Visionen nähren unser geistliches Verlangen und stärken unser Herz. Sie geben uns Hoffnung, wenn wir verzweifeln möchten, ermutigen uns, wenn wir versucht sind, unser Leben aufzugeben, und geben uns Vertrauen, wenn misstrauen die vernünftigere Haltung zu sein scheint.

Ohne diese Visionen verkümmert unser tiefstes Streben, das uns die Kraft gibt, Schwierigkeiten zu überwinden und schmerzliche Niederlagen zu ertragen; ohne sie wird unser Leben schal, langweilig und schließlich destruktiv. Unsere Visionen befähigen uns, das Leben in seiner Fülle zu leben.

Henri Nouwen

»Wir sind ein Teil dieser Erde«

INDIANERHÄUPTLING SEATTLE

Es gibt Momente, in denen ich verliebt bin in diese Erde, in Natur, Schöpfung, die Menschen. Es sind Augenblicke, in denen ich mich eins fühle mit Gott und der Welt, Momente, in denen es »stimmt«. Es gibt keine Grenzen mehr zwischen mir und dem anderen, ich tauche ein in ein Meer von Zärtlichkeit, verliere, verströme mich, lasse los, ein Sein mit Stein, Tier, Pflanze, Mensch – Eins-sein. Es ist ein Spüren, Ahnen, Fühlen, dass ich im Strom des Lebens bin, ein Teil dieser Schöpfung. In solchen Momenten gelten meine Grenzen nicht mehr, und ich brauche sie auch nicht. – Wertvoll und kostbar sind solche Augenblicke. Sie lassen sich nicht »machen«, sind für Geld nicht zu kaufen, und sie lassen sich nicht festhalten. Sie sind Geschenk, Geschenk einer anderen Welt, die man mit dem Namen »Gott« bezeichnen kann. Und zugleich ist diese andere Welt in solchen Momenten meine Welt – Gott ist in mir, und ich bin in Gott. Das kann ich nur dankbar entgegennehmen.

Und dann bricht wieder der Alltag ein – Fremdheit, Nicht-Verstehen, Abgrenzung, Einsamkeit. Aber inmitten dieses Alltages weiß ich um die Erfahrung, dass einmal die Grenzen aufgehoben waren. Das aber verändert mich und meinen Alltag – ich werde sehnsüchtig ... Ich suche und sehne mich danach, dass eine Vision, anfanghaft erahnt, lebt und bleibt. Eine solche Sehnsucht lehrt suchen ... mitten im Alltag.

Andrea Schwarz

Du bist ein Engel

Engel sind Menschen, die Licht weitergeben. Wo sie sind, wird alles hell und klar. Engel sind Menschen, die eine Art ursprüngliche Freude aus dem Paradies mitbekommen haben. Engel helfen auf die Beine, wo Menschen am Boden sind, und halten auf unsichtbare Weise die Welt im Lot. In ihnen spürst du ein wenig das Geheimnis einer unergründlichen Güte, die dich umarmen will. In diesen Menschen fühle ich Gott zu mir kommen mit seiner Zärtlichkeit und seiner umsichtigen Sorge.

Du hast ein Problem. Du sitzt damit fest. Da bekommt über eine unsichtbare Antenne irgendwo jemand eine Eingebung, eine Art Befehl, zu dir zu gehen, zu helfen, dir einen Schubs zu geben oder dich zu trösten. »Du bist ein Engel«, sagst du zu einem Mann, zu einer Frau. Du bist erleichtert, du siehst wieder Licht, die Qual ist weg. Aber Engel kommen nicht auf Bestellung oder gegen Bezahlung. Meist tauchen sie ganz unverhofft auf, zeigen den Weg, lösen ein Problem und sind, ohne auf Dank zu warten, wieder weg.

Es gibt noch Engel in der Welt, aber viel zu wenig. Darum herrscht noch so viel Finsternis und so viel Elend. Gott ist auf der Suche nach Engeln unter den Menschen heute. Aber viele sehen ihn nicht mehr, hören ihn nicht mehr. Ihre Antenne empfängt nicht mehr und gibt nichts mehr weiter. Komm, du bist ein Engel, und es gibt in deiner Umgebung genug Menschen, für die du ein Engel sein kannst.

Phil Bosmans

Suchend sein (1)

Es scheint in der Natur des Menschen zu liegen, dass er Erwartungen hat – und dass er darauf hofft, dass diese Erwartungen in Erfüllung gehen. »Ich möchte eines Tages heiraten und eine Familie haben«, so ein junger Mann. »Ich will eine gute berufliche Position mit einem gutem Einkommen«, plant eine Studentin. »Nächstes Jahr um diese Zeit machen wir eine Kreuzfahrt!«, freut sich ein Ehepaar. »Das Grundstück haben wir schon – in zwei Jahren steht unser eigenes Haus«, rechnet eine junge Familie vor. »Erst mal das Abi machen, dann Zivildienst – und dann ein halbes Jahr in Amerika umherreisen«, träumt ein älterer Schüler.

Wenn Menschen nicht vollkommen die Lust am Leben verloren haben, in Depressionen versunken sind, dann haben sie in der Regel ein mehr oder weniger deutliches Bild von ihrer Zukunft, dann haben sie Erwartungen an das, was diese Zukunft ihnen bringen soll. Solche Erwartungen mögen aus vielen Quellen herauswachsen: Man schreibt die eigenen, bisher gemachten Erfahrungen einfach in die Zukunft fort und rechnet sie sozusagen hoch. Man mag auf das vertrauen, was schon immer so war, dann wird es wohl auch zukünftig so sein. Man sieht etwas bei den anderen und möchte dies gerne auch für sich haben, sei es nun das größere Auto, den noch exklusiveren Urlaub, die Lebensenergie oder auch eine harmonische Familiengeborgenheit. »Ich erwarte vom Leben ...« – so könnte der Satz anfangen, in dem solche Erwartungsbilder eingefangen werden. [...]

Andrea Schwarz

Suchend sein (2)

Was aber, wenn das Leben mir einen Strich durch diese Erwartungen macht? Wenn Arbeitslosigkeit, Krankheit, Behinderung mir meine Pläne durchkreuzen? Was, wenn die junge Verliebtheit der Partner zueinander in Hass umschlägt oder gar zur Gleichgültigkeit wird? Was, wenn die Kinder so ganz anders geraten sind, als man sich das eigentlich vorgestellt hatte? Was, wenn der eigene Lebensentwurf scheitert, weil jemand keinen passenden Studienplatz findet, durch Unfruchtbarkeit keine Kinder bekommen kann, aufgrund von Pflegebedürftigkeit ans Bett gefesselt wird?

Erwartungen an das Leben können wie Glas zerbrechen – und es kann weh tun, Abschied nehmen zu müssen von bestimmten Ideen und Vorstellungen, von gedachten Plänen und unerfüllten Träumen. Schmerzhaft können die Krisen sein, die aus solchen Ent-täuschungen entstehen und man kann tiefe Wunden und Narben davontragen. Und oft genug können auch Seelsorger und Seelsorgerinnen auf die bedrängenden Fragen nach dem »Warum?« keine Antwort geben, wenn sie ehrlich sind und nicht nur einfach vertrösten wollen.

Manchmal können solche Krisen, solche Einbrüche des Lebens, aber auch einen Umbruch einleiten, der einen anderen, einen neuen Anfang möglich macht. [...] Und dann kann möglicherweise in mir etwas neu zum Leben kommen, was nichts mehr mit meinen früheren Erwartungen an das Leben zu tun hat, sondern sich einer Grundhaltung des »Erwartens« annähert.

Andrea Schwarz

Suchend sein (3)

»Erwartung« und »Erwarten« – beides mag sich ähnlich anhören – und doch liegen Krisen und Welten dazwischen. »Erwartungen zu haben«, das ist das statische Element, ich habe meine fixen Bilder von dem, wie etwas sein soll – und so möge es bitte auch in Erfüllung gehen. »Erwartend zu sein«, das ist das dynamische Element, offen und neugierig auf all das, was das Leben bereithält. Und die beiden Verben, die mit den jeweiligen Ausdrücken verbunden sind, sprechen schon für sich: »Erwartungen haben« – und »erwartend zu sein«. Und auch unsere Alltagssprache kennt durchaus diesen Unterschied: Auf ein eher strenges »Ich erwarte von dir...« kommen in der Regel ganz genaue Vorstellungen, was denn der andere, bitte schön, zu tun und zu lassen habe. Ich erwarte von dir, dass du dein Kinderzimmer aufräumst, dass du die Zahnpastatube zudrehst, dass du auf mich Rücksicht nimmst. Wie anders dagegen klingt die Aussage eines jungen Mädchens am Telefon, wenn sie mit ihrem Freund spricht, und sagt: Du, ich erwarte dich! Das eine geschlossen und die eigenen Vorstellungen, die eigenen Bilder und Forderungen zum Maßstab nehmend, das andere liebend, offen, dem anderen seine Freiheit gebend und doch zugleich die eigene Verfügbarkeit anbietend.

Andrea Schwarz

Suchend sein (4)

Abschied zu nehmen von Erwartungen kann die Chance sein, erwartend zu werden, seine Vorstellungen nicht mehr in feste Bilder zu pressen, sondern offen zu sein für das Unvorhergesehene, das Neue, das Andere. Das ist kein passives In-der-Ecke-Sitzen und schauen, was denn nun geschieht – das ist eine Lebenseinstellung, die durchaus ihre Vorbereitung braucht, die aktiv ist im Sinne von wahrnehmen, aufnehmen, verarbeiten, loslassen, sich einlassen. Das ist nichts, was einfach so nur an mir geschieht, sondern ich gebe mich in das Leben hinein – und stelle mich ihm nicht gegenüber. Eine solche Haltung ins Leben hinein löst nicht alle meine Probleme, sie wird zerrüttete Beziehungen nicht wieder kitten, wird Kinder nicht zu Abbildern meiner selbst machen, wird mir auch den erhofften Studienplatz nicht bescheren oder mich schlagartig aus dem Krankenhaus nach Hause entlassen. Aber sie kann mir helfen, anders mit dem Leben und dem, was es mit sich bringt, umzugehen und es neu zu gestalten, zu leben ins Leben hinein – und nicht dagegen. [...]

Es mag eine Lebenseinstellung sein, der das Suchen wichtiger ist als das »Gefundenhaben«, die Frage entscheidender als die Antwort. Und es mag die Lebenseinstellung sein, die Jesus seinen Jüngern mit auf den Weg gibt, wenn er sie auffordert: »Suchet und ihr werdet finden!« – wer sucht, wird finden.

Andrea Schwarz

Suchend sein (5)

Jesus erklärt sich nicht näher dazu, was denn genau derjenige finden wird. Er wird vielleicht nicht gerade das finden, was er bei seiner Suche an Vorstellungen im Kopf gehabt hatte – aber das ist möglicherweise auch gar nicht so wichtig. Er wird etwas finden, er wird vielleicht etwas finden, was ihn ein wenig durcheinander bringt. Wichtig ist die Offenheit dafür, dass ich im Moment vielleicht etwas anderes finde, finden soll, als das, was ich gesucht habe. Fixe Erwartungen versperren oft den Blick auf dieses Andere; wenn ich schon nicht bekomme, was ich will, gilt auch nichts anderes mehr – dann, und nur dann, fällt meine Suche ins Leere. Erwartend zu sein – das ist die Offenheit dem Leben gegenüber, dem Leben mit all seinen Kleinigkeiten und Großartigkeiten – um zu finden, was ich nicht suchte.

Suchend und erwartend zu sein – das ist eine christliche Grundhaltung. Und jeder, der eine solche Suche mit Antworten zu unterbinden sucht auf Fragen, die niemand gestellt hat, verführt in die falsche Sicherheit des »Gefundenhabens«.

Es gilt, Mut zu machen zum Suchen – gerade jetzt und heute in unserer Situation von Kirche und Gesellschaft. Und es gilt, offen dafür zu sein, wenn wir bei dieser Suche etwas ganz anderes finden werden als das, was wir eigentlich gesucht haben.

Andrea Schwarz

Licht und Wärme

Um Weihnachten glücklich zu sein, brauchst du keine Weihnachtsgans, kein überreiches Essen und Trinken, kein lange vorbestelltes teures Festmenü im Restaurant, um hinterher Bauchschmerzen oder einen Herzinfarkt zu bekommen. Licht, Frieden, Freude hängen nicht wie Kugeln am Christbaum. Sie kommen nicht über dich mit etwas sentimentaler Musik. Weihnachtsmärkte, Wunschträume in Geschenkverpackung können kein einziges leeres Herz zum Fest mit Glück erfüllen. [...]

In Armut und Kälte und in tiefer Verlassenheit ist einer in die Welt zu allen Menschen gekommen, der mit seinem ganzen Leben Licht und Wärme sein wollte. An einem Kreuz hat er die Welt wieder verlassen. Wenn du offen bist für das Geheimnis dieses Menschen, offen wie ein Kind, wirst du Licht empfangen und Wärme fühlen.

Vielleicht fühlst du nichts, vielleicht hängst du noch an zu vielen materiellen Dingen. Jede Stelle, wo du angekettet bist, wirkt wie ein Kurzschluss. Ich wünsche dir in diesen Tagen viel Licht im Herzen, um im Dunkel bei dir ein paar Sterne anzuzünden, und viel Wärme in dir, um Menschen aus der Kälte zu holen.

Phil Bosmans

Frohes Fest!

Besondere Zeiten wie heute sind mein Wunsch für dich. Tage oder Stunden, die dich aus deinem gewohnten Alltagsrhythmus herausnehmen und etwas von einer anderen, inneren Wirklichkeit erfahren lassen. Manchmal kann dies eine unerwartete Begegnung mit einem Menschen sein, ein anderes Mal eine Phase der Besinnung für dich allein. Ein frohes Fest mit geschätzten Menschen richten deinen Sinn ebenso auf das Wesentliche hinter den Dingen wie ernste Momente der Nachdenklichkeit, die dich mit Leib und Seele herausfordern.

Wünsche dir ein Gespür für heilsame Lebensmomente und auch die Fähigkeit, sie festlich zu gestalten. Zwischen feierlichen Zeremonien und spontaner Improvisation gibt es viele Möglichkeiten, das Leben zugleich als Gabe und Aufgabe zu lieben.

Thomas Romanus

Friede auch für dich

Weihnachten! Friede allen Menschen guten Willens! Friede auch für dich, wer du auch seiest, was du auch denkst oder glaubst! Friede! Denn auch du trägst im tiefsten Herzen, vielleicht unbewusst, unendliches Heimweh nach dem verlorenen Paradies, Heimweh nach Frieden, Güte und Liebe.

Wenn du an Weihnachten nichts anderes suchst als einen Tisch mit Essen und Trinken, ein nettes Lokal, Abwechslung, Betäubung, dann findest du keinen Frieden. Unbefriedigt wirst du jedes Mal verlangen nach einem neuen Lokal, einem neuen Festessen, einem neuen Genuss, einer neuen Abwechslung. Immer wirst du unbefriedigt bleiben. Immer der gleiche Schmerz, immer derselbe Hunger. So wirst du niemals Frieden finden.

Weihnachten: Mach dich frei von der Zwangsjacke des Egoismus. Suche Frieden in Güte und Liebe zu anderen und du wirst Frieden finden. Weihnachten: Gottes Liebe soll sichtbar werden in deinem Herzen und in deinem ganzen Leben. Weihnachten: nichts als Friede, nichts als Güte und Liebe allen Menschen auf der ganzen Welt!

Phil Bosmans

Weihnachten – die Gottesgeburt im Menschen

Wir feiern die Geburt Christi in Betlehem, um daran glauben zu können, dass in uns göttliches Leben ist. Ohne dieses Fest würden wir das göttliche Leben in uns übersehen. Wir würden das für Leben halten, was nach außen hin sichtbar ist: unser Arbeiten, unsere Erfolge und Misserfolge, unser menschliches Miteinander, Anerkennung, Zuwendung, Liebe, unsere alltäglichen Freuden und Leiden. Wir würden daran vorbeisehen, dass in uns Gott selbst ist. Wir brauchen viele Symbole, um gegen die Macht der Fakten an das Geheimnis zu glauben, dass Gott in unsere Welt gekommen ist. Wir stellen Christbäume auf, zünden Kerzen an, wir singen Weihnachtslieder, die in Bildern das Geheimnis der Menschwerdung künden und in ihren trauten Melodien etwas davon vermitteln, dass unsere Welt anders geworden ist durch Gottes Kommen, dass wir uns in ihr ein Stück weit zuhause fühlen können. Und wir singen diese Lieder, um in uns neue Möglichkeiten zuzulassen: Liebe, Zärtlichkeit, staunen können, Ergriffenwerden, fühlen können. Wir besingen das göttliche Kind in der Krippe, um in uns selbst die Möglichkeiten eines Kindes zu entfalten: das Spontane und Unverfälschte, die Lebendigkeit und Echtheit. [...]

Der Gedanke von der Gottesgeburt im Menschen durchzieht die Schriften der deutschen Mystiker. Nach Johannes Tauler sind alle Leiden dieser Zeit nur die Geburtswehen für die Geburt Gottes in unserer Seele.

Anselm Grün

Weihnachten – neue Saiten zum Klingen bringen

Wir dürfen die Gottesgeburt nicht missverstehen, so als ob wir über Gott verfügen können. C. G. Jung sagt, der Mensch soll immer wissen, dass er nur der Stall ist, in dem Gott geboren wird. Wir sind nicht ein Palast, der für die Aufnahme Gottes bereit ist. Wir verdienen es nicht, dass Gott in uns ist. Wir können uns dies auch durch Askese oder Gebet oder Meditation nicht verdienen. Wir sind immer nur der Stall. Und in diesem Stall liegen Mist und Unrat. Wir brauchen das Unreine in uns nicht zu verdrängen. Wir werden von Gott dadurch gewürdigt, dass er trotzdem in uns wohnen will. Aber wir brauchen die Feier von Weihnachten, um daran glauben zu können. Denn von uns her können wir daran nicht glauben. in uns sehen wir oft nur das Dunkle, das Durcheinander, die Grenzen und Schwächen. Wir erleben uns oft weit weg von Gott. Da muss uns ein Fest vor Augen führen, dass Gott in der Krippe im Stall geboren wird, von Ochs und Esel umgeben, und dass gerade die Hirten, die wenig vornehmen Teile unserer Seele, kommen müssen, um dieses Kind anzubeten, während unser Verstand als der edelste Teil zurückbleibt mit seinen Entschuldigungen: Wir haben keinen Platz in der Herberge. Und wir brauchen die Lieder und die Kerzen, um daran glauben zu können, dass die Geburt Gottes in uns neue Saiten zum Klingen bringen kann.

Anselm Grün

Übung der Gottesgeburt in mir (1)

Die christliche Tradition hat das Geheimnis der Gottesgeburt in vielen Bildern ausgedrückt. Folgende Übung könnte helfen, etwas vom Geheimnis der Gottesgeburt in uns zu erahnen:

Setze dich ruhig in dein Zimmer, tu' gar nichts, weder lesen noch schreiben noch nachdenken. Versuche, einfach da zu sein, es zu genießen, da zu sein, gegenwärtig vor dem gegenwärtigen Gott. Versuche, den Frieden zu spüren, der dich umgibt. Stell' dir vor, dass Gottes Gegenwart dich einhüllt. Bleib' einfach in seiner Gegenwart sitzen. Ruh' dich vor ihm aus, ohne Druck, etwas sagen zu müssen. Horche in dich hinein: Versuche, den Ort in dir zu entdecken, an dem es ganz still ist, an den keine Gedanken und Gefühle vordringen, an den niemand Zutritt hat, weder deine Probleme noch deine Ängste noch deine Mitmenschen, sondern allein Gott. Lass dich da hineinfallen und genieße es, mit deinem Gott allein zu sein. Gott befreit dich von dir selbst, von deinen Gedanken, von den Forderungen deines Über-Ichs, von den Erwartungen und Ansprüchen der Menschen. [...] Wenn du in dich hineinhorchst, stößt du vielleicht zuerst auf viel Schutt und Geröll, auf den Müll deiner unerledigten Probleme. Du kannst dir vorstellen, dass du im Ausatmen diese Schuttschicht durchdringst und vorstößt zu der Quelle lebendigen Wassers, die in dir fließt. Im Einatmen kannst du dieses frische und klare Wasser dann in deinen Leib strömen lassen, damit alles Trübe und Staubige daraus vertrieben wird ...

Anselm Grün

Übung der Gottesgeburt in mir (2)

In Christus bricht das Eigentliche durch, und alles verklärt sich. Verklärung ist »der Durchbruch des Eigentlichen durchs Schemenhafte, des Lebendigen durch die Schatten, des Geliebten durchs Ungeliebte und die Ankunft des Langerwarteten« ... »Und das weiß auch jeder, dass nur die Liebesblicke es sind, die die Kraft der Verklärung besitzen. Nur dem Auge, das nicht liebt und nie geliebt hat, ist Verklärung nie widerfahren.« [...]

Gott ist das Feuer, das deinen Dornbusch brennen lässt, ohne dass er verbrennt. Der Dornbusch ist etwas Verachtetes. Mitten in der Wüste wächst er, trocken, stachelig, abweisend. Vielleicht ist dein Dornbusch die eigene Verletztheit, die Einsamkeit, die Launenhaftigkeit, die innere Zerrissenheit. Mitten in den Dornen deines Alltags brennt das Feuer Gottes. Es macht alles an deinem Dornbusch hell und schön. Aber der Dornbusch verbrennt nicht. Er bleibt stachelig und welk. Dein Alltag bleibt Alltag. Aber wenn du deine Schuhe ausziehst und alles ablegst, was dich festhält, kannst du mitten in deinem Alltag das Feuer der Liebe Gottes erkennen. Das Ausgedorrte und Tote in dir kann durch Gottes Gegenwart in dir zum Brennmaterial für Gottes begeisterndes Feuer werden. [...]

Anselm Grün

Übung der Gottesgeburt in mir (3)

Ein anderes Bild, mit dem wir uns die Gottesgeburt vorstellen können, bietet uns das Jesusgebet an. Wer da in unserem Seelengrund geboren wird, das ist Jesus Christus, eine Person, zu der wir du sagen dürfen. Es ist nicht nur das Gelangen in den eigenen Grund, sondern eine personale Begegnung mit dem Christus, der in uns ist. Und dieser Jesus Christus ist von uns unabhängig. Er ist zwar auch ein Bild für unser Selbst. Aber zugleich ist er der ganz andere, der Unverfügbare, der uns begegnen möchte, damit wir in der Begegnung mit ihm verwandelt werden. Im Jesusgebet sprechen wir diesen Jesus Christus in uns an.

Wir können es entweder mit der klassischen Formel sprechen: »Herr Jesus Christus, Sohn Gottes, erbarme dich meiner«; dabei würden wir beim Einatmen bis »Christus« sprechen und beim Ausatmen den Rest. Oder wir können nur das Wort »Jesus« beim Einatmen sprechen und uns dabei vorstellen, wie der Atem in das Herz strömt und mit dem Atem Jesus Christus selbst in unserem Herzen wohnt und es mit Liebe und Wärme erfüllt. Beim Ausatmen können wir dann sagen: »Erbarme dich meiner«, und können uns dabei vorstellen, wie beim Ausatmen die Barmherzigkeit Jesu in den ganzen Leib strömt, vor allem in die Teile, in denen wir uns nicht annehmen können, wo wir im Widerstreit mit uns liegen.

Anselm Grün

Ständiges Entdecken

Immer glücklich ist der, dem stets etwas vor Augen steht, das er nicht völlig erkennen kann, das er fortschreitend immer mehr und mehr erkennt. Das ist der notwendige Zustand eines endlichen Geschöpfes mit einem in Gott gewurzelten und auf Gott gerichteten Geist; das ist daher sein glücklicher Zustand, nicht ein Zustand des Triumphes oder der Freude über das, was er weiß, sondern vielmehr der Freude über das beständige Entdecken neuer Unwissenheit, beständige Demütigung, beständiges Staunen. Einmal gründlich unser eigen, hört das Wissen auf, uns Freude zu bereiten. Es kann uns praktisch nützlich oder andern dienlich sein, wir können damit wuchern, um mehr zu erlangen; aber in sich ist es, wenn es uns einmal ganz vertraut geworden ist, tot. Das Wunderbare ist davon abgestreift und die feine Farbe, die es hatte, als wir es zuerst aus dem unendlichen Meer heraufzogen. [...] Alle Menschen empfinden das, obwohl sie nicht daran denken und sich die Folgen nicht klar machen. Sie sehen auf die Tage der Kindheit als auf die glücklichsten zurück, weil es die Tage des größten Staunens, der größten Einfalt und der kräftigsten Phantasie waren. Der ganze Unterschied zwischen einem Mann von Genie und andern Menschen besteht, wie oft und sehr wahr gesagt worden ist, darin, dass der erstere großenteils Kind bleibt und aus großen Kinderaugen schaut, in beständigem Staunen.

John Ruskin

TEXTNACHWEIS

Die Texte dieses Buches wurden aus folgenden, vorwiegend im Verlag Herder erschienenen Büchern ausgewählt. Zum Teil finden sich in ihnen noch nähere Quellenangaben.

Bosmans, Phil: Blumen des Glücks musst du selber pflanzen. Neuausgabe Freiburg i. Br. ^{3}2004.

Bosmans, Phil: In dir liegt das Glück. Neuausgabe Freiburg i. Br. 2004.

Bosmans, Phil: Ich hab' dich gern. Neuausgabe Freiburg i. Br. 2003.

Bosmans, Phil: Ja zum Leben. Neuausgabe Freiburg i. Br. 2002.

Bosmans, Phil: Liebe wirkt täglich Wunder. Neuausgabe Freiburg i. Br. ^{2}2003.

Bosmans, Phil: Vergiss die Freude nicht. Neuausgabe Freiburg i. Br. ^{4}2004.

Braselmann, Werner (Hg.): Die Weisheit wächst wie ein Baum – Impulse für jeden Tag. Freiburg i. Br. 1992.

Dalai Lama: Der Friede beginnt in dir – Wie innere Haltung nach außen wirkt. Lizenzausgabe des Scherz Verlags. Herder spektrum Bd. 5128, Verlag Herder, Freiburg i. Br. ^{7}2002.

Dalai Lama: Mitgefühl und Weisheit – Ein großer Mensch im Gespräch mit Felizitas von Schönborn. Herder spektrum, Bd. 4288, Verlag Herder, Freiburg ^{2}1994.

Dalai Lama: Tag für Tag zur Mitte finden – Lesebuch durch das Jahr. Herder spektrum, Bd. 5236, Verlag Herder, Freiburg i. Br. ^{4}2003.

Fontane, Theodor: Worte, die von Herzen kommen. Neuausgabe Freiburg i. Br. ^{2}2001.

Grün, Anselm: Mit Herz und allen Sinnen – Jahreslesebuch. Freiburg i. Br. ^{9}2003.

Haak, Rainer: So schmeckt das Leben. Freiburg i. Br. 2004.

HAAK, RAINER: Zum Glück gehört die Leichtigkeit – 77-mal Ja zum Gelessensein. Freiburg i. Br. 2004

HAAK, RAINER: Zum Glück gehört Zeit – 77-mal Ja zum Innehalten. Freiburg i. Br. 2003.

HAAK, RAINER: Zum Glück gibt's Wunder – 77-mal Ja zum Reichtum des Lebens. Freiburg i. Br. 2003.

HAZRAT INAYAT KHAN, Vom Glück der Harmonie. Herderbücherei, Bd. 724, Freiburg i. Br. 1979.

HESSE, HERMANN: Also wenn er liebt, aus: Hermann Hesse, Kleine Freuden. © Suhrkamp Verlag, Frankfurt am Main 1977, 133.

HESSE, HERMANN: Stelle dir dein Wesen vor, aus: Hermann Hesse, Kleine Freuden, aaO., 141.

HESSE, HERMANN: Gegenüber von Afrika, aus: Hermann Hesse, Die Gedichte. © Suhrkamp Verlag, Frankfurt am Main 1971.

HOHN-MORISCH, LUDGER (Hg.): Für jeden Tag ein gutes Wort. Freiburg i. Br. ^{3}2002.

KHOURY, ADEL THEODOR (Hg.): Buddha für Christen – Eine Herausforderung. Freiburg i. Br. 1986.

LECHLEITNER, NORBERT: Flügel für die Seele – 111 überraschende Weisheitsgeschichten, die jeden Tag ein wenig beschwingter machen. Freiburg i. Br. ^{5}2001.

LECHLEITNER, NORBERT: Sonne für die Seele – 100 überraschende Weisheitsgeschichten, die jeden Tag ein wenig fröhlicher machen. Freiburg i. Br. ^{4}2001.

LECHLEITNER, NORBERT: Vitamine für die Seele – 100 überraschende Weisheitsgeschichten, die jeden Tag ein wenig sonniger machen. Freiburg i. Br. 2004.

LEVEN, CHRISTIAN (Hg.): Heute ist der beste Tag zum Glücklich sein. Freiburg i. Br. 2002.

MEIER, ERHARD (Hg.): Lebensweisheit des Buddhismus. Freiburg i. Br. 1985.

MELLO, ANTHONY DE: Der springende Punkt – Wach werden und glücklich sein. Sonderausgabe Freiburg i. Br. ^{3}2004.

Mello, Anthony de: Geschichten, die gut tun – Weisheit für jeden Tag. Freiburg i. Br. [3]2002.

Mello, Anthony de: Wo das Glück zu finden ist – Weisheitsgeschichten für jeden Tag. Neuausgabe Freiburg i. Br. 2004.

Romanus, Thomas: Ein gutes Wort von Tag zu Tag. Freiburg i. Br. 2003.

Schwarz, Andrea: Ich bin Lust am Leben. Mit Widersprüchen leben – Spannungen aushalten. Freiburg i. Br. [8]2001.

Schwarz, Andrea: Mit Leidenschaft und Gelassenheit. Freiburg i. Br. [2]1995.

Schwarz, Andrea: Singt das Lied der Erlösung. Mit Gott das Leben feiern. Freiburg i. Br. [3]1994.

Schwarz, Andrea: Wenn ich meinem Dunkel traue. Auf der Suche nach Weinnachten. Freiburg i. Br. [4]2001.

Stutz, Pierre: Lebe, was dich glücklich macht. Freiburg i. Br. 2004.

Veitl, Sascha: Alles wird gut – Jahreslesebuch. Freiburg i. Br. 2002.

Worte, die gut tun – Weisheit der Welt. Freiburg i. Br. [2]1998.

Worte wie Sonnenschein – Weisheit der Welt. Freiburg i. Br. [2]2002.

Worte wie Spuren – Weisheit der Indianer. Neuausgabe Freiburg i. Br. [3]2002.

Worte zum Wohlfühlen – Weisheit der Welt. Freiburg i. Br. [3]1999.